阳 明 心 学

北玄 著

知识产权出版社
全国百佳图书出版单位
—北京—

图书在版编目（CIP）数据

阳明心学/北玄著. —北京：知识产权出版社，2025.1
ISBN 978-7-5130-9297-5

Ⅰ.①阳…　Ⅱ.①北…　Ⅲ.①王守仁（1472-1528）—心学—研究　Ⅳ.①B248.25

中国国家版本馆CIP数据核字(2024)第031208号

责任编辑：赵　军　　　　　　　　责任校对：谷　洋
封面设计：纵横华文　　　　　　　责任印制：刘译文

阳明心学

北玄　著

出版发行：知识产权出版社有限责任公司	网　　址：http://www.ipph.cn
社　　址：北京市海淀区气象路50号院	邮　　编：100081
责编电话：010-82000860转8127	责编邮箱：zhaojun99668@126.com
发行电话：010-82000860转8101/8102	发行传真：010-82000893/82005070/82000270
印　　刷：三河市国英印务有限公司	经　　销：新华书店、各大网上书店及相关专业书店
开　　本：787 mm×1092 mm　1/16	印　　张：21.5
版　　次：2025年1月第1版	印　　次：2025年1月第1次印刷
字　　数：341千字	定　　价：88.00元

ISBN 978-7-5130-9297-5

目 录

从守仁格竹说起，心学诞生的文化背景

学习《心学》的同学，大多都对王阳明的生平故事有过一些了解。其中常常被大家提及的一个故事，就是"守仁格竹"的典故。

王阳明本名叫王守仁，关于这个名字也有神奇的故事。一开始王阳明的名字叫王云。和很多天赋异禀、自带主角光环的传奇人物一样，王阳明的母亲怀胎十四个月才产下王阳明——历史上另一个圣人老子，传说母亲怀胎八十一年才生下老子。之所以叫老子，是因为李耳一出生就已经老了。

当然这只是传说，做不得真。但是为什么我们要提一下？因为道家认为宇宙分先天后天，先天宇宙就是母胎，在母胎中孕育得越久，吸收的先天精华就越多，比如哪吒是三年才降生，黄帝是两年，伏羲是十二年。王阳明十四个月，也不算长。

王阳明出生后，表现出与众不同，他不太会说话，只会说一些简单的词语，这就把一家人急得团团转。直到5岁的时候，家中来了一位高僧，看到王阳明叹息道："好个孩儿，可惜道破。"我们要注意的是，王阳明的一生和佛家有极深的渊源，包括他创立的心学，吸纳了很多禅学的内涵。关于这点，我们会在后文中慢慢地来解说。

这位高僧说罢，飘然而去。而王阳明的爷爷在一旁听到，恍然大悟。原来王阳明一开始之所以叫作王云，是因为在他降生的前夜，祖母梦见了天神自云中抱一赤子，从天而降，由此祖父为他取名为"王云"，并给他居住的地方起名为"瑞云楼"。

话说王阳明的爷爷名叫王伦，字天叙，也不是一般人，乃是当朝大儒。老和尚有此一说，不是明摆着说王云这个名字泄露了天机吗。于是王天叙老爷子当机立断，给孩子改名，立刻根据《论语·卫灵公》中所云"知及之，仁不能守之，虽得之，必失之"，为王阳明改名为"守仁"。这就是王阳明第二个名字王守仁的来历。

说来也奇怪，自从改名之后，王守仁真的开口说话了，而且常常语出惊人，过目不忘。大家这才发现，原来王守仁以前不是不会说话，而是不屑于言语，一旦开口说话，便已经将家中平日里教诲弟子的四书五经背得滚瓜烂熟了，王守仁同学从此便被重点培养。

王守仁一家不仅爷爷厉害，父亲也不得了，是当朝的状元。在这样的家风熏陶下，王守仁自然是从小饱读圣贤之书。但是和普通人不一样的是，其他读书人的读书目的不外乎"学得文武艺，卖于帝王家"，学而优则仕。个别道德崇高的，则会立下"为天地立心，为生民立命，为往圣继绝学，为万世开太平"的人生目标。王守仁和别人不一样，他的目标既不是为往圣继绝学，也不是继承和发扬圣人的学问，而是要自己当圣人。这就有点惊世骇俗了。好比有人在你旁边吹牛说，世界首富有啥了不起的，我不但要成为首富，还要成为古往今来排名前五的首富。大多数人一听，一定以为这人有神经病。但是王守仁不但立了志向，还踏踏实实地实践，最终取得成功了。

王阳明生活在明代中期，正是一个政治经济都朝气蓬勃的时代。当时的学派不必说，自然是以儒学为尊，孔孟是儒家的圣人，无可厚非。然而在当时还有一位圣人，他虽然也是儒家子弟，但是他的名声竟然也与孔孟齐名，要论热度，那更是远远超过孔孟。这就是儒学历史上另一位圣人——朱熹。

说起朱熹，现代有很多学术观念，包括一些历史小说都在批判朱熹。首先说朱熹的圣人之名名不副实。之所以被尊为圣人，是因为明朝开国皇帝朱元璋，为了搞天授神权、家族传承那一套，于是给自己找了一个有名的祖宗。找来找去，好像只有宋代的理学家朱熹有些分量，于是在明朝推崇朱熹为圣人，甚至科考也必须考朱熹理学。

这里有一点混淆视听。朱熹理学成为科考的必选项，并不是从明代开始的，而是从元代皇庆二年，下诏恢复科举制度，诏定以朱熹《四书集注》来做考试大纲，朱氏理学被定为科场程式，这比明朝创立足足早了 54 年。关于明太祖认朱熹为祖宗，这也是民间野史。朱元璋在《朱氏世德碑记》中说："本宗朱氏出自金陵之句容，地名朱巷，通德乡。上世以来，服勤农桑。"可见朱元璋已经明确承认，明朝皇族原本是金陵句容县通德乡朱巷的一个普通农民家族。但是明朝推行朱氏理学，也不能说完全没有这个意思。

朱熹理学作为科考必修科目，即便是在后世心学已经誉满天下的清朝时期，地位仍然没有动摇。由此可见，朱熹的理学虽然有一定的局限性，但是作为流传了千年的经典，到今天我们不能因为推崇心学，就去贬低朱氏理学，而是要客观地看到它的精华，找到它的问题，这样我们才能真正地进步，包括如果我们要学习易经，就绕不开朱氏理学。

那么在这样一个背景之下，可以说朱氏理学就是教科书，就是国家认定的官方解释。少年轻狂的王守仁又是为何要挑战根基深厚的主流学术呢？这又要说到朱熹理学中一个重要的概念：格物致知。

任何学术存在的意义，都是为了解释哲学的终极问题：我是谁，我从何处来，要往何处去；这个世界的意义到底是什么。朱氏理学当然也必须回答这些问题。在朱熹看来，要想了解世界的真相，就必须格物致知。世间万事万物都有一个理存在，这个理就是道，是事物最根本的客观规律。怎么找到这个理呢，就要格物致知。所谓格物致知，就是穷究事物的各个方面，达到极致之后，必然就能找出这个事物的理之所在。所谓"物有表里精粗，一草一木皆具至理"。

于是十八岁的王守仁，在读到朱圣人这个理论之后，就叫上了一个朋友，在自家找了棵竹子，准备格物致知。之所以找竹子，这里面也有典故。前面提到给王守仁改名字的，是他的爷爷王天叙，这位老爷子有一个雅号，叫作"竹轩翁"，以竹来给自己命名，可见其对竹子的热爱。王守仁从小在这样的熏陶之下，要找研究对象，自然首先想到的就是竹子。

王守仁和朋友为了实践朱圣人的格物致知，蹲在竹子面前不吃不喝，眼也不眨地开始格竹子。三天之后，"咚"的一声，他的朋友倒下了。七天之后，"咚"，王守仁也倒下了。即便是如此不眠不休地格竹子，最终的结果却是一无所获，王阳明于是对朱圣人的理学产生了怀疑。

那么王守仁这样格竹对不对呢？朱熹的学说是否真的有问题呢？心学和理学到底争论的是什么呢？我们下一章里继续来讨论这个问题。

002

格物致知的真相，朱子理学的道理

在上一章中，我们说到了影响王阳明的一个重要事件，就是守仁格竹。十八岁的王守仁在读到朱熹说"物有表里精粗，一草一木皆具至理"后，立即着手实践，想通过格竹子，来找到藏在竹子中的理，结果却一无所获。由此产生了对朱子理学的质疑，从而为心学的开创埋下了种子。

抛开王守仁同学当年所受的打击不说，我们先来思考一下：什么是格物致知、这样格竹子到底对不对？要了解这个问题，首先我们就要大致地了解朱熹的理学到底讲了什么内容，然后再来看格物致知到底是怎么回事。

朱熹虽然与孔孟并称为圣，但是他的理学思想并不是凭空生出来的，而是秉承了北宋时期二程的学术思想。二程指的是儒学历史上著名的两位理学大家，程颢和程颐。这二人不但在学术方面造诣深厚，而且还是亲兄弟。但严格意义上来讲，理学的诞生还是受到了另一位大师的影响——这就是周敦颐。我们在学生时代背诵过的一首诗《爱莲说》，其中经典的语句"世人甚爱牡丹，予独爱莲之出淤泥而不染……可远观而不可亵玩焉"，正是出自此人之手。

除了《爱莲说》，周敦颐还有另外一个成就，就是《太极图说》。在《一点易经》这部著作中，讲到太极的时候，说古代太极图是秘而不宣的，宋代的时候，大家看到的太极图大多是周敦颐所绘制的版本。这张太极图和我们平时看到的不太一样，看着比较神秘，且结合了五行生克的道理。在今天很多影视剧中常常引用这张图来制造悬疑剧情，比如在《唐人街探案》系列中就曾经引用过。

周敦颐虽然为儒学大家，但是他借鉴了道家的理论，认为虚空生无极，无极化太极，太极分阴阳，阴阳二气交媾演化，就像《道德经》中所说："道生一,一生二,二生三,三生万物……"所以说,不管是儒家还是道家,研究的都是人与自然的关系。明白了这个道理,就能找到宇宙的真相。

程颢、程颐受到周敦颐的影响,发展了理学的思想。朱熹则是在二程理学的基础上,进一步完善并形成了庞大而又细致的理学学术体系。在朱熹的理学世界中,世界由道而生,而道在宇宙的运行规律之下运行。或者说推动道运行的是气。

这个道,在儒学就称为理,所以朱子理学就是儒家化的道学,理学中分为理和气,这听着似乎和道家中风水的理气派又有几分相似,其实它们背后的哲学思想,本质上都是一样的。

朱熹认为,理和气虽然是宇宙的本源,但是它们都藏在事物的深层次中,必须研究透其中的道理,搞明白背后的基本规律,要穷究事物的根本关系,如此才能揭示万事万物的本来面目——这就是格物致知的本来意思。

说到这里,我们有没有发现,所谓的格物致知,很像现代科学的路子,找到事物作用的最终规律,就能够理解宇宙的真相。比如现代物理学最前沿的大统一论,说白了就是要格物致知,要找到一个统一的理论,来解释所有事物最终极的规律。所用的方法不就是格物致知吗?——把事物拆分成无限小的粒子来研究它的底层规律。

事实上,直到晚清的洋务运动中,引进的西方学科,如什么物理、化学、生物、地理……一开始的名称就叫作"格致",是格物致知的简称。

朱熹讲"今日格一物,明日又格一物,豁然贯通,终知天理"。换句话说,朱熹主张的格物致知,是指要不停地去探寻思考事物的根本特性,日积月累之下,厚积薄发,终究能够顿悟。从这个角度来看,朱熹的主张并没有错。如果我们熟悉道家或是佛家的修行方法,就会发现这与佛道讲的渐修非常类似。

我们再回头看守仁格竹的故事,原来王阳明在这件事情上,真的是错怪朱熹老先生了。倘若按照朱子理学的方法来格物致知,格竹应该怎样格呢?我们应当看春夏秋冬,竹子在不同季节中的生长规律,还要看一片竹子的共同规律与每一根竹子的特殊规律。理学既然是道学,那么按朱熹的思路,格竹子还要结合道学中的阴阳变化来思考。说白了就是要结合《易经》的道理,去穷究阴阳五行的变化本质。如此长时间地做这样的训练，对于道学的规律逐渐了然于胸，厚积薄发，终究有一天悟道成圣，达到天人合一的境界。

王守仁在当时的年龄，显然并未思考过多，只知道要去格竹子。但是对如何格、格的方法，却是并没有领会真义。因此仅仅盯着竹子看七天七夜，自然不会有什么所得。但也算歪打正着，正是由于一无所获，这才启发他从此换一个角度来思考理学的对与错。

当然我们也不能直接就说朱熹的理论是完全正确的。只能说站在客观的角度来分析，至少格物致知的逻辑是没有问题的。朱熹的学术本身也多少有一些漏洞。比如在《传习录》中就有记载，关于王阳明纠正朱熹的很多关于四书五经注解的错误，而且有理有据，令人信服。

所以我们在读书的时候，尽量不要带个人情绪色彩，不要因为喜好去批判他人的对错，而是要客观地研究孰是孰非，再根据自己的研究，得出结论。

既然格物致知的逻辑是对的，那么王阳明反对的又是什么呢？朱子理学认为，宇宙的理和气之所以要通过格物致知才能一探究竟，是因为天理被人欲所掩盖，因此要"灭人欲，存天理"。我们用通俗的话来解释，大道之所以看不到，无法把握，是因为我们被欲望所蒙蔽，只有清心寡欲，去掉那些贪念，那么剩下的就是天理大道。

这个话是不是很耳熟？《道德经》曰"五色令人目盲，五味令人口爽，驰骋畋猎令人心发狂"，又曰"为学日益，为道日损，损之又损，以至于无为"。前一句讲人欲是如何蒙蔽大道的，后一句讲若要灭人欲，就要做减法。所以我们看，理学和道学是不是结合得很紧密。

而王阳明则说，既然看不清天理所在，是因为人欲蒙蔽了本心，那为什么还要一件事一件事去格物致知呢？本心既然就能看到天理，那么直接来折腾这个本心不就可以了吗，何必舍近求远。所以心就是天理，心外的这些人欲，既然都是虚假的，那么心外自然无物，心外也自然无理。

王阳明是如何得出这个结论的呢？这个论断与致良知、知行合一又有什么关系呢？我们下一章接着来讨论心学的渊源。

心学之初，陆九渊与朱熹的鹅湖之会

　　我们在上一章讨论到，朱子理学的格物致知，其实是道家的思想与儒家学术碰撞的产物。从某种意义上来说，理学走的像是科学的路子，但是核心是道家的内涵——讲阴阳、论五行，用格物致知的方法去探索世界，实践的目标是要"灭人欲，存天理"。

　　于是心学站出来批判朱熹，说"人欲即天理"，如果人连欲望都不存在了，那世界还有存在的必要吗？生活还有意义吗？格物致知的目的是寻求天理，而人心即天理，那还需要格什么物，只要致良知就可以找到天理。

　　这段思辨比较烧脑，我们在后面的内容中尽可能地抽丝剥茧来为大家解读。我们会发现，心学和理学似乎走到了不同的方向，但是又有异同。关于心学和理学的思辨，早在朱子理学诞生之初，二者就有过交锋。正如理学始自周敦颐，而朱熹将其发扬光大一样，王阳明也不是心学的创始人，真正的奠基者是与朱熹同时代的另一位大儒陆九渊。

　　南北宋时期涌现了大批的思想家、哲学家，这其实与当时的社会氛围有关。北宋遭遇靖康之耻，不但亡国，就连皇帝父子都被俘虏，这对于上流的士大夫阶级是一个巨大的刺激。

　　于是当时的知识分子们纷纷思考，到底是什么原因亡了国，如何才能拯救大宋江山社稷。这个氛围和晚清的学术界有几分相似，强敌环伺，随时有亡国的可能。各种新思潮纷纷冒头，不断尝试不同的救国路线。其中比较有代表性的，就是五四新文化运动。这种现象在历史上还有一次比较突出，就是春秋战国时期，周国四分五裂，诸侯各怀心思，于是就有了诸子百家争鸣。

　　朱熹虽然在后世被封为圣人朱子，与孔孟并称，但是在当时也只是一个比较有名气的教育家、思想家而已，在一个百家争鸣的时代，自然少不了学术辩论。虽然这个时期百家争鸣的辩论范围已经被局限在儒学范畴内，但并不妨碍众多思想活跃的牛人们关上门一争高低。

这其中分歧较大、吵得厉害的就有朱熹和陆九渊。另一位大儒吕祖谦实在是看不下去，但是二者的学术水平都很高，那么到底谁对谁错呢？索性大家坐下来心平气和，摆开车马炮，当面锣对面鼓地说清楚。于是由吕祖谦出面，邀请陆九渊同学屈尊到朱熹家门口鹅湖，来一场友好的、公开、公正、公平的学术辩论，一决高下。这就是哲学史上著名的鹅湖之会。

说起这个陆九渊，虽然现在没有朱熹和王阳明那么有名，但在儒家学派中是无人不知、无人不晓。因为他才是心学真正的创始人。即便在儒家历史中，也是被尊称为百世大儒。在南宋的这股思潮之中，陆九渊和朱熹无疑是两位优等生。他们都精通儒学经典，对于如何践行儒家思想、如何找到天理所在、最终能够实现天人合一，却有自己的不同理解。

在朱熹看来，天地宇宙万物，都是由理所生，这个理其实和道家讲的道很相似。他的原话是"未有天地之先，毕竟也只有理，有此理便有此天地"。而世人多有愚钝，想要明晰这个理，就要多向圣人学习，多读书、多思考，把功夫用到平日里的各种事情上，遇到什么事情，就应当好好琢磨琢磨里面的道理是什么。一点点地把蒙蔽在事物表面的无用的东西打磨掉，终究有一天，这个天理就会显现出来。这就是朱熹的"格物穷理"的为学理念。

陆九渊则认为，不管什么天理，"宇宙便是吾心，吾心即是宇宙"。按照朱熹的逻辑，读书多了，格物穷理就能够参悟圣贤之道，那么换句话说，难道不读书就没有办法好好生活了？作人和读书并没有必然的关系，尧、舜、禹是不是圣贤？他们读过什么圣贤之书？所以陆九渊说，"若某则不识一个字，亦须还我堂堂正正作个人"。

这是为学之道的分歧，如果我们对儒家的思想没有深入地理解，那么对鹅湖之会的学术辩论，理解起来还是有一些障碍。但倘若换一个场景，或者换一种说法，可能我们立刻就明白了这二者之间的差异。

在禅宗中有一个大家耳熟能详的故事，就是六祖惠能在接受五祖衣钵之前，曾经留下一首偈语"菩提本无树，明镜亦非台，本来无一物，何处惹尘埃"。这首偈语的本义是说，世间的万物，都是虚假的，我们所看到的一切人与事，都不过是因缘际会而发生的，缘聚则有，缘散则无，一切本来什么都没有，未来也都不存在，所有的感受，不过都是发自我们的本心，既然如此，只要我们的本心能够清净，那么所谓的红尘俗世，就根本不会有任何影响。

但是这其实是改编自神秀禅师的偈语，原版是"身是菩提树，心为明镜台，时时勤拂拭，莫使惹尘埃"。从神秀的角度来看，认为普通人既然身在六道，那么必然已经沾染了各种恶习，这些习气就如同灰尘一般，紧紧地蒙蔽了原本的那颗本心。所以我们要时时刻刻提醒自己，在一言一行之中不忘初心，去规范自己的行为和思想，如此才能慢慢地让自己的真心显露出来。

将惠能与神秀的这个公案放到这里比较，我们会发现，这与心学与理学的争执如出一辙。朱子理学认为我们的人欲就像是各种恶习，必须通过不断地修炼，也就是格物穷理的过程，才能拨云见日。其实这就是神秀的理念。

而陆九渊则和惠能一样，明明本来无一物，何处惹尘埃？只要牢牢把握住自己的本心，参悟透自己的心，那么自然就能天人合一。陆九渊讲的"宇宙便是吾心，吾心即是宇宙"，可以用佛家的一句话概括，"本心具足"。人本来的心性就包括了宇宙天地万物，不必再到心外别求。

那么如此说来，朱熹就真的错了吗？其实通过对比，我们可以发现，朱熹主张的是渐修，要时时勤拂拭，而陆九渊则是主张顿悟，本来无一物，只要直指本心，明心见性，本心具足，何必再去格来格去。实际上来看，二者都没有错。就如同神秀和惠能，都没有错，问题在于，世间的众生根性不同，不能用同一个方法来解决所有问题。佛陀传八万四千法，正是根据不同的人的慧根，用不同的手段来度人。这就是方便法而已。

慧根比较高的人，完全可以顿悟；慧根低的人，则可以通过渐修来实现自我境界的提升。在儒学中，称朱熹的方法为渐教，而称陆九渊的方法为顿教。虽然说治学方面有分歧，但实际上在根本的大义方面，两人则是相同的。由此我们也可以说，心学和理学不过是真理在实践的过程中，采用了不同的认知方法而已。

有意思的是，心学随着历史的发展，跨越了三百年，再次与程朱理学碰撞。只是这一次，心学则是因为王阳明的横空出世，终于和理学分庭抗礼，从此以一种意想不到的方式，对中国乃至亚洲都产生了意义深远的影响。

但是心学与理学的区别，仅限于此吗？他们之间最根本的争执，虽然只有一字之差，但其实是世界观的根本差异。

　　那么下一章我们就来辨一辨，究竟性即理，还是心即理？

004

性即理还是心即理？
心学和理学最根本的差异

在上一章的内容中，我们粗略地比较了心学的创始人陆九渊的治学理念与程朱理学的差异。简单地讲，在儒学的认知方面以及对于孔孟之道、儒家的伦理纲常维护方面，二者并没有本质的差异。两人表面上最大的分歧，就在于朱熹主张要渐教，陆九渊却坚持应当顿教。之所以会产生这样的区别，其实和两人对于理的认知有关。

中国的传统文化中，虽然各种文化最终所阐述的道理基本都是一致的。但是在不同的文化体系中，有时候对于同样的道理，却都喜欢用自己的概念来解释。比如儒学中说的这个"理"字，同样都是讲天地之间最根本的道理，但是因为不同人的认知有一定的差异，由此产生了不同的理解。

朱熹认为性即理，陆九渊则认为心即理。虽然只有一字之差，实际上两种学派对于世界的根本认知，最大的差别就源于此。

他们的差别在哪里呢？先来看程朱理学的性即理。朱熹解释说："性者心之理也，情者心之用也，心者性情之主也。"我们给大家翻译一下：天地之间最本源的道理，我们给它命名为理，人秉天地精华而生，人的心就是天理所赋予的，人所表现出来的、能看得到的行为、七情六欲，这就是情，是心的作用之一。我们之所以有恶念，就是因为会受到七情六欲的影响。而看不见的、藏在内心的善念，就是心背后的天理。所以我们需要格物穷理，把这些七情六欲统统干掉，让人心显露出来，那么这时候就能通过心看到理的存在了。

陆九渊的心学则是说，天地间最本源的道理，本来就和本心是一体的，不需要透过什么表面现象再去悟道。道就是心，心即是道。恶念固然是人欲所产生的，然而善念本来也是人心就有的，比如恻隐之心、羞恶之心、辞让之心、是非之心，这些就是本心的内在表现，当遇到事情的时候，自然而然就会表现出来。所以陆九渊说："心之体甚大，若能尽我之心，便与天同。"也就是本心具足。只要能把本心悟透，自然就是参悟透了天道。

心学和理学的争辩，最大分歧就在这里。看上去好像二者都有道理，但又好像是哪里隐隐有问题。这不怪我们理解能力不够，毕竟就这个课题，从宋代开始辩论到今天，儒学在学术范围也没有明确说谁对谁错。但是在这里，我们必须好好思考一下这个道理，否则对于王阳明心学中"致良知、知行合一"的认识就会浮于表面，达不到指导我们生活实践的目的。

理解心与理的关系，可以借鉴佛家的《楞严经》来理解这二者的观点之争，可能会有所启发。因为《楞严经》中的七处征心，八还辨见，正好将心与性的关系讲得很明白。佛家将这个理，理解为本心，这就和心学的概念差不多了。《楞严经》中是佛陀借着阿难修行上的一次劫难，启发他认识本心究竟在哪里。

首先来说本心是在眼、耳、鼻、舌、身、意吗？换个问法，我们的行为是被身体的感触所指挥的吗？比如很多情况下我们会以貌取人，看见美好的事物就会心生向往，看到丑陋的就内心厌恶，这的的确确似乎是眼睛的看的作用，在指挥我们的行为。然而如果本心由此而发，那么盲人是否就失去了本心呢？显然不是。

由此可见，眼睛并不是我们本心所在。同样的道理，耳朵也会指挥人，你听到有人辱骂自己，就会怒从心中起，恶向胆边生。听到美妙的音乐，就会心旷神怡。这就是耳朵的作用。有时候人们可能愿意排队几个小时去等待，仅仅是为了品尝到一顿饕餮美食。

如此这般，都说明本心是与眼、耳、鼻、舌、身、意有关系，却并不等同于它们，这个本心另有所在。一旦掺杂了眼、耳、鼻、舌、身、意的感受，其实就是"人欲"的作用。所以无论是朱熹还是王阳明，都在讲要屏蔽掉人欲的干扰，只不过朱熹讲要循序渐进地灭人欲，而心学则是要澄净其心。一个是由外而内，另一个是由内而外，方法不同，目的是一致的。

但是心学、理学还有一些区别。我们接着借《楞严经》来继续解读。眼耳鼻舌身意，这是人的本心触达外界的途径，理学说这些表现出来的状态就叫作情，在眼耳鼻舌身意之后，还有一个心，这个心是加工处理前六识的作用，比如眼睛看到了美丑，告诉了心，心则判断这个美丑，应当如何对待。可能你会喜欢美的，厌恶丑的，这就是眼睛的本能作用。

但是你发现这个所谓的美，其实表面下掩盖的是罪恶，于是你就会忽略掉眼睛的作用，心中产生厌恶，这就是理学中所讲的"性"在发挥作用。而眼耳鼻舌身意的表现，七情六欲的发挥，则称为"情"，本心的作用就是管理和控制"性"与"理"，这就是"性者心之理也，情者心之用也，心者性情之主也"。既然性是心的理，那么由此也可以说，性即宇宙的真理。

而心学的认知，实际上是说理学的这个性还不够透彻。虽然说性是由心延伸出来的，但它不代表心，就好比你很多潜意识并不代表你真实的想法一样。这是因为潜意识中还夹杂了很多别的东西，你虽然感知不到，并不代表它不存在。

有时候我们说要相信直觉。其实直觉只是因为很多因素的影响，是在刹那间完成的，快到你还没有察觉。但是事后你回味的时候，才发现原来一切都有迹可查。心学说的就是这道理，你以为的下意识、潜意识、本能，这些并不是感知的最终本源，在这个意识作用的背后，还有一个真正的本心，这才是真正的理，才是真正的本源。

佛学中将这个本心叫作第八阿赖耶识。这个本心不在外，不在内，不在眼耳鼻舌身意，而它又无所不在，无所不容。我们的行为举止、喜怒哀乐都是这个本心作用的结果。如果离开这个本心，那么宇宙也就不复存在了。

王阳明有一个名句"你未看此花时，此花与汝同寂，你来看此花时，此花颜色一时明白起来"，这句话的意境就是如此，具体应当如何来理解，我们放在后面再来解释。但是关于性即理还是心即理的关系，我们要好好体会，如果这里的认知不够透彻，那么就很难与行合一。

再用通俗的话来总结一下，虽然不太恰当，可也勉强能够做一个类比。理学的性即理，就好比说大脑中的理性认知就是理，所以要多读书，多思考；心学的心即理，则是说意识之外还有一个精神层面的东西，它才是决定了我们的根本。当然实际的含义并不仅仅如此，这也只是一个方便说法而已，我们可以通过后续内容中的实际案例来深入体会。

心学和理学的分辨，大致如此。那么王阳明的心学又和陆九渊的心学有什么不同呢？为什么心学能够在王阳明这里发扬光大呢？

下一章我们就来聊一聊王阳明眼中的心学。

005

致良知，此处心安是吾乡

心学源自陆九渊，却在王阳明的手中发扬光大，这其中的原因是什么？王阳明的心学难道比陆九渊更加高明吗？

其实二者在本质上并没有什么区别，毕竟一脉相承，如果核心理念都出现了偏差，那就是两个学派了。只是陆九渊在世的时候，主要以游学讲座为主，并不喜欢著书立说。他的很多学术观点大部分都是通过与友人之间往来书信中的只言片语，还有就是如鹅湖之会此类学术交流过程中，留下的比较离散的文章。这其实让后世研究心学的学者很是头疼。

所以大多数情况下，陆九渊的心学给人的印象都是语焉不详、话说一半的感觉。他说心即理，心就是宇宙，宇宙就是本心。但是究竟应该如何找到本心，平时应该如何来做功夫，却很少有文献能讲清楚。也有可能不是他老人家没有讲，而是他的弟子比较懒，没有记录下来而已。总而言之，陆九渊留给后人的，就是一个很牛的概念，但怎么去实践，就要靠自己悟。

这就好像是数学界有很多猜想，比如哥德巴赫猜想，牛人们灵光乍现，觉得这个课题可以深入研究，但怎么验证，那就留给后人了。相比之下，王阳明同学则是一位优等生，以一己之力，解决了这个难题，不但成功论证了陆九渊的心学，而且还给出了修行的方法，这就是致良知，知行合一。

什么是良知呢？很多同学可能会说，良知就是良善的知见，也就是作人要善良，要对得起良心。虽然意思是好的，但是这并不是良知的本义。心学是儒家的学派，所以很多名词都是从儒家经典而来。

良知这个词，源自《孟子·尽心上》，原文是"人之所不学而能者，其良能也；所不虑而知也，良知也"。也就是说，所谓良知，是人天生就具备的一种最自然的东西，不用学习，不用考虑，不用感知就存在的。

良知不是本能，有人说不用学不用想就存在的，那不就是本能吗？实际上我们所说的本能，是已经经过身体加工过的认知。本心和本能还是有差异的，比如有的人害怕疼痛，哪怕是扎个针都要做很久的心理建设。怕疼，这就是本能。但是如果为了保家卫国，有的人却甘愿牺牲，很明显虽然已经违背了本能，却是心性的自然流露。对于生命的渴望和珍惜，这是本能，但是舍小我而成就大我的精神，超越了生命本身，只有无比强大的信念才能够做出决断。而这个信念，就是本心的表现。

再比如我常举的一个例子，一杯纯净水，如果我们在其中加入了墨，它就会变成墨汁，墨汁所表现出来的特性，可以说就好像一个人的本能一般。如果在其中加了盐，它的特征就会变成盐水。可是无论你加什么杂质，透过这些杂质的背后，它的本来面目还是纯净水。

心学中的良知，其实就是这杯纯净水的本身，而我们出生在不同的环境中，受到的教育不同，身体素质不一样，性别不同，性情迥异……都相当于在这杯水中掺杂了不同的杂质，因而每个人心中呈现出来的大千世界，也是各有不同。正因如此，于是我们的世界才分出了善恶美丑，人们才有了喜怒哀乐。

为什么要致良知呢？首先来说这里的致，可以理解为达到、达成，也可以说是极致的意思。那么致良知，也就是要通过磨炼、实践的功夫，去找到自己的本心所在。之所以要致良知，其实我们要解决的最基本的问题，就是如何在生活中没有烦恼，面对各种困惑的时刻应当如何抉择，如何能够让自己的内心强大起来，可以承受各种压力和挑战。

致良知就能解决这些问题。这是因为本心，也就是良知，本来是没有任何烦恼的，所有的烦恼也好，压力也罢，其实都是因为我们智慧不够，看不透背后的道理，于是被虚妄的念头，或者说执着的想法困在其中。如果能够让本心的力量发挥出来，我们就能够勘破迷雾，直指事情的要害，自然也就能破除烦恼。

比如生活中，如果你看到一个孩子，因为父母没有给他买糖吃，又哭又闹，可能在你眼中，并不会觉得这是多么严重的事情。这是因为你明白，父母没有给孩子买糖，也许是为了他的健康着想。而一块糖在一个人的生命中是如此微不足道，可能转眼间这个孩子就已经忘得干干净净了。于是从你的角度来看，孩子的这种情绪虽然正常，但是多么的幼稚。如果换作一个成年人，放在同样的环境下，断然不会因为这么一点小事而让情绪有丝毫波动。这是以你的阅历、你的年龄，还有你作为成年人的智慧，来判断一个孩子的烦恼。

致良知的目的，就是通过磨炼自己，让本心发挥出智慧，从更透彻的角度去理解我们所面临的问题，就如同用成年人的角度去观察孩子一样，当你的良知体现出来后，你会发现原来你所执着的烦恼、痛苦，你承受的压力、折磨，只是更加真实的幻境，但是本质上和那个孩子也没什么不同。

孩子之所以会哭闹，是因为觉得自己的欲望没有满足、自己没有受到父母的重视。成年人的烦恼大多也大同小异，觉得收入不够满足，担心受到别人的嘲笑，又或者是自己的目标没有实现，和同龄人相比相形见绌，甚至惨不忍睹。于是各种情绪随着场景的变化纷纷登场，用不同的方式来折磨我们的内心，这就是烦恼与痛苦的来源。

本心蒙蔽，良知被深深地埋没，快乐自然会越来越远，烦恼则是越来越重。所以心学告诉我们，快乐而又幸福的人生，首先就要致良知，去开发我们的本心，要发挥自己的力量，不要到心外去找。外界的世界会变化，只有本心不会变，不变的东西才是最牢固的。总感觉心有不安，心无所属，就是因为你总是在心外寻找安身之所。这就好像是无根的浮萍，又好像是随波逐流的轻舟，怎么能安稳呢？

心若不安，时时刻刻都如同一只受惊的兔子，稍有风吹草动，就会疑神疑鬼，风声鹤唳，草木皆兵。别人说一句无心之言，可能落在耳中就成了讥讽嘲弄；别人一个无心之举，落在眼中就成了世态炎凉。我们很多时候作为一个旁观者，看到有的人莫名其妙地发怒、悲伤、忧郁，原因就是如此。可是有时候我们眼中的理所当然，也有可能是别人眼中的莫名其妙。这就是因为心不安，自然心不静。

如果能够致良知，找到本心所在，那么无论外面是狂风疾雨，还是洪水滔天，你自然有一种泰然自若的心态，自然会有一种"此处心安是吾乡"的自在和逍遥。

本心，也就是我们的良知。

为什么说"吾心即宇宙"，难道离开本心宇宙就不存在了吗？我们应该如何理解这个概念？下一章，我们就来谈一谈心和宇宙的关系。

006

未观此花，此花与汝同寂，只因心外无物

在上一章的内容中，我们明白了心学中的良知，原来就是指我们的本心。但是良知和本心之间，也不能完全划等号。王阳明在阐述心学的核心理念时，用了四句话来概括："无善无恶心之体，有善有恶意之动，知善知恶是良知，为善去恶是格物。"可见更准确地来说，良知是本心的一种体现。

心学中又讲，"吾心即宇宙，宇宙即吾心"，这又应当如何理解呢？我们不妨可以通过两个小故事来理解什么叫作心外无物。

王阳明龙场悟道之后，开始宣讲他的心学。然而天下都是程朱理学的徒子徒孙，乍一听到王阳明的理论——"心外无物，吾心即宇宙"，都感到很难理解。宇宙万物都是客观存在的，怎么会都在心中呢？难道说，你没看到的事物就不存在吗？这岂不是谬论！

有一次，王阳明和友人一起外出游玩，看到了山间正是山花烂漫，友人借着这个机会，就指着一株花问道："守仁兄，你的心学说，天下万物都在心中，那你看这花独自在山中花开花谢，和我的心有什么关系呢？我们没有来赏花时，它不是也活得好好的吗？"

这就是我们大多数人的困惑——所谓心外无物，这不是睁着眼睛说瞎话吗？难道你没看这个花，这个花就不存在吗？我们看王阳明是怎么回答的。他听到这个问题，微微一笑，说："你未看此花时，此花与汝同归于寂；你来看此花时，则此花颜色一时明白起来。"

什么意思呢？就是说当你没有观察到这束花的时候，你的心根本就不会为之所动。而当你看到花后，花的形象就会触动到你的内心，你的内心就会生出关于花的种种信息。我们要注意的是，这里面有一个寂字，这不是寂寞的意思。如果要理解的话，它更接近于寂静的感觉。也就是说，当没有外界

刺激你的时候，你的心是平静的，就好像是一潭古井，平时都是波澜不起，可是向其中投入一颗石子，就会荡起阵阵涟漪，而过不了多久，它又会归于平静。这个平静的状态就是在寂灭中。

我们再来看看另外一个关于禅宗六祖惠能的小故事，惠能禅师在传承了五祖衣钵之后，为了躲避战乱，一路南下，有一天就到了广州的法性寺。这天风和日丽，寺内的印宗师傅正在为众僧人讲法，忽然一阵风吹过，吹得经幡哗哗作响。一个僧人就起身问道："师父，外面飘动的经幡，是风在动还是幡在动呢？"

我们普通人一听这个问题，心想这还要问吗？当然是风吹着幡在动了。但实际上这个僧人问的角度，就如同朱熹的格物致知一样，他在探究风与幡背后的道理是什么？于是一众僧人纷纷阐述自己的见解，有的说幡动，否则风吹过去怎么寺庙不动呢？因为幡有自己的能动的道理。有的说风动，不然风不吹的时候幡怎么不动呢。众僧各执一词，争论不休。这时候惠能起身，躬身说道，"不是风动，不是幡动，仁者心动"。话音一落，语惊四座。印宗和尚这才发觉，原来眼前这位才是高人。

那么惠能这句话怎么理解呢？他是在说，不管是幡动也好，还是风动也好，如果你不去关注它，它动不动其实与"我"没有任何关系，既然没有任何关系，那么也必然就不会对"我"有影响。既然没有影响，那么对于"我"来说，就好像它在我们的世界中是不存在一般。

说到这里，我们可能就听出一点感觉了。惠能的这个说法，和王阳明心学中的理念"吾心即宇宙，宇宙即吾心"如出一辙。

所谓心外无物，并不是指我不关注它，它就不存在。客观世界的存在，这是无法否认的事实，只是世界宇宙如此之大，如果我们事事都去关注，事事都与我有关系，这是不可能的。既然如此，那么我所能认知的宇宙，也就是我所感知到的世界。超出我所感知的世界，对于我来说，不能说它不存在，而是王阳明说的同归于寂，互不干扰，如此就没有什么因果。从这个角度来看，吾心即宇宙并没有错误。

人一生的精力有限，即使你是天才，格局远大，志向高远，但是你所能触及的范围终究有限。而这有限的世界，其实都映射在你的心中，那么这就是你的宇宙。就好比此时此刻就在你身边不远的地方，正有一个陌生人经历着喜怒哀乐、爱恨情仇，可是注定这个陌生人与你永远都不会发生交集，那么完全可以说，他在你的世界里并不存在，那么他的故事对你来说就毫无意义。

所以王阳明所说"未看此花，此花与汝同归于寂"，惠能讲"不是风动，不是幡动，仁者心动"，都是同一个意思。我们的心就好比是一个风平浪静的湖面，当飞鸟从湖面掠过，可能会带起一些涟漪，湖面也会倒映出飞鸟的影子；可是当飞鸟离去后，天空中没有留下丝毫它曾经来过的痕迹，湖面恢复平静后，也看不到飞鸟的踪迹了，这就是寂灭。

可是现实中，我们却并不是这样。往往人家一句话扔过来，听得不舒服了，就要难受好半天。这就好比飞鸟经过，内心深处的湖面开始荡漾，可是飞鸟已经离去，你的内心还在翻江倒海，久久无法平静。因为搅动湖面的因素持续存在。飞鸟好像是一个契机，招来了鱼群在湖面翻滚，鱼群又招来了捕鱼人，于是湖面就更热闹，更加无法平静。

这在现实生活中，有时候可能是别人的一句话，或者是一个眼神、一个场景、一件事，都如同飞鸟一样，让你开始不平静。紧接着同样是这个原因，可能又会让你联想起更多的事情。比如，你会开始回忆一些陈芝麻烂谷子的陈年往事，又或者你开始发挥自己的想象力，幻想着即将发生、但是还八字没一撇的场景，把自己代入某种心态中，于是你的心就越来越乱。而这一切，就是烦恼发生的根源。

可麻烦的是，我们即使想通了这个道理，却仍然控制不住自己。遇到事情的时候，该生气还是要生气，说不胡思乱想，却总身不由己，自己劝自己都不知道多少遍，可事到临头，这个情绪就是这么上头。无怪乎大家说"听了那么多道理，还是过不好自己的一生"。都说要修行，要修心，却又不知道该从何做起。学着别人去抄抄经文，打打太极拳，好像也没什么效果。

这到底是为什么？好像又可以用知行不合一来解释。既然心学说"心外无物"，吾心即宇宙，那么我们是不是就可以由着自己的心随心所欲呢？

下一章，我们就来讨论一下心学中著名的四句教"无善无恶心之体，有善有恶意之动，知善知恶是良知，为善去恶是格物"背后深刻的道理。

007

无善无恶心之体，有善有恶意之动

在上一章中，我们简单地理解了为什么说"吾心即宇宙，宇宙即吾心"。本心之外，即便是有大千世界，如果我没有去关注它，它相对于我也是处在一个寂灭的状态，和我毫不相干，不会让我的心有片刻扰动。宇宙对我而言，能够被我的本心所照见的，才是有意义的宇宙，我观照不到的，虽然它是客观存在的，但我不用去理会它。

于是就有同学说，既然如此，只要我不关心的事情，我就可以不用理睬，那么我就可以随心所欲，任由自己发挥。就好比今朝有酒今朝醉，只要我现在过得辉煌，哪管身后洪水滔天。反正我不理睬它，它就不在我心中。既然不在我心中，那么自然就不在我的世界里。既然不在我的世界里，我是否就可以胡作非为了呢？

这样的理解，就是对于心的认知还不够。在传统文化中，讲究体与用。所谓体，就是事物的根本，背后的道，最基本的规律。而用，则是这个体，结合外物的规律，所呈现出的另一种表现。

比如中医的体是阴阳五行，而用，则是像《黄帝内经》《伤寒论》这样的经典理论。因为有了阴阳五行的基本规律，将其运用在人体科学上，相结合就产生了中医，这就是用。再比如1+1=2，这是体，也是数学的最基本的公理，那么其所演绎出来的什么函数、高等数学，都可以看作用。

体和用也是相对的，比如，假使我们将高等数学看作体，那么基于这些理论研发出来的计算机、通信设备，等等，就可以看作用。如果我们要学习《易经》，就会发现阴阳五行、河图洛书就是体，《易经》就是用。包括国学中的很多应用，对于体用之说就运用得非常广泛。

为什么要讨论体与用的关系？这是因为在心学中，有四句话非常准确地解释了心和我们的意识、心和良知、心和修心的关系，正是从体和用的角度来描述的。这就是"无善无恶心之体，有善有恶意之动，知善知恶是良知，为善去恶是格物"，正是心学中著名的四句教。我们之所以会认为既然心外无物，那么就可以为所欲为，是因为没有理解心与良知的关系，包括何为善、何为恶。

《道德经》说："天下皆知美之为美，斯恶已；皆知善之为善，斯不善已。"所以说善与恶都是相对的，如果没有比较，如何来区分善恶。而善与恶的标准也是相对的，这要看站在什么样的立场。

比如，我们可能会说，为了吃肉满足口欲，就去屠杀动物，这是一种恶行，因为你剥夺了动物的生命。可是如果你是一匹狼，本来就是一个食肉动物，不吃肉会死，生存就是你的本能，这个时候作为狼而言，猎杀猎物的时候，是善还是恶呢？

又好比拯救生命。如果你拯救的是一个杀人恶魔，那么你的行为是善还是恶？而你杀了一个正在行凶的罪犯，拯救了更多的生命，这种行为是善还是恶呢？在战场上，你眼中的敌人，也许正是敌方眼中的英雄。有人说战争本来就是罪恶，那么如果我们观看两群蚂蚁打架，它们又是谁善谁恶呢？倘若有一个远远超越人类的文明存在，他们看待人类的战争，就如同我们看待蝼蚁打架一般，那么在他们眼中，哪里有什么善恶呢？

所以本心在观照这个世界的时候，就如同一个旁观者。我们可以把它想象成一面没有情绪的镜子，亘古以来就存在于虚空之中。它只是默默地发挥着镜子的功能，你给它什么，它就给你什么。从这个角度来看，对于本心而言，世间原本就没有善恶之分。

那么什么时候出现了善与恶呢？倘若抛开所有的道德标准，回归到最原始的状态来看，我们判断一切事物的标准其实很简单：对我有益的，就是好，就是善；对我不利的，有害的，就是恶。其实从其他众生的角度来看，也是如此。尤其是对于动物来说，安全、有食物，这就是善，反之就是恶。

但问题是人类是有思想的，是有道德标准的。于是我们会逐渐理解、诠释什么是善恶。我们会从刚开始的只考虑自己，然后逐渐学会考虑父母，考虑亲友，考虑社会上其他的人，进而有了自己的喜好分别。我们内心就会认定，只要对我和我喜欢的人，或者说包括我不讨厌的人，有益的，这就是善；反过来，如果伤害了我和我认同的人群的利益，这就是恶。

比如孝顺父母这件事，大多数人都会认为这是善行。然而还是会有人不认为这是善，原因就是对于自己父母的不认同。再比如，为什么有一些人很自私，公共场所喜欢插队，不遵守公共秩序，就是因为在他心中，大部分人并不在他的认同之内，他能认同的就只有自己，最多再加上几个亲友。于是自私在他眼中，并不会认为是恶行。但是相对于能够认同社会大多数人的正常人来说，这种做法就是恶行。

但是人们能认同的范围终究有限，因此我们有了法律，向人们宣告整个社会共同的价值观是什么，我们应该共同认同的群体是什么，由此善恶的标准就非常明确了。所以我们回头来看，善恶之分，缘起于一个"我"字。那么这个自我的认知，就是良知的体现！也可以说是心为体，良知为用。

而这个"我"字又是如何产生的呢？这就是"有善有恶意之动"。本心本来如同一面镜子，你来什么它就照什么，你什么都没有，大家就一起寂灭。可是怎么就生出一个"我"的意识呢？这就是意之动的结果。

意识是如何动起来的？当我们有了视觉，能够真真切切地看到这个五颜六色的世界；有了嗅觉、触觉、听觉、味觉，这令我们的世界变得如此生动活泼；我们看到的、摸到的、目之所及的都是如此的真实，怎么会让人怀疑这个世界是虚妄的呢？

其实世界并不虚妄，只是它很短暂。时间是一种可怕的幻觉，明明它转瞬即逝，但是当我们身在其中的时候，却容易流连忘返于各种感受之中。本来花开又花谢，转眼什么都没有了，但是我们还是会留恋花开时的妩媚，沉醉于花香缠身的浪漫。

生命本来短短百年，可是我们却总是在一些无用的事情上耗费大量的精力。只有回忆的时候，你才会发现，原来过去很多看上去放不下的人或事，如今也不过是过眼云烟，没有什么不能释怀的。曾经再辉煌的成就，也比不上内心的宁静更让人向往。

这就是"有善有恶意之动"。你的意识没有跟上时间的变化，不是停留在过去，就是跑到了未来，不是对过去的留恋或是懊悔，就是对未来的幻想或是恐惧。于是就产生了一个不真实的影子，跟着你的意识，被时间牵着来回奔跑，没有回到本心。于是你的生命中也留下了一串虚影，要么留不住，要么得不到，痛苦和烦恼就在这样的土壤中默默滋生。

那么我们应该如何修心，才能回归本心？王阳明又为我们指出了什么方法呢？下一章，我们就来学习红尘无处不炼心，"知行合一"的修心方法。

008

知行合一，红尘无处不炼心

在上一章中，我们剖析了善与恶的根源。所谓"无善无恶心之体"，是指本心本来没有善恶之分，它原本就像一面镜子，又像一只眼睛，客观、不带任何情绪，在一片寂静中观察和反映这个世界。而当我们的意识有了"我"的认知，世界从此开始生动起来。有了"我"的概念，从而就有了亲疏远近，有了善恶之分。这就是"有善有恶意之动"。而我们之所以能够分辨什么是善、什么是恶，则是靠良知。良知如果被意识牵引，那么就无法正确地找到善与恶的标准。

那么我们应当如何找到自己的良知，让本心恢复清明呢？王阳明在四句教中，最后一句"为善去恶是格物"，就告诉了我们修心的方法。而这个修心的方法，也可以用我们熟悉的另一句话来表达，这就是"知行合一"。

如何诠释知行合一的道理，可能很多同学都会解释：所谓"知行合一"，就是作人应当知道就要做到，自己的认知应当和行为统一起来，要表里如一，要用我们的心去指导行为。比如我们明明知道，只要付出超出常人的努力，就能过得比现在要好很多。可是我们却总是上班起不来，下班玩手机。事到临头似乎总是控制不住自己，好像自制力太差。有时候不要说努力工作，就是为了自己的健康，戒烟戒酒都做不到！要做到"知行合一"，的确是一件很困难的事情。

倘若这样理解，那么就是简单地把"知"理解为知道或是知识，把"行"理解为行动了。如果仅仅是这样，我们就可以说，"知行合一"就是执行力要高，知道了就要做到，不拖延！可这样就能解决问题了吗？难道说执行力高就是人生赢家？那么罪犯往往执行力都很高，尤其是高智商罪犯。缜密的犯罪是一个多麻烦的过程，而且要冒着巨大的风险，虽然收益也有可能很巨大，可是他们是说做就做，想到就做到，绝对的知行合一。这是我们要倡导的吗？显然不是！

或者有时候我们还会看到一些人，比如很多执着的民间科学家，简称民科，他们中间很多人也是执行力非常强，觉得自己的方向是对的，能破解世界难题，能为国争光。于是埋头苦干，誓要发明永动机，要挑战相对论！而且不计酬劳，几十年如一日。这样的知行合一，显然也不是我们要倡导的。

所以，知行合一中"知"的含义，绝对不仅仅是知识或者认知，它所指的，其实应该是觉知，或者说就是良知。这个觉知怎么理解？我们曾经举过一个例子，本心好比是一面湖，飞鸟飞过后，虽然湖面上飞鸟的影子已经不在，但是我们仍然知道这里曾经有飞鸟经过，这就是本心的觉知。

本心虽然是一面镜子，但它不是没有生命的镜子，不是死物。它有自己的觉知，有自己的意识，有自己的智慧。听过我讲《心经》的同学都知道，佛家讲般若智慧，其实就是本心的一种觉知。这种觉知能够穿透因果，透过现象直接看到事情的本质。其实我们也有这种体验，当你心无旁骛地做一件事情的时候，有时候会忽然像开了窍一样，拨云见日，或者是突然一种莫名其妙的直觉、灵感，直接告诉你答案。这时候就是觉知的体现。

我们要寻找的，正是这种本心本来就有的智慧。为什么有的人能够泰山崩于前而不改色，能够在任何时候一眼就看穿事情背后的玄机，能够在纷繁复杂的表象中，一针见血地指出事情的关键，还能够在任何时候都云淡风轻，好像没有什么烦恼。这就是本心智慧的体现。

然而，为什么我们普通人做不到这样的状态？是因为"有善有恶意之动"，有了七情六欲、喜怒哀乐的各种干扰，让我们根本就看不到本心的存在。就好像你刚要专注看一会儿书，忽然手机里一条消息吸引了你的注意力。刚刚处理完消息，又发现一个有趣的短视频，结果等到再一抬头，好像该吃晚饭了……注意力在不断地被分散，而真正的智慧，也就是我们的觉知，就会被掩盖。尤其是现在碎片知识、短视频、网游，将我们的注意力几乎分散到了极致。

既然觉知已然被掩盖，那我们又如何做到"知行合一"呢？这就要去理解，"行"是指行为吗？

其实真正的"行"，是指内心中的"行"，行为只是内心中"行"的具体体现。就拿刚才的例子来讲，当你要准备读书了，可是看到吸引人的短视频，倘若这时你能意识到，看手机这件事和读书这件事有冲突，并且打消了看手机的冲动，那么这里的意识，就是"为善去恶是格物"。也就是你认识到了什么是对的，什么是错的，这个阶段就是格物。而打消了这个念头，就是"知行合一"。你的觉知告诉你，读书是对的，玩手机是错的，于是你打消了玩手机的念头，觉知与心中所行合二为一，于是这一次你就做对了。如果你能够每一次都意识到什么是对，并且最终作出了对的选择，那么离开悟也就不远了。

佛家修行中有一句话，叫作"不怕念起，就怕觉迟"，其实也是类似的意思。念头就是扰乱我们觉知的意识。有了乱七八糟的想法不要紧，这是正常的，而且也是不可避免的。但是首先要清楚地意识到，这些想法是错的，然后去停止它，这就是知行合一了。怕就怕我们很多时候，生起了错误的意识，根本察觉不到。如果连错误都察觉不到，那么如何停止它呢？所以说，不怕念起、就怕觉迟。

心学解决这个问题的方法，是"为善去恶是格物"。这个概念讲起来太复杂，我们换一种说法，就是"红尘无处不炼心"。修炼强大的内心，不需要远遁山林、修心养性，也不是靠吃斋念佛就能"知行合一"。真正的修行，其实恰恰就在平常的生活中。

我们只需要注意，当你的情绪开始有变化的时候，往往这就是你修心的契机。无论是高兴还是生气，悲伤还是喜悦，其实我们只要把握一个原则：当心态发生变化，就要想一想，究竟是什么让你的情绪不再平复；要提醒自己，这时候正是自己内心不圆满的地方。

我们可以把情绪当成一面镜子，你生出什么情绪，就能照见什么地方的觉知被深深地埋没起来。用神秀的比方，就是这个地方灰尘最大，那么就要好好擦一擦。在佛家中，有忍辱的方法，其实就是通过受辱的方式，来找到自己的弱点；道家也有专门入世受辱的方式，就是去磨炼道心。

其实正是当你觉得虐心的时候，恰恰也是修行的时候。心学说到这里，才是真正说出了内心强大的秘密。当然这并不是让你主动受辱，而是要我们时刻关注自己内心的变化。首先要做到能及时发现问题所在，这就是致良知；

其次还能够及时止住错误的念头，这才是真正的"知行合一"。

我们的情绪每天都在发生变化，随时随地都有可能会有新的情况。每一次的变化，正是我们历练内心的契机，也是一次修心的过程。正所谓"红尘无处不炼心"！

那么应当如何开始呢？从下一章开始，我们就进入课程的下一个阶段的学习：如何运用心学的智慧，指导我们锻炼出强大的内心，去应对精彩纷呈的人生！

009

从无知到觉知，知与行的五重境界

在前一个阶段的学习中，我们通过对比朱熹所代表的程朱理学，与心学的相同及不同之处，基本上搞明白了理学的世界观是什么，而心学的主张又是什么。通过分析"性即理"和"心即理"，引领大家来了一场简单的头脑风暴。其实哲学就是这样，不像理工学科，可以直接做客观层面的实验分析，通过观察直接得到结论。哲学所做的实验都是思想实验，对各种道理进行严密的逻辑推理分析，从而得到形而上的道理。

我们的内容不是学术研究，仅仅是浅尝辄止、抛砖引玉，是给同学们提供一个思考实践的方向。之所以要用这么多篇幅来讲这些看上去无比枯燥的理论，同样是因为如果不能理解"吾心即宇宙"的道理，"知行合一"就很难做到。知其然而不知其所以然，结果就是听了很多道理，听的时候是心潮澎湃，可是真正轮到自己做的时候，才发现根本不知道该如何下手，这就是因为知之甚少。换句话说，知行之所以不能合一，还是"知"得不够彻底。

"知"与"行"可以简单地分出五个不同的层次。

先来说"知"。最肤浅的"知"，就是无知。无知的状态很好辨别，通常很容易人云亦云，把无病呻吟当成智慧，把特定情况的结论当作普遍真理。知识和常识严重的不足。比如心灵鸡汤、碎片知识，基本上都可以归纳为这一范畴。鸡汤之所以能够引起人的共鸣，实际上它撩拨的是你的焦虑和挫败感。比如我们常看到这样的鸡汤文："成功的人都做了这几件事""财富自由必须要做的几件事""男人四十岁之前一定要懂的道理"……这就是典型的利用你对财富的焦虑来激发你的共鸣。

我们为什么认为，把鸡汤文、碎片知识当作真理是无知的体现呢？因为兵无常势，水无常形，每个人的生活轨迹是不可能重复的。即便是马云、马化腾这样的企业家，同样的事情再做一遍，也未必能够成功。复制的都不行，模仿的就更不行了。况且还有一条幸存者法则，成功者的经验不值一提，因为失败者根本就没有发声的机会。如果你将偶然性的总结当成必然性的选择，这不就是一种无知的体现吗？包括人物传记，如果当作故事看看也就罢了，但是当成绝世武功秘籍来看，那就会被带到坑里。

无知对应的行为可以称为"乱行"，也就是没有方向地四处乱撞。什么是乱行呢？看行为就知道了。今天觉得这件事不错，可以做一做，明天听朋友讲，有的人做什么事情发了大财，于是一窝蜂地都去做……结果可想而知。就像是有的人炒股，靠的全都是小道消息。这种不靠谱的小道消息，本质上和心灵鸡汤、碎片化知识没什么区别。但是处在无知的状态，就会一听到有内幕，立刻跟进。行为表现得没有逻辑，没有理智，完全依靠主观臆断或是情绪在推动，随波逐流，不知所终，这就是活脱脱的行为混乱，称为乱行。所以无知导致的就是乱行。

比无知略进一步的"知"，叫作盲知。无知，是不知道自己不知道，盲知算得上是知道自己不知道。在这个层面，信息经过了整理分析，人们初步有了自我的逻辑判断。但是这个判断有限，只能得出大致的是与非，而事情会如何发展，仍然没有头绪。比如当所有人都说股市特别赚钱，他能够意识到风险的来临，当别人都说这个平台理财很靠谱，收益非常高，他能够判断出其中有诈。于是能够知道退。但是应当如何进，却又看不清方向。

和盲知对应的行，就叫作盲行。这样的认知程度，在生活中往往会有什么表现呢？他会知道自我克制，但是又会过度相信自己的判断。于是止损是没有问题的，但是收获就要听天由命了。他的行有很大的不确定性，虽然在他自己看来是深思熟虑的，但是其实很多都是靠运气。那么一旦运气耗尽，就会暴露出认知的不足。

比如很多知名企业的高管，大多都有这个问题。借着平台指点江山，一时间觉得自己似乎无所不能，于是头脑一热，自己创业。结果被现实好好地教育了一番。这就是盲知盲行。好像是汽车行驶在夜路上，前面一百公里都是直的，他就认为这条路都是直的，冷不丁来个大转弯，就容易翻车。

到了第三个层次，是知道自己知道，我们称为自知。既然有了自知之明，是不是就已经圆满了呢？我们看自知对应的行为是什么？是躁动，也可以说是躁行。为什么呢？因为虽然从认知的层次、文化知识都达到了一定的程度，有了自己完整的一套理论体系，看问题更加全面，成熟了。但是这只是其外。能够达到这个水平，通常事业方面都不会太差。但是并不代表幸福，因为还没有降服自己的心。

所以自知的表现，通常是事业相对有一些成就的人，但是总是烦恼不断。我们看富豪中患抑郁症的、上市公司高管跳楼的也大有人在。这就是虽然能够有自知之明，但是仍然躁动不安。我们学习心学，不是为了成为富豪，而是要让自己的内心充盈、平和、幸福、自在。如果你追求的只是富足的状态，那么你表现出来的必然就是躁动。我们不妨问问自己，倘若必须二选一：你愿意生活奢华，但每天总是惶惶不安，甚至焦头烂额；还是生活小康，平安自在，没有什么烦心事，事事顺心呢？

当然，实际生活中，并不是不能兼得，王阳明不就是功成名就，还能够怡然自得吗。这不正是我们学习心学的目的吗。这个问题是后面我们要讨论的发心的重要性。

第四个层次的认知，自然就是在自知的基础上降伏其心，也就是到了智慧的程度：慧知。拥有了智慧，这时候才逐渐到达知行合一的真正境界，心灵和认知开始初步统一，一般在外的表现就是开悟者的样子。用儒家的话来说，修身、治国、平天下，都能够处理得很好，进退都在自己的掌握之中，身在红尘，却不受红尘的羁绊。

我们普通人，如果终其一生，能够进入这个境界，就已经初步地脱离烦恼了。所以如果判断一个人是否在这个境界，只需要看他还有没有脾气，是不是能做到无所不容。

最高的层次，就是觉知。慧知的程度是身心合一，而觉知则是让本心原本的智慧和能量释放出来，这种知行合一，用道家的话说就是天人合一，佛家而言就是不可思量。佛陀、老子正是如此的境界。而真到了这个境界，普通人就已经真假莫辨了。这样的人已经是和光同尘，表面上看和普通人没有任何区别，就如同一粒尘埃隐藏在世界中。为什么会这样，在《旁观道德经》和《心经》的解读中，我们已经讲得很多了，就不再深挖了。

我们应当关注的是，这五层境界，你正处在哪一个境界中，又应当如何进入更深的境界？其实进入高层次的境界，有两个方法。一种方法是类似朱熹的格物致知，从无知的阶段一层层地修行，也就是心学的格物方法，为善去恶是格物。另一种则是顿悟，比如像六祖惠能、姚秦三藏法师鸠摩罗什，直接就进入最深的层次，本心自然流露，智慧自现，那么其他几层也都不是问题了。

但是无论是哪种方法，都共同指出，修心时的发心是一致的。按照这样的方法，我们应当如何开启修心的第一步呢？

下一章，我们就来学习，修心要先立心。

010

〔立心〕心之所向，性之所往，情之所至

在上一章中，通过对知与行不同层次的剖析，帮助我们看清楚自己的认知，是处在一个什么阶段。既然要学习心学，要强大自己的内心，那么首先要做的，就是明确内心成长的路线。只有知道了方向，我们才能明白自己应当向着哪里去努力，去修心。认知的五个层次中，我们会发现不同层次的认知，表现出来的行为有明显的不同。这说明你的认知决定你的行为模式，而你的行为模式，则决定你面临的处境。

有句话被大家常常挂在嘴边，就是"你永远赚不到认知以外的钱"，虽然不太准确，但是也能说明一些问题。我们换个说法可能会更加贴切，那就是"你的行为永远不会超出你的认知"。如果你处在无知的状态，你是不会有自知的判断标准的，但是即便你处在无知的状态，有时候靠运气也是能赚到钱的。

为什么行为超不出认知？这是因为你所有的行为，必然是由认知指挥的。比如你知道火是会灼伤人的，那么在理智状态下，正常人是不会把手伸到火中的。我们知道绑架是违法的，那么大多数人都不会心存侥幸去铤而走险。可问题是我们知道吸烟是有害健康的，却为什么戒不了烟？知道读书能提升智慧，却一读书就昏昏欲睡，读不下去？从表面上来讲，其实这种认知，只是停留在知道，是一种知识层面的理解。真正的认知，应当是由内而外的体会，不仅是知识层面的知道，更重要的是内心能够感知、能认同。

就像很多人戒烟戒酒很困难，可是如果生过一场重病，劫后余生，这种情况下再戒烟戒酒，就不会是什么难事。因为在生病的过程中，烟酒的危害不仅仅是知识，身体的痛苦体验，以及重病不愈的假设所带来的一系列思考，让这种认知升华了。认知上升到更高的层面，那么指挥身体就变成一件简单

的事情。

同样的道理，为什么穷人的孩子早当家？因为贫穷和困难。对于这些孩子来说，不是停留在知识层面的认知，而是深深地写到了他们的内心中。所以普通人读书会发困，可是对于读书这件事的意义，有深刻认知的人，就可以头悬梁、锥刺股，凿壁偷光，寒窗苦读。为什么我们说年龄不能让人成长，只有经历才会？因为只有经历过的事情，我们才能由内而外地把它变成自己的认知，通俗一点说就是刻骨铭心。

由此我们会发现，你的认知之所以层次不够深刻，其实是因为你的认知是停留在表面，以一种知识的方式存储起来。就好像我们看到美国总统换届，感到好像和我们十分遥远，事不关己。可是敏锐的人就会预测股市的波动，从中谋利。

认知会指导你的行为，从这个角度来说，也算是某种程度的知行合一，只不过这里的知，是认知的意思。麻烦的是我们不可能事事都去经历一下才能学到道理，何况很多人是吃了亏也不长心眼，那么我们应当如何从无知，一步步到智慧的层面，让我们的行为变得有智慧。

这就是另一个问题：我们的认知从何而来？

认知其实是本心固有的觉知，这个觉知就如同一面镜子，由内而外地反映出世界的各种变化，并且根据事情的发展，做出反应。通常我们将它叫作自性的流出。比如即便是一个十恶不赦的罪犯，在某些场景中，也会流露出他人性的一面；哪怕是一个动物，都知道要保护自己的孩子；这些事没有人教，都是自然而然发自本心的感受。在这些场景中，自性和认知融为一体，显露在外，这其实就是我们追求的境界。

但是大多数情况下，身体的感觉和表象的意识会混杂在一起，将我们的自性深深地埋没起来。那么在这种情况下，就需要立心。我们在前面讲过，心学中的性与情，性可以说就是我们的认知，情就是外在的行为、情绪的表现。而心乃性情之主，心是性情的主人，正所谓心之所向，性之所往，情之所至。立心就显得格外重要，心若不正，你的认知自然会有问题，认知出了状况，行为必然会跟着认知走。所谓的立心，就好比在你的认知中，撒下一颗正确的种子，让它在红尘中生根发芽，经过各种机缘的磨炼，最终可以扫除尘埃，破土而出，让自性和认知合二为一。

用我们现代的语言来解释，可以理解为要建立正确的三观，即价值观、世界观、人生观。每个人都有三观，无论它是一种什么样的形态，即便差异再大，也不能否认它的存在。三观有没有对错，有没有善恶？很多哲学家或者说喜欢思辨的人，会说三观没有标准，只要不去伤害别人，那么就不存在对错。

你认为这件事是对的，可是从我的角度来说，就是错的，有标准吗？你认为晚婚不好，我还认为不婚主义更加科学，似乎没有善恶，那有没有对错呢？就好像有句话说，文无第一，武无第二。昆曲我就是不喜欢，你再高雅有什么用？这有对错吗？

其实三观是有对错的。前提是你想要更加接近你的本心，想要知行合一，想要达到智慧的层面，那么三观就一定有一个标准，这个标准就是本心的标准，我们无法用语言来直接描述它，因为它不是一个概念。比方说让你评判什么是好酒，可能很难用指标来说明，只能通过一系列的描述来尽可能地接近它。三观的标准，我们也很难用简短的语言来概述，但是我们会在接下来的内容中，尽可能全面地去接近它。

错误的三观，我们很容易描述，看行为就知道了。严重的会导致违法乱纪，甚至精神失常；最轻的结果，也会导致人们做出一些匪夷所思、违背公德良序的行为，令人不齿。

还有人说，我真的没什么三观，没什么信仰，只要我自己过得好就行，世界和平与我无关，大富大贵也非我愿，坑蒙拐骗更是与我无缘，人生就是这样过日子而已。其实这样的情况也不在少数，但是这样的人群并非没有三观，他们的三观，可以说就是社会的主流价值观，并且他们的三观会随着社会的价值观改变而改变。

比如说，当社会整体风气败坏，腐败成风，他们会认为这就是人家自己的本事。但是道德和法律约束他们做出越轨的行为。当社会拜金主义成风，那么又会觉得金钱万能，为了金钱可以在允许的范围内牺牲一些东西。社会主流的价值观是什么，他们的价值观就是什么。

这样的人不在少数。表面上看，这样的人似乎没什么太大的烦恼，基本都是衣食无忧。但是往往他们的痛苦也不少。因为当主流价值观和他们生活的现实发生严重的冲突时，这种心理上的打击是非常大的。各种落差会让他们总是处在一种郁郁寡欢的状态。生活似乎像一杯白开水，寡然无味却又不得不喝。生命就在这样的时光中不知不觉地消耗殆尽，也不知道生活的意义是什么。这就是所谓的没有三观的状态。

所以要改变这样的现状，必须让认知上升到更高的层次。这就要从立心开始，也就是重塑三观。修佛修道也是如此，要修行，也要先发心，先要有真知正见。修炼强大的内心，从根本上改变，就要从立心出发，一点点修正我们的三观，让它更加接近我们的本心。

那么立心应该怎么立呢？由本心而发的三观，又是什么样呢？下一章开始，我们就来对如何立心进行讨论。

011

【立心】敬畏之心，为善去恶即可趋吉避凶

在上一章中，我们对认知与行为的关系，做了进一步的了解。你会发现你所有的行为，其实都可以用认知的范围来解释；而你的认知，则离不开你的本心。即便偶尔有超出当下认知的一些行为，那也是本心中自性的一种流出。可是我们每个人都处在自己当下的认知层次中，如果没有突破，则很难做出超越认知的行为。认知的突破，是通过在事情上炼心，也就是为善去恶是格物，一点点不断地成长，就像是生铁要经过不断地淬炼才能百炼成钢。

认知又取决于我们的内心，如果内心的方向错了，那么最终炼出来的可能并不是钢，而是有杂质的熟铁而已。所以修炼一颗强大的内心，不仅仅是要红尘处处炼心，更重要的是一开始的立心要正。否则要么我们会困在某一个层次上无法进步，要么就是干脆走偏了方向，在烦恼和困惑中越走越远。

比如我们可能会常常有这样的困惑：明明自己没有什么恶意，但是为什么看上去的好事，却在不知不觉中发展成了坏事。明明看上去没有什么风险的事情，可是到了最后，却陷入了困境。本来看上去很小的一件事，却在一瞬间变成了一座山，足以把自己压垮。

本质上来讲，这就是认知的差异。你的认知只能看到事情发展的第一阶段，却无法看到第二、第三乃至最后发展的结果；又或者即便你隐隐知道未来发展的趋势，但是要么心存侥幸，要么没有定力，仍然义无反顾地去尝试，于是事情渐渐就会脱离你的控制，甚至超出你的预知。

这种事情常常发生。比如 P2P 行业刚刚兴起的时候，可以说是金融行业的一支新贵，但凡能和互联网金融沾边的上市企业，股票价格都水涨船高。而 P2P 行业的从业人员，更是吸引着各路资本的眼光。最疯狂的时候，那些具有相关背景的企业高管，几乎都是猎头的首要目标，风头丝毫不亚于阿里、

腾讯等互联网巨头的高管。

在这样的背景下，一时间几千家 P2P 公司迎风而立，行业看上去一片大好，似乎只要入行就能成为人生赢家，实现财务自由。当然，也的确有不少人短短几个月时间，就已经赚取了人生的第一桶金。但是他们真的不知道其中的风险吗？

事实上，但凡有金融常识的人，都会明白收益越高风险越高。甚至再讲明白一些，很多人都明白，所谓的 P2P，不过是高利贷公司披了一个互联网的外衣。它真正做的是什么事情，大家都心知肚明。

即便如此，为什么还有很多人会投身其中？这是因为绝大部分人都抱着一种心态：法不责众！大家都在做，就算是出问题也找不到自己的头上。而更多的人就算明白这会导致多少人倾家荡产，甚至家破人亡，也仍在巨大的利益诱惑下，视而不见。于是直到东窗事发，很多 P2P 企业从法人到员工，全部入刑。到了今天，整个行业可以说全军覆没，少有幸存者。

这就是我们所说的，一开始的时候，似乎事情的发展异乎寻常地顺利。整个行业欣欣向荣，哪里有什么恶存在。又有多少人会意识到未来的发展结局呢？这就是立心的问题。看不到未来的发展，是因为认知不足，但是看不到其中的恶，则是立心不对。

其实事情背后的恶，并不是没有端倪，而是因为心不正，所以被我们选择性地忽略了。比如高利贷的丧心病狂，高收益下的高风险，虽然它换了个外衣，可是本质并没有改变。而我们之所以忽略，是因为缺乏了敬畏之心。

佛家有句话说，"菩萨畏因，凡人畏果"。你可以不信神佛，但要信因果。凡事有因必有果，有果则必有因。恶因导致的恶果一定会爆发。如果没有爆发，只是时间问题，套用现在流行的一句话：正义可能会迟到，但它绝对不会缺席。

很多时候，事情看上去是好的，但是在发展的过程中越来越糟。原因就是一开始的恶因，你选择性地忽视它。而你之所以会忽略它，是因为你不相信它所产生的后果会对你有什么影响。你之所以抱有侥幸心理，甚至干脆嗤之以鼻，是因为你对这种可能性的影响没有心存敬畏。

打个比方，如果你知道吃下一种毒药，会有 1% 的致死率，相信在你头脑清晰的情况下，是不会尝试的。因为即便只有 1%，但是一旦发生了，这个后果是很严重的。那么即便发生的概率再低，你也不会忽略它。这就是敬畏心。

可换一种情况，如果告诉你，吃下一种毒药，百分百会死，但是要过一年以后才会发作，而给你的补偿，是这一年你可以无所顾忌地任意消费。那么必然会有人贪图一时的快乐而选择尝试。虽然这个后果太严重，得不偿失，但在唾手可得的巨大现实利益面前，严重的后果似乎遥遥无期。甚至人们会存在一种侥幸的幻觉，认为自己可能会逃避惩罚。

倘若我们换一个场景：同样是一种毒药，服用后会立刻死亡，但是在死亡之前，你会拥有一场美梦。梦境就是在过去的一年里，你享尽了人生的荣华富贵。你可以穷奢极欲，权御天下，也可以周游世界，上天入海。但无论如何，美梦终究会醒来。如果换成这个条件，相信就不会有人犹豫了——没有人会为了一场梦而送掉性命。

但其实这两个场景，本质上没什么区别。我们不妨回忆一下过去的人生，很多事情虽然是我们真实经历过的，但是在记忆中就如同一场梦。不要说一年，有的人甚至一个月、一周前的事情都已经忘得干干净净了。

由此我们会明白一个道理，不要为了一个留不住的梦境，而去忽略后果。我们要心存敬畏之心，只有这样，才能够在选择面前为善去恶。即便你的智慧还不能看到事情未来的发展，但是有了敬畏之心，我们就会选择正确的方向。

比如有的人喜欢在婚后搞搞暧昧，甚至发展一些婚外情。似乎只要保密工作做得好，家里红旗不倒，墙外彩旗飘飘，还是一件值得炫耀的事情。不是他们不知道会有什么样的结果，而是对结果没有敬畏之心。

为什么有人会去犯罪，同样是对结果缺乏敬畏之心。我们看那些被判死刑的贩毒，最终没有一个不后悔的。难道说他们最初做这件事的时候，不知道以身试法的代价吗？然而即便知道后果，他们的敬畏心，也还没有足够清晰到令他们感到恐惧。求神拜佛的人为什么都恭恭敬敬？一方面是心存感恩，另一方面也是心中有敬畏之心。很多信徒行善积德，吃斋放生，一大部分原因也是心有敬畏。

所以我们有时候说，没有信仰的人是可怕的。可怕的并不是没有信仰，而是没有敬畏之心。人如果失去了敬畏心，那是什么事情都敢做的。少年不知敬畏，如同初生牛犊不怕虎，一旦做起恶来是不计后果的。成年人没有敬畏心，就会失去定力，会贪图眼前的蝇头小利，或者很容易使自己陷入万劫不复之地。

敬畏之心并不能帮我们解决所有问题，但是心存敬畏，能够让我们为善去恶，规避很多潜在的风险，能够让我们心中生出定力，帮助我们趋吉避凶。因此修心，所立的必然有敬畏之心。当然仅仅有敬畏心还不够，在生活中还有很多烦恼，也是我们不得不面对的。

下一章，我们就来看一看，修心的开始，除了敬畏之心，还应当立什么心。

012

〔立心〕平常之心，
你我皆凡人，何必庸人自扰

　　知行合一，我们的认知从无知到觉知，有五重境界，相对应的"行"也有从乱行到天人合一的五种行为表现。当你处在比较浅层次的认知时，应当如何突破固有的限制，让自己的认知或者行为，达到高一层次的境界？这就要靠立心来完成。

　　如果说认知指挥行为，那么立心则指挥认知。在上一章中我们就已经感受到，当你树立起敬畏之心的时候，即便你的认知还没有达到更高的境界，却能够减少你做出错误的选择。这就好比我们在旅途中，虽然没有走过前方的道路，手中的导航却能够提醒我们前路什么地方发生拥堵、有交通事故，应当及时避让。敬畏之心就是如此，它解决的是我们是非观的局限性。

　　但要注意的是，敬畏之心并不是让我们做事情畏畏缩缩，不敢下决心，做决断的时候优柔寡断，而是提醒我们不要忽略恶的因果，要勿以善小而不为，勿以恶小而为之。你眼中的小恶，也许带给别人的就是灾难性的后果。事态的恶化，正是因为有这样被忽略的小恶，潜伏其中，逐渐演变成能将你吞噬的巨兽。所以立敬畏之心，可以让我们不忽略小恶。在任何时候都能明辨是非，才能做到趋吉避凶。

　　立敬畏之心，不仅可以解决是非善恶的问题，在生活中还有很多具体的困扰也可以迎刃而解。比如情绪上的波动，很容易让我们迷失自我——愤怒会让人失去理智，抑郁让人丧失斗志，狂喜则令人失去自制力，伤心又容易使人煎熬。七情六欲就如同疾风骤雨，搅动着我们的内心无法平静，常常就会陷入各种情绪之中，浑浑噩噩地混日子。

我们暂且不论情绪波动会让身边的人如何评价。就说如果一个人长期处在生气、郁闷、痛苦甚至喜悦之中，其实你的心已经被各种情绪所吸引，在不断地品尝着情绪带给你的感觉，你哪里还有心思去思考问题，更没有精力去完成自己的计划。就像有句话说"恋爱中的人是没有智商的"，就是因为人一旦陷入爱河中，情绪的波动是最大的，酸甜苦辣咸，什么滋味都有，天天不是生气就是甜蜜，不是猜疑就是感动，就好像顿顿品尝的都是美味的大餐，嘴巴都用来吃了，哪里还有空儿去说话。

所以道家《阴符经》中就讲，天有五贼。各种感受，变成了各种情绪，好像贼一样，在偷你最宝贵的东西——偷你的心思，偷你的心神。如果不杀掉这五贼，那么你就会永远陷入浑浑噩噩的状态中。情绪波动，仿佛像喝醉酒一样。喝醉酒，脑袋就不清醒，别人说什么也听不到，自己说什么也不知道，颠三倒四还乐在其中。情绪波动的时候，一生气，就管不住自己的嘴，开始胡言乱语。清醒后再道歉："我说的是气话。"可见气话是不受自己控制的。而有时候一高兴，脑袋发热，觉得自己天下第一，就敢跑到大街上随便发红包。这与喝醉了有什么区别？

所以说，情绪不稳定，就会蒙蔽我们的内心，让我们做出错误的判断，产生错误的想法，甚至做出愚蠢的事情。

那么到底是什么导致了我们情绪波动呢？首先就是攀比心。人一出生的时候，赤条条来到这个世界，本来没有什么不同。可是为什么你读的是一流小学，我就只能读个三流小学？为什么大家都是同学，听的课一样，坐的位置都一样，学习成绩却有天壤之别？为什么我是名牌大学毕业，却要给一个没有文化的人打工？攀比无处不在，于是各种情绪应运而生。

因为攀比生出了嫉妒心，而嫉妒生出了抑郁，生出了压力；攀比也会生出喜悦，自得，可是也同样会生出自负或是自卑。如果说格物致知要为善去恶，那么攀比心就是藏在我们内心的恶。为什么会有攀比心出现，这是因为在我们的潜意识中，有一个心理暗示：世界应该平等公平。所以凭什么同样的条件下，大家的生活却出现了区别。凭什么我这么努力，生活却不如意？凭什么我长得比别人美，却嫁了一个普通人？……

每个人心中都有无数个"凭什么"，却没有对应的答案。可能你自己都没有意识到，你和别人攀比的到底是什么。甚至情绪发作的时候，你都没有意识到，原来这都是因为攀比，都是因为内心有一个"凭什么"在作祟。

所以，如果想要去掉攀比心这一个恶，那么就要明白一个道理：这个世界根本不存在绝对的公平。佛家把我们这个世界称为娑婆世界，也就是堪忍世界，是不完美的世界。在这样一个世界里，又怎么会事事如意呢？因此，要想灭掉这个妄念，除掉攀比的恶，我们就需要立的是平常心。

什么是平常心，又应当怎么立平常心？要立平常心，只需要我们能接受几个真相就可以。第一个真相，是这个世界本来就没有公平。每个人出生的家庭，条件有好有坏，有的含着金汤匙出生，有的则是家徒四壁。有的白白胖胖，有的瘦骨嶙峋，更不要说对于有些朋友，连健康都是一种奢望。

所以我们看，从出生开始，世界就已经不公平了，这能由得你做主吗？不要说一开始大家都在同一个起点。什么不要让孩子输在起跑线上，这是教育培训市场刻意地在制造焦虑。家庭条件不同，孩子的智商不一样，怎么会在同一个起跑线呢？要说人生真有起跑线，那么在出生的那一刻就已经决定了你的起点。

首先，一个成熟的成年人，就应当认识到世界本无公平。所谓的公平，也只能给予你制度的公平，而不能给予你生命的公平。我们之所以还在抱怨不公平，无非就是幻想着能用制度的规则去弥补你生命的软弱。所以不公平才是生命的常态，天天抱怨不公平的，其实你只是在用撒娇的方式，向自己的软弱认输罢了。

其次，我们要认识到，自己并不是世界的中心，我们生而平凡。也许每个少年都曾梦想仗剑走天涯，每个女孩都有一个公主梦。没有长大的时候，未来当然有无限可能。可是这个世界上能够成为英雄、成为公主的人始终是寥寥无几。绝大多数人都如你我一样，过着平凡无华的生活。保持平常心，并不是让我们失去斗志，更不是让我们没有梦想，而是要让我们更加脚踏实地一些。

你想成为世界首富，不妨先从朋友之间的首富做起；你想要环游世界，可以先走走周边；你梦想财富自由，完全可以从开一个小店开始。梦想之所以是梦想，首先它是一个梦，一个美梦。如果轻而易举能够实现的，最多叫作计划。梦想吸引我们的，是在于能够满足你对美好生活的一切向往。但是总生活在这个美梦中，就很容易脚下踏空。

最后，我们要明白一个道理：并不是努力就一定能够成功，付出一定就有回报。方向错了，快马加鞭只会越走越远。温度再合适，石头也孵不出小鸡。打坐盘腿再用功，不会观想，也只是空耗生命。

执迷不悟地犯错，佛家称为执着。如果你执着于一个错误的梦想，那么耗尽你的生命，也只能空留遗憾；如果你认为付出就必须有回报，努力一定就能成功，那么可能你会有巨大的失落感。也容易被鸡汤文激发起你血脉偾张的激情，投身到一次错误的尝试中——比如传销。

如果要说什么是公平的，那么可能是生活往往让你在享受财富的同时，剥夺你的快乐；享受成就的过程，剥夺你的幸福；获得名声后就失去了清静。所以王阳明会说"屋宽不如心宽"，生活得再好，身不由己，烦恼缠身也不见得是美满的人生。

当然，我们很多时候的状态，是既没有富足，也没有清静。这其实是我们自己没有把握好机缘。外界的干扰越多，内心就越不清净。我们普通人，没有日理万机的忙碌，没有时时要去决策的压力，没有身不由己的应酬。时间相对自由，可以陪伴家人安享天伦之乐，天塌下来还有高个子顶着，心里的负担要小很多，所以修心要相对容易一些。

内心之所以还没有清静，是我们还没有开始立心。所以平常之心，就是断绝我们烦恼的根源之一。

除了平常心，我们还应当立什么心，要解决什么问题呢？下一章我们就来了解，如何立无常之心。

013

〔立心〕无常之心，坦然潇洒面对你的人生

学习心学的目的，首先应当是修炼一个强大的内心，让我们能够处事不惊，恬淡自如。不管是在任何复杂的环境中，还是在巨大的压力之下，都能够看清这个世界。而强大的内心，则是要从立心开始。立不同的心，可以解决不同的问题。敬畏之心能够帮助我们明断是非对错，防患于未然。平常之心，可以去除大部分的烦恼，扫掉心中攀比的恶念。

但是，烦恼的源头并不只有攀比。佛家说人生之苦，在于得不到、舍不得、放不下、忘不了。比如孩子会因为父母没有给他买新玩具而哭闹，职场的白领会因为没有升职加薪而失落，销售会因为订单没有如期签约而焦虑，这都是得不到的烦恼。

可是有时候得到了，却又无法舍弃。有句话说"人为财死，鸟为食亡"。很多时候，人生的烦恼就在于不愿意舍下多余的东西。比如常见的情况，就是很多危机公关失败的例子。有一些大品牌厂商、明星、知名人士，犯了错误后，第一时间不是诚挚地道歉，而是想方设法狡辩推脱，找一个所谓临时工的借口，或是睁着眼睛说瞎话，就是不承认错误。这就是舍不得手中的既得利益。

恋人之间的爱恨别离，大多也是如此。明明一段感情已经结束，但就是舍不得离开，舍不得结束。即便勉强结束了，遗憾还是盘桓在心中，挥之不去。以前的回忆历历在目，谁无少年时，我们都曾经有过这样的经历，也都会沉浸在这种情绪中，这就是放不下，忘不了。

有时候可能还不是感情问题。有的人心胸狭窄，别人对他有过一点伤害，或者是自己受到一点委屈，那种滋味就牢牢地留在心头。倘若你问他昨天学习的内容，他不一定能想起来，可是情绪一来，二十年前的一件小事还能情

景重现。我们看很多人一吵架，什么陈芝麻烂谷子、鸡毛蒜皮的小事，都拎出来翻个底朝天。这就是很明显的放不下、忘不掉。所以说，人们的记忆其实一点都不差，几十年前某个人的动作、表情都能记得惟妙惟肖。之所以平时记忆力差，那是因为你的精气神都被这些情绪偷走了。

人们为什么会因为得不到、舍不得、放不下、忘不了而心生烦恼？得不到，是因为你有想要"得"的心。这本来没什么，如果人们连"得"的心都没有了，那做事情就会失去斗志，生活就会觉得没有意义，连吃饭可能都味如嚼蜡。就算是修佛修道之人，也是先有一个成佛得道的心。所以人们有这个"得"的心，是很正常的情况。

不正常的在于，我们忽略了一个问题，这就是世事本无常。并不是想要就一定能有的，板上钉钉的事情也有可能会改变，煮熟的鸭子也不是没有飞走的可能。所以很多时候因为得不到，而生出失落心，就是在内心中已经默认自己是唾手可得，或者已经是囊中之物，不承想却在最后关头，变成了镜花水月。心中有了期待，当这个期待没有满足的时候，就会产生失落感，甚至是痛苦。

舍不得则是正好相反，认为已经属于自己的东西，就应当天长地久地属于自己。有时候甚至把某些东西、或者是事情看得比什么都重，但是形势所迫，又不得不放弃，这种痛苦就好像是在割自己的肉。比如有的格局比较小的老板，企业内一些员工贡献非常大，可是当要他兑现自己的承诺、给员工激励的时候，却比登天还难。因为他心中觉得已经进了口袋的钱，自然是属于自己的，要拿出去是万万不能的。

这也是我们没有想明白的一个道理：生活中的很多事，就像是做买卖一样，无本的买卖是不存在的。有付出才会有回报，无论你付出的是什么。但是只想要回报，却不愿意付出，那是不可能的事情。更何况，人生本来就是赤条条地来、赤条条地走，你回头看一看，曾经在你人生中极力挽留的人和事，有多少是如你所愿留住的？就连生命我们都留不住，哪还有生命中舍不得的呢。

我们常说一句话：天有不测风云，人有旦夕祸福。看到新闻中某个知名人物忽然发生意外，或是身患重病，总能让我们一时感慨，生命是如此无常。

再多的财富、名声，似乎在生命这个主题下，都变得不再重要。无论是心学还是佛学、道学，都告诉我们，生命无常，没有什么是永恒的，也没有什么是不变的，唯一不变的，就是变化本身。

就像有句话说，时间是治愈一切的良药，如果没有痊愈，那就是时间还不够久。其实这句话背后，同样是在讲生命中的人生变化。今天你在乎的事情，也许明天你就会发现一文不值。年轻时候在意的人，可能早都随着时间消逝在你的记忆中。工作时候的争名夺利，等退休了再一看，似乎毫无意义。古今多少事，也不过都付笑谈中。

明白了世事无常，就没有什么事放不下，自然也不会忘不了，也不存在得不到、舍不得的烦恼。这就是我们要立的无常之心。立无常之心有一个很简单的方法，就是将自己的生命长度无限拉长，想象一下自己的生命仿佛是永恒的存在，那么你会发现很多看上去漫长的过程，原来也不过就是转瞬而逝。我们纠结的问题，在时间的长度下变得无足轻重。所有看上去稳定的事物，都不过是生命中的过客。其实我们之所以觉得生命短暂，原因是总在回头张望；有时又觉得生命漫长，是因为总在凝望未来。然而事实却是，只有眼下的时光才最为真实。

所以无常之心并不是让我们放弃追求，更不是心灰意懒、遁入空门。而是要尽人事、听天命。曾国藩有一句座右铭，"物来顺应，未来不迎，当时不杂，既过不恋"，正是描述这样的心态。事情来了就顺应时势，该努力就努力，该认真就认真；还没到来的事情，不要着急去想着怎么解决。其实大部分的事情，想得过多，可能到最后变成了无用功，所谓"计划没有变化快"。事情结束了就结束了，可以总结一下，但不要总是后悔哪里没有做到位，或是觉得哪里有遗憾。简单来说，就是活在当下。

但是无常之心，并不局限于"活在当下"。心中有无常的道理，自然能够专注于当下。而当有意外发生，无论是惊喜还是惊吓，无论是得还是失，在无常心面前，一切都是顺理成章——既然世事无常，那么任何时刻，都可能会有喜有悲，有得有失。既然如此，何必多虑。做好我们该做的事情，至于未来如何发展，七分在人三分在天，无论发生什么，坦然面对就好。

这就是无常之心。要想活得潇洒自主，坦坦荡荡，心无挂碍，就需要有这个无常之心常在胸中。

除此之外，我们还需要立什么心，解决什么问题呢？下一章，我们继续学习心学中的人生智慧。

014

【立心】同人之心，我即众生，众生即我

心学教我们，如果要修心，必然要先立心。因为心之所向，性之所往，情之所至。你的心立在哪里，内心就会有对应的想法，行动就会受到相应的影响。我们常说的心，其中包含了很多概念。大致来看，可以分为本心、道心、内心。本心可以理解为我们最根本的生命本源。佛家常常说"明心见性"，明的就是这个本心，见的性，就是本心中的自性。当蒙蔽在本心之上的灰尘，都被打扫干净了，本心自现，自性就会自然地流露出来。

但是要见到这个本心，是非常困难的事情。如果能时时刻刻明心见性，那么我们可以说，认知的层面就已经达到了觉知的程度。平日里我们所能够触碰到的，大多是在道心这个层面。所谓的道心，借助通俗的概念来理解，可以当作我们的三观：人生观、价值观、世界观。这是可以用语言描述出来的，也是我们对世界底层逻辑的一种认知程度。

但是谈到本心，则是与道心之间有很大的一段距离，隔着我们的七情六欲，或者说六根六尘。佛家说六根不净，其实描述的就是本心蒙尘。倘若道心不正，那么无论你如何清除灰尘，都找不到本心所在。就好比拿着错误的地图在寻宝，掘地三尺也看不到任何东西。可是如果道心方向正确，那么通过日常的修悟，就能渐渐地接近本心。功夫深了，一朝顿悟，明心见性，认知就会上升到觉知的境界。

内心则是道心面向外界的一种表现。具体来讲，你有什么样的三观，就会有什么样的道心。当遇到人或事的时候，你的内心世界，自然就会基于三观而产生相应的心理活动。道心对了，内心对于世界的认知就更接近事物的本质，就能够透过现象看到其背后的底层逻辑。认知对了，行为自然也就对了，即使面对再复杂的情况，也能抽丝剥茧找到解决问题的关键。可见道心

的重要性。

而立心，就是在矫正我们的道心。或者说用立心的方法，为道心的范围画几条红线，让我们在树立它的时候不要有偏差。修心要做观和止的功夫，观就是用心来观察，用本心来观照我们的行为和念头。本心还未明心见性时，就要借助道心来观照。而在道心之上所立下的心，相当于我们的边界和底线。一旦意识和行为触碰到了这些边界，我们就要在心中响起警报，这就是观照。警报响起之后，我们还要立刻有所行动，知道去制止越界的行为和意识，这就是真正的知行合一。

打个比方，立心就像是法律；而观照，则是好像有一位警察在监督自己，及时制止自己的越界行为。这就是格物的功夫。我们会在后面的内容中详细讨论，究竟应当如何格物。

修心其实就是这样一个很简单的过程。在立心的阶段，就是要降伏其心，给自己的心立一立规矩，不能让它心猿意马、肆无忌惮地自由发挥。所以我们在前面的内容中，分别讨论了树立道心之中的敬畏之心、平常之心、无常之心。它们解决的问题也各有不同。

在大多数情况下，我们可以意识到自己的情绪出了状况，譬如当你有喜怒哀乐时，这都是一个明确的信号。可还有很多时候，即使在别人眼中，已经非常明显地感受到了你的情绪变化，然而我们自己却并没有觉得有什么不妥。

比如自满、自负，或者是傲慢、偏见、固执、倔强，等等。有这样种种的心态并不可怕。真正可怕的是，当它表现出来的时候，作为当事人，我们自己几乎一点也察觉不出来有什么异常。

自负的人在做决策的时候，绝不会认为自己的判断有什么问题。傲慢之心生出时，并不会认为自己高高在上，觉得一切都理所当然。心生偏见，已经先入为主地把对方划分到心中的某一个区域。于是总会有类似以貌取人、主观臆断的情况出现。而最让人头疼的是固执。常说这个人倔得像头牛一样。还有不撞南墙不回头，可有时候就是撞得头破血流也不一定回头。

生活中这样的例子比比皆是。那么究竟是什么让我们在那一瞬间失去了理智的判断，陷入了极度主观的状态中？答案就是我们的内心告诉自己，"我"

和别人是不一样的。

我们会不知不觉地自我暗示：我比别人聪明，所以别人给我的建议、对我的批评，都是因为他的智慧不够，他根本没有理解我在说什么。我的经历比你丰富，你说过的我都考虑过，你想到的我当然想到了，所以你给出的意见对于我而言，没有任何意义！我的想法你并不了解，我要做什么你根本一无所知，你凭什么来劝我？甚至还有人会有这样的心理活动——这个事情我已经考虑得非常成熟了，你不了解情况。你这样阻挠我，是不是因为嫉妒，还是见不得我过得比你好……

当人们陷入这样的心态中，你会发现内心就如同紧闭的大门，容不得半点反对。这个时候他的耳朵失去了作用，听不见别人的声音，眼睛也成了摆设，看不到事情的真相。从这个角度我们也能够看出，眼耳鼻舌身意，都只是我们探知世界的方式而已，并不是这个世界的本来面目。当你的道心出现偏差，内心的认知就会产生障碍，这时候就会关闭眼耳鼻舌身意的功能。

譬如我们会见到遭遇电信诈骗的受害者，警察都已经在现场苦口婆心地劝阻，可是受害者仍然固执地认为，电话中的警察才是真的。相反面前证件齐全、正义凛然的公安人员，才是居心叵测的骗子。内心被蒙蔽，虽然你仍然能看到，能听到，却失去了判断力，行为就会出现问题。

而固执、傲慢、自负、偏见等很多心态，从根本上，就是源自我们对于自我的执着。用佛家的语言讲，就是我执太重。从心学上来说，我们就要立起同人之心。所谓同人之心，就是要清醒地意识到，我和别人，在本质上并没有什么不同。在本心的层面，大家都是一致的。不同的只是外在的表象。你认为的不同，其实只是另一个时空自己的映射而已。

佛家有句话说，"我即众生，众生即我"。可以说我和旁人其实是一样的。你看到的某人某时所表现出来的状态，其实在某个时刻也正是你的模样。而你的种种心态，也会出现在别人的心态中。我们所看到的芸芸众生，都可以看作自己内心某一刻的状态。所以你可以透过众生来看自己，也可以通过自己去体会众生。甚至于在佛家的轮回宇宙中，无数劫以来，我们只是不停换着面具，扮演着不同的角色。

既然如此，我们就不该有什么分别心。当你觉得自己高高在上的时候，不妨想象一下对面的人和你互换一下角色，是什么感受？当你觉得自己无所不能，或者深思熟虑的时候，想象一下如果你看到一个固执己见、刚愎自用的人，你会有怎样的想法。通过切换不同的视角，去感受不同的角色和人生。

我即众生，众生即我。儒家说：老吾老以及人之老，幼吾幼以及人之幼。这都是心中同人，无有分别。我和别人没有什么不同，别人只不过是另一个形态下的我，我也不过是某种状态下的他。《金刚经》中讲，"无我相，无人相，无众生相，无寿者相"，当你心中没有区别了，那自然就不会执着于表面上的不同，也就是心中无相。

立下同人之心，破除我执，破除执着于表面的虚妄之心，内心就不会再有傲慢与偏见，也能心平气和接受不同的意见，身上的锋芒自然就会变成柔和的春风。毕竟以同人之心来看，谁会自己瞧不起自己、自己和自己较劲、自己阻碍自己呢？

修心，不是口号。心学既然已经明明白白给出我们方法，我们就要知行合一，从立心开始，一点点让我们的内心强大起来！

015

〔立心〕中正之心，勿要为舍而舍，为得而得

心学，要做到知行合一，就要致良知、找到本心所在。虽然我们还没有达到明心见性的境界，可是本心流露出的自性，我们却能在无意中感受到它的存在。不管是突如其来的感动，还是莫名其妙的喜悦，都是自性的一种外显。有时候我们会看到某个场景，被击中内心最柔弱的地方，百炼成钢也有绕指柔的情形；有很多朋友进到寺庙中，就会不知不觉泪流满面，但不是悲伤，也不是喜悦，而是一种说不出的轻松自在。这其实也是一种本心自性的流露。

心学告诉我们，要找到这个本心，保持住自性，就是要"去人欲，存天理"。而程朱理学中，也有"灭人欲，存天理"的功夫。人欲与天理为什么不能共存？我们在修心之前立下的各种心，难道还不足以让我们找到本心吗？

立心，是为了让我们在修心的过程中，不要刻舟求剑。明明本心就在这里，我们却走偏了方向。比如说敬畏之心，当我们的认知还不能超越我们所在的层次时，心中敬畏因果，那么我们就能知道什么事情可以做，什么事情不能越雷池半步。立心，可以说是我们行为的准绳，它用一种超越认知的方式，帮助我们延展了智慧边界。

但在平时，这个本心被深深地埋没在红尘之中。如果把本心比作一面镜子，心中无尘则是明镜；而身陷红尘中，本心就变成昏镜。我们看古代的衙门里，都喜欢立一块牌匾，叫明镜高悬，就是比喻要心如明镜，照见一切冤情，明辨一切是非。修心就是要让昏镜成为明镜。

打个比方来说，修心有两个角度。首先你要在一片尘土中找到这面镜子的位置——这就是立心的一部分作用。用敬畏之心、平常之心、无常之心、同人之心来划定本心的范围。但是只找到位置还不够，我们还要把它表面的

灰尘扫掉。这时候就需要注意火候，扫得太轻，本心的智慧之光无法透出；扫得太重，矫枉过正，搞不好本心变成了榆木疙瘩。

这其实是什么情况呢？蒙在我们内心之上的尘土，可以看作糅合了我们各种欲望、想法、念头等的杂念。譬如因为贪财，我们就会产生对财富的执着心，就会为了钱财而失去自我。现在流行将财富自由作为人生目标，有的人为了实现这个目标，可以完全没有原则、没有底线——这是我们常见的情况。

过度贪财固然不对，但是有的人说，我要修行，不能贪财。于是自视清高，四体不勤，不屑劳作，导致家中一贫如洗，妻儿老小生活都困难，这种情形就是又走向了另一个极端。

既然欲望是心中的灰尘，会遮盖住本心的自性，难道不应该消灭它吗？这里有一个误解：所谓的"灭人欲"，并不是让我们把人的天性、与生俱来的需求都统统灭掉。如果什么欲望都没有了，就能成圣成佛，那植物人是否应该早都立地成佛了。显然事实并非如此。

灭人欲也好，去人欲也罢，道家还说要太上忘情。然而这个"欲"，是指超出我们正常需求的欲望。它可以表现在方方面面。比如我们在工作中，想要好好表现，出人头地，这是普通人正常的荣辱之心、上进心，是我们努力奋斗的动力之一。如果这个欲望去掉了，大家做什么都无所谓，做好做坏也漠不关心，这不是没有欲望，而是消极、懒惰的表现。

可是反过来，如果过度关注职位、在意荣辱，甚至为了虚名或者升职加薪，而去阿谀奉承、暗通款曲，做出违法乱纪、违背良心的事情，这个时候需求就不再是需求，而是发展成了欲望。

欲望和需求之间的差别，很多时候很好分辨：以能够满足我们正常生活为标准。超出了这个标准，就是欲望。说简单点，雪中送炭的通常都是需求，锦上添花的，一不小心就是欲望。而欲望都是由不断被满足的需求，一点点发展演化而来的。

一开始可能我们只是觉得只要能够有个稳定的收入，有个遮风挡雨的住所，就足够了。可是当你拥有这一切的时候，又会生出新的想法：要是能有一个受人尊重的职业，有一个安身立命的房子就更好了。于是需求就是这样一步步不知不觉地变成了越来越难以企及的目标。所以我们常说，由俭入奢易，由奢入俭难，一旦见过了花花世界，就很难再回到平凡之中。

因此，我们就需要有一杆秤来帮我们衡量进退之间的分寸。而这杆秤，也就是我们要立的中正之心。所谓中正，就要不偏不倚。读过《一点易经》的朋友都知道，《易经》其实讲的就是要持中守正。能够持中守正，恪守中正之心，那么我们在扫除心中的灰尘时，就不会说扫除得不到位，或者是动作太狠，过犹不及。

譬如有的居士，就很容易修偏：吃素吃斋，本来对于修行而言，的确是一件有益的事情，可以清净口欲，减少杀孽。但是如果过度执着于这个表象，而忽略了持戒的本义，那么就容易偏离正道。看到别人吃肉喝酒，不管人家是不是修行者，就妄加干涉，甚至恶语相向。虽然说的话很和善，但是言语之间的意思，却是什么"恶业、作孽，必有果报……"

这就是我们提到的，在革除自己的欲望时，用力过猛。在他内心中认为这是为了众生好，却走向了另一个极端。失去了中正之心，也忘记了持戒的本义是什么。当初罗汉济公以"酒肉穿肠过，佛祖心中留"的禅机，也是在警醒世人不要忘了修心的本义。任何时候，要保持这个中正之心，不要不及，也不要太过，要不忘初心，千万不要本末倒置。

再比如有时候，我们认为保持中正之心，就不能贪财，不能好色，于是什么事情都不敢做，连正常的恋爱都不敢谈，生怕不小心犯了戒律，工作也是得过且过。这同样是矫枉过正。保持中正之心，要理解正常的需求并不是欲望，赚取钱财只要不违背良知，赚取净财是鼓励的。道家也讲修行要聚齐财侣法地。修心并不排斥财富，财富本来是身外之物，只要你的心没有被财富蒙蔽，那么财富本身并没有什么错误。

立中正之心，只需要把握一个原则：不忘初心。不要为了得而得，为了舍而舍。舍得只是为了放下，而放下则是只为当下。赚钱的目的是满足生活的基本需要，良田千顷，不过一日三餐，广厦万间，只睡卧榻三尺。

如果我们没有中正之心，那么即便通过立心，完成了对我们行为边界的设定，但是在格物中，我们就会失去行为的尺度。做事不知深浅，那么仍然无法真正地找到本心所在。

所以倘若敬畏之心、平常之心、无常之心、同人之心，是帮我们划定了行为的界限，那么中正之心就是教我们把握尺度。

如此日复一日，在准确的范围内，小心谨慎地做好格物的功夫，本心自然也就越来越清明，终有一天会明心见性。

016

修心是在寻心，自律才是自由

每个人都希望自己能够无忧无虑，没有烦恼。但是每当我们遇到挫折、压力的时候，各种情绪就油然而生，无法控制。似乎自己的内心总是不堪一击，脆弱无比。就像是暴风雨中的浮萍，没有方向，随波逐流。好像无忧无虑的日子，只有在童年时代存在过。可是仔细一想，童年却也不是没有烦恼，只是童年的忧虑和成年人的苦恼相比，不值一提。

所以我们需要一颗强大的内心，能够在任何时候抵御住外界的侵扰，在任何风浪中坚如磐石，不为所动。

心学正是这样一门修炼强大内心的学问。

涉及内心的修行，这不仅仅是纸上谈兵的学术讨论，需要我们不仅明白道理，更要在日常的生活中去实践，去真正地磨炼我们的内心，打磨自己的神经，清除认知上的妄念，如此才能一点点地让内心变得强大起来。

强大的内心，要能够抵御各种压力，但它并不等于坚不可摧。所谓刚不可久，柔不可守。太过刚强的防守，终究会因为不堪忍受长期的压力而分崩离析。就好比如果我们修炼内心，提升了忍耐力，不管有什么压力、打击、挫折，都咬紧牙关死扛。表面上看抗压能力是变强了，但实际上有一根神经就会绷得越来越紧，就像是不断拧紧的琴弦，到了一定程度必然会崩断一样。

于是我们就会看到，很多看上去事业成功的人士，忽然就精神崩溃。普通人也是如此，尤其是人到中年，上有老下有小，收入不高不低，还有教育、医疗、房贷的压力扛在肩上，一刻也不敢停歇。精神始终处在高压的状态之下，很有可能偶然发生的一件小事，就变成了精神瞬间崩溃的诱因。

所以我们修心，并不是要让自己的抗压能力变得多大。没有张力的抗压，只会加速情绪崩溃。人们如果仅仅追求承受压力的极限，遇到压力就去隐忍，或者找个什么方式宣泄，比如打一场球、玩一会儿游戏、喝一顿酒等，这都不是究竟之法，不解决实际问题。长期下去，会处在一个高度敏感的状态。为什么有的人的怒火一点就爆？婚姻中为什么总会因为鸡毛蒜皮的小事就闹得鸡飞狗跳？并不是事情本身的问题，它们只不过是导火索，让长久压抑的情绪有了一个宣泄口而已。

强大的内心，并不是以忍耐和包容为目标。能承受多大压力，更不是取决于你是否能够换位思考，或是自己的涵养有多好，脾气性格多么能容人。这些外在的表现，终究都有一个限度。为什么我们说不要惹老实人，因为惹急了老实人，他会将过往所有积累的怨气，一下子全部爆发出来，这个后果是很严重的。

普通人修心也是如此。强大的内心，不是让你逆来顺受。所谓的包容和忍让，其实本质上就是逆来顺受。看上去很有礼貌，很有涵养，但是你扪心自问，你的内心真的踏实了吗，真的舒服了吗？是否又执着到另外一个情绪之中。仔细一想，多半这个礼貌、涵养，都是做给别人看的。

真正强大的内心，是要知行合一。不仅表面上谦谦有礼，有涵养、能包容，而且要做到心中也是如此思考，没有任何挂碍。换句话说，如果当你受到侮辱、委屈、有压力的时候，你没有感到被侮辱，没有感到委屈，也没有感到压力，这才是真正的知行合一。既然已经没有这种感受了，那么烦恼还从何而来？痛苦、焦虑也没有了，更谈不上需要承受什么压力或是怨气。正所谓"本来无一物，庸人自扰之"。

要修炼到这个程度，着实非常困难。因为这个境界不是一般的高。知易行难，道理我们都懂，可是做起来就非常困难。所以心学就用大量的理论和事实来教我们，应当如何来修炼。正如其所言，修心，必然先要立心！

儒家经典《大学》，被称为"入德之门"，其中就讲，"知止而后有定，定而后能静，静而后能安，安而后能虑，虑而后能得。"人要想立德，修身，那么就要先能够知道什么事情能做，什么事情不能做，这就是知止。所以古人修心，不是追求自由，而是先追求自律。其实很多时候，我们所谓的自由，是放弃了心对身体的控制权，让内心跟着身体去放飞自我，而自律才是内心真正的自由。心能够指挥身体，让我们变成一个更好的自己。

王阳明的心学，集儒释道的思想于大成，他的修心理念也都脱胎于此。之所以先要立心，就是要能够先有所止，先让心变得自由。知行合一，心自由了，身体才能向对的方向发展。如果你放任身体上的自由，也就是追求物质层面的财富自由，就好比坐在一驾马车上，要走向何方，完全让马儿自行决定。手中的缰绳扔到一边，真正是信马由缰了。想一想这有多危险。

立心就是从根本上，让我们从本心的角度出发，找准自己修心的方向：要先树立正确的真知正见。如果将立心和佛家的思想相结合，我们也就能更加清楚地看到，释道儒在高层次的认知上，其实不分彼此，早都融合到一起了。这也是大道至简，殊途同归。

比如立敬畏之心，要知善恶，要为善去恶，要不以恶小而为之。从佛家的角度来看，就是要信因果，善有善因，恶有恶果。道家也说，人在做，天在看，举头三尺有神明。心中有因果，基本上就不会犯大的过错，就不会唯利是图，做事情也会心中有定力，君子有所为而有所不为。敬畏之心，从刚开始就将我们的行为束缚在安全范围之内。

立平常之心和同人之心，从佛家角度看，就是破除心中的我执，破除我相、他相、众生相、寿者相，消除分别心，让本心回归到最纯净的境界之中。在外表现就是不要去争名夺利，不要总是活在自己的世界或是别人的世界之中。譬如有的人过度自私，干什么都不管别人的感受，在公共场所如同在自己家一样，好像全世界都必须为自己服务，如果别人不让着自己，或者没有照顾到自己的利益，那就一定是对方不讲道理！很多巨婴就是如此。

另外一些人则是正好相反。日子过得很辛苦，总喜欢打肿脸充胖子，不管自己条件如何，只要感觉能露脸，哪怕是借钱负债都要去做。又或者言谈举止都要顾虑，别人是怎么看自己的，今天自己有没有什么地方让人误解了，或者是被人嘲笑了。生活得战战兢兢，自己给自己找麻烦。

这都是我执他执太重。立平常之心和同人之心就是要解决这个问题。要让我们摆正自己的内心，千万不要迷失自我。要掌握好这个尺度，其实是有些难度的。我们可以把握好一个原则：扪心自问，倘若这个需求是为了满足自我，那么拿掉它对我的生活有什么实际的影响吗？

比如住一个别墅和住一个两居室的房子，如果都是三口之家，似乎没有什么不同。水到渠成地置换，这也没有问题。可是如果心中的梦想是必须住别墅、买豪车，不考虑自己的实际情况，那么这个梦想就已经变成了欲念。倘若在满足这个欲念的过程中，还由此产生了恶念，那就发展成恶果。

可当你的欲念并不是为了一己之私，那么欲念其实也不能当作欲念。比如同样是要建一个大房子，但也许是为了弘扬正念而建——像是给孤独长者须达多，为了能让佛陀更好地弘扬佛法，于是发愿建造了祇树给孤独园精舍。这种情况，就与欲念就无关了。

所以自私且超出需求或是承受能力的想法，就可以看作欲望，已然脱离了中正之道。判断是需求还是欲望的方法，最根本的还是要考察发心。

再举个例子，早些年苹果手机刚上市的时候，有的人为了买最新款的手机，不惜去卖肾换钱，这就是欲望在作祟。可在有经济能力的人眼中，换手机不过是一个很正常的事情，甚至不会引起他心中的波动，因为这种情况就属于正常的需求。并未超出自己的承受范围，没有伤害到别人，内心没有波动，这种行为就属于中正之道。

修心，立心是基础。正确地立心，修炼出来的并不是一个钢铁之心，而是刚柔并济、虚怀若谷的心。更准确地说，这才是本心的真实面目。

我们修心，其实是在找心。本心，并不是坚不可摧，因为它本来无一物，处处都是本心，宇宙即吾心，吾心即宇宙，你如何摧毁宇宙呢？真正坚不可摧的，应该说是我们的智慧和信念。

在修心的过程中，我们会有很多障碍。要破除这些障碍，仅靠立心是不够的，还需要我们的智慧和信念。获得智慧则是要"知止而后有定，定而后能静，静而后能安，安而后能虑，虑而后能得"。用佛家的话来说，是"戒而生定，定中生慧"。所以智慧，是在修行中慢慢生出的。立心，是获得智慧的前提，而信念，则是可以帮助我们破除妄念的利刃。

下一章我们就来学习，修心中的信念应当如何来立。

017

立志，你将去向何方，你又留下什么

佛经中讲，我们生活的世界是娑婆世界。众生堪于忍受各种痛苦，并且迷失在善恶之中，难以逃脱苦海。人生的苦恼，渗透在生活的方方面。情绪的折磨、感情的不顺心、工作事业的曲折……似乎没有什么人是快乐开心地过完一生。家家有本难念的经，即便看上去幸福美满的家庭，也有不为人知的烦恼。

所以我们太迫切需要一颗强大的内心，用来安放自己的灵魂。让我们能够在任何情况下，都可以心静如水，泰然处之。

人们都想作仙佛，都想往生极乐世界，都想上天堂。因为传说中的仙佛逍遥自在，极乐世界是一片净土，永远没有烦恼。可是我们身处娑婆世界，根本没有可避之处。如何才能在这样一个乱哄哄的世界中，求得一份清静？

禅宗道，心中无事便是佛。道家说，清静无为即能见道。心学言，要去人欲，存天理。

可见，让心有所归，心有所安，无外乎都是要让心中清静。如何才能让心中清静，在心学中这是一个不断磨炼的过程，要在事上炼心。所谓"红尘无处不炼心"。

但是炼心也要有方法。具体来说，就是要先立心，不要刻舟求剑、缘木求鱼。比如说同样是修行，静坐参禅是修，吃斋念佛也是修，有些人热衷于公益、放生，认为这也是在修行。倘若理解不对，立心不对，那么虽然看上去似乎都在修行，好像都在行善，但是产生的结果是完全不同的。

因此首先要通过立心，搞清楚本心中自性的外在表现有什么特征。明晰这些特征，就是"知善知恶是良知"。这里的"良知"，也可以理解为自性的另一个方面。善恶不分，如何为善去恶，只有不断地为善去恶，让自性显露得越来越多，最终才能够明心见性。

立心帮助我们找对了用功的范围，但是还要知道用功的方向。就好比都是在修行，有的人目标是能够往生极乐世界，有的人是要明心见性，有的人想成佛成圣，还有的人则是想修出神通。大多数人更加简单，不过就是想通过磕头烧香，换取一世的富贵平安。目标不同，即便方向对了，但是最终能够达到的程度，也会大相径庭。

所以仅仅立心是不够的。虽然这能让我们在大是大非上不犯糊涂，在善恶之间做出正确的选择，在这个世界上扮演一个好人，但是倘若目标不明确，我们就很难从中获得智慧，最多看上去是一个聪明人而已。生活中的烦恼和麻烦，可是一点也没有减少。这也就是为何我们要明确自己修心的目标。

修心需要立目标，这就好比在哲学上，我们思考了"我是谁，我从哪里来"，接下来还要考虑"我要往哪里去"——这些发自灵魂的追问。又好像是我们明白了作人的道理，可是你还要明确你要成为什么人。而这也是我们常说的：人要立志。

小时候大家都会被问一个问题，你以后想成为一个什么人呀？70后、80后的朋友，可能一多半都会回答，我要成为科学家！因为那时候科学精神大受鼓励。在改革开放之初，我们觉得处处不如人，大体上就是因为科技水平不发达。因此成为科学家是一件光荣的事，也成了孩子们眼中可以报效国家的途径。

然而到了现在，答案就五花八门了。这是因为社会价值观变了。但是你会发现，很多答案都和财富或者是名声相关。像90后、00后的年轻人，有很多人小时候的梦想就是要成为明星。

人们对于未来的憧憬，甚至人生目标的确立，可以说就是在立志。可是我们会发现，很多时候即便你有了目标和方向，真正实现的却没有几个。自己的人生目标总是随着生活的节奏不停改变。即便是有的人实现了目标，可是要么新的目标很快又扛在肩上，要么忽然觉得一切都失去了意义，人生反而变得很空虚，不知道未来该如何选择。

之所以会有这样的情况，从心学的角度来看，是因为我们在立志的时候，就立错了方法。就如同我们讲的，如果你的心总是在别人身上，或者不是在过去，就是在未来，那么心就如无根的野草，四处飘摇。心慌、心烦，心无所安的焦虑，就是源于心不受控制。

如果你的目标是依附于物质之上，那么它会随着环境的发展变化而动荡不安。我们说过，世界是无常的，没有什么是永恒的。就好比在 20 年前，你立的目标是年薪十万元，那时候你可能觉得已经高不可攀了，可是用不了几年，年收入十万元的目标，在北上广深这样的城市，似乎也不是一件很难的事情；于是你很快就会给自己树立一个更高的目标，并继续为之努力，走上一段新的轮回之旅。

再比如说，很多人的人生志向是财富自由。也许财富暂时很难自由，那么退一步可以是成家立业、有车有房，有一个看上去还算体面的工作，一份能支撑生活质量的收入。这本身并没有什么错误。但是这样的目标和我们修心所需的立志是不一样的。修心的志向并非要去设定自己的财务指标，也不是去量化你的资产结构，而是要想清楚，你希望成为一个什么样的人，你的心将会去向何方。

比如，王阳明小时候就立志要成为圣贤。圣贤的标准是如何衡量的？绝对不是做了多大的官，更不是挣下一份多大的家业，而是要创立影响万代的思想，以智慧为后人指明方向。

当然，圣贤的想法不是我们普通人能够企及的，因为像王阳明这样的人，他们所立下的志，本来就是本心自性的一种外显。正如周总理的"为中华之崛起而读书"，这也是本心自性的流出。

但是大多数人的本心被蒙蔽，很难看到自性。基本上我们对于世界的感知，都还停留在最表面的层次上。因此在立志的时候，就很容易从眼耳鼻舌身意的感知上去下决心。于是你的目标会慢慢随着外界的变化而变化。生活的志向，如果安放到物质层面，就必然助长我们的物欲。

然而，物欲是没有底线的，它能带给你的只有短暂的片刻快感，很快你就会厌倦来自物欲的刺激。为什么很多富豪总是说，自己穷得只剩下钱了。并不是他们矫情，而是因为人生目标的错位，导致身心灵魂都偏离本心太远。

心无所安，固然有万贯家财，可是仍然会觉得空虚麻木。

正确立志，应当是为自己的心找到一条回家之路。在立心的基础上，引导内心去寻找本心。具体的方法就是我们应当清楚自己的责任是什么。为人一世，你要为世界留下什么？你在人生的这段旅程中将收获什么？你将赋予生命怎样的意义？倘若能够想清楚这些问题，那么你离自己的本心也就不远了。这样的立志，才会让你始终如一，不断地去接近本心最真实的部分。

如此看来，我们曾经的各种目标、理想，其实很多都是人生的短暂的片段而已。就好像是总想做一个美梦，可如果美梦成真了，又总会感觉差一点什么。其实差的，就是你和本心的距离。总是以为接近了，可是等走到了那个位置，却发现好像离自己想要的生活更远了。慢慢地变得身不由己，对自己都越来越陌生。回首一看，自己不知什么时候，已经活成了曾经最厌恶的样子。生活再富足，也无法填补灵魂的空虚。

可是真正需要立志时，我们又很难突破自己的认知。那么应当以什么样的心态、用什么样的方法来找到正确的方向呢？

下一章我们就来探讨：立志的方法。

018

养浩然正气，立君子之志，久立于天地之间

修心是一个既简单又困难的事情。简单，是因为我们只要认真地去思考，似乎都能明白修心的好处，大体上也都知道修心需要如何开始。即便不清楚，通过我们前面的内容，也可以明白要从立心做起。如何立心、应当立什么心，前文中也有所探讨。

可是真正做起来却并不容易。因为虽然道理都明白，身体却好像总是不太听话。外面还有数不清的诱惑，就算是想要读一读书、写一写字，都会觉得被窝有无限的诱惑，睡觉好像才是应该去做的事情。生活中好不容易才做好了一段计划，但是总是会有各种奇奇怪怪的事情冒出来，强行打断我们的进程，虎头蛇尾几乎就是常态。

还有我们最喜欢说的口头禅——等我怎样怎样，就要怎样怎样……等我忙完这一段时间，就开始健身；等我这个项目做完，就好好出去走走；等我有钱了，一定要去实现心中的愿望。生活中不只有眼前的苟且，还有诗和远方。问题是诗和远方总在远方，眼前基本上剩下的只有苟且。我们到底应该用怎样的勇气去面对当下的困扰。

仅仅靠立心是不够的。心中虽然有了方向，可是如果没有力量去支撑，那也只能是望洋兴叹，无法实现目标。如果说立心是我们修心过程中的一盏明灯，那么还需要有足够的动力，驱动我们去踏踏实实地实践这个过程。这里的动力，往小了说可以是希望、是愿望，譬如望梅止渴、画饼充饥的期待；往大了说也可以是一种信仰，如殉道者毫不畏惧熊熊烈火焚身。

用儒家的语言来说，支持你走下去的，应该是胸中的一股浩然正气。有一个成语叫作"一鼓作气，再而衰，三而竭"。人们心中的激情与坚持，往往倚仗的就是一腔志气。有浩然之气，才能久立于天地之间。用今天的白话来

诠释，则可以说是人要立志，要立君子之志，如此才能不惧怕任何恐惧、压力、焦虑、烦恼，等等情绪，不惧心中各种妖魔鬼怪作祟。

有句话说得好，为人不做亏心事，不怕半夜鬼叫门。之所以不畏惧鬼怪，是因为我们没有种下恶因。凡事有因果，冤有头、债有主，无恶因何来恶果。所以给我们勇气的，是坦坦荡荡、清清白白的内心。生活中可能未必我们真地去做了什么恶事，产生过的恶念却不少。善恶之间，并不是只有做出来的恶才叫恶，心生恶念，同样为恶。很多时候，折磨我们的恰恰是心中恶念所生的恶果。

比如嫉妒别人比自己好，心中就会生出想要超越对方的念头。可是当这个想法无法实现的时候，求而不得的烦恼就会折磨你的内心。如果此时心中还生起了妒恨怨毒的念头，看到别人比自己过得好，就咬牙切齿，恨不能取而代之。那么同样的，你也会被如此的恶念所产生的恶果，而撩拨得愤怒、焦虑、狂躁。

如果生活中都是这样善恶分明的恶念，只要我们心中不作恶，那么很多情况下还能意识到恶念的缘起。最可怕的就是伪装成善念的恶念，往往是悄无声息出现在你心头。如果说前面的恶念像是一只恶鬼要和你同归于尽，那么后者则更像是蛊惑人心的心魔，在你不知不觉中，就为你套上枷锁，令你寸步难行。

譬如说懒惰。懒惰的恶念，绝对不会提醒你，偷懒是一件很影响你进步的习惯。偶尔的情况下，你的本心会一闪而过告诉自己，懒惰绝对要不得。可是懒惰本身会立刻蛊惑你：何必那么辛苦，读书脑袋会晕，不如看短视频舒服；思考问题感觉如同缺氧一样，不如简单点，听一听碎片知识，记一两句口号就好；早晨起来晨跑虽然对身体有好处，可是被窝难道不舒服吗，少跑一次似乎也没什么大不了的；每当看着体重秤、体检单的时候，就想管住嘴，可是美食入口，感觉真的很愉快。各种各样蛊惑人心的想法，似乎无孔不入。

其实我们在人生中的绝大多数时刻，不能控制自己的原因就源于此。内心深处潜伏着极具蛊惑力的心魔，而这个心魔甚至比你都了解你自己。它知道你什么时候最脆弱，知道你所有的弱点，在你毫无防备的情况下，让你乖乖地缴械投降，臣服于自己的感受，而不是听从自己的内心。

如果你任由它潜伏其中，那么无论你给自己假设得有多好，设立的目标有多远大，它都会阻碍你去实现心愿。佛家讲这就是心魔，要降伏其心；道家称之三尸，想要修炼成道，必须斩三尸，灭掉这些心魔；而儒家则是要养浩然正气，立君子之志。

立心也是我们认知的一个过程，是找到本心的一种探索。而立志则是要在心中坚定这种信念。于是就不仅仅要将立心的理念当作一种想法，更重要的是通过立志，将立心的标准从虚无缥缈的空中牢牢地刻画到心中，深入骨髓。就如同唐僧虽然为孙悟空立下了戒律，但齐天大圣岂能屈居人下，只有借助紧箍咒，才能让桀骜不驯的大圣受到制约。

普通人没有孙悟空的紧箍咒，要想降伏其心，就需要不断地磨炼了。在佛家、道家都有专门的功夫来克制这样的心魔。常见的戒律，就是用来给自己上紧箍咒的。除此之外，还有观想的功夫。譬如万恶淫为首，要克制淫欲，佛家有白骨观、不净观等方法。当然现在的环境、条件也不大允许我们轻易去使用这个方法。

我们可以用另外一个方法去观想。试着想象，内心的心魔就如同一只无形的手一样，在你看不见的情况下，合上了你的眼睛，捂住了你的嘴巴，遮住了你的耳朵。虽然你能听见世俗的声音，看见红尘中的色相，也能正常地说话。可是心魔阻断了你与本心之间的联系，于是你就会对真相视而不见，听而不闻，讲出去的话不经过大脑，完全不受控制，出口伤人。我们看很多人不就是睁着眼睛说瞎话，你给他看真相他也看不见，你和他讲道理，感觉就像是对牛弹琴。其实就是心魔蒙蔽了心智的情况。

如果心中没有浩然正气，没有君子之志，那么我们时不时就会做出一些事与愿违的事情，就会生出一些恶念而不自知。

立君子之志，养浩然之气——具体来说，就是要我们将立心的原则作为人生的行为准绳；将为善去恶作为衡量功过是非的标准；把内心的清明当作人生的成就。唯有如此，我们的人生才不会迷失。当你的心中有浩然之气，那么不管有什么牛鬼蛇神都会一扫而空，本心的光明也就流露出来，不会留下什么阴霾。

一颗强大的内心，正是因为有了浩然正气，才能够无坚不摧，无尘不扫。可以说，立心让我们有了明确的目标，立志则是源源不断地为我们提供动力。就像是一辆确定了目的地、加满油的车，做好了充分的准备，接下来就是踏上旅途，前往目的地的过程。

我们在立心立志之后，接下来要进入的，就是格物的过程。也就是要在红尘中炼心，做到真正的知行合一。

下一章，我们就来了解，究竟什么是格物致知。

019

格物穷理，首先要明白所格为何物

阳明心学，是一门研修内心的学问。一个人内心强大，往大了说，能够久立于天地之间，成就一番事业；往小了讲，能够修身齐家，内心充盈，作一个逍遥自在的人，没有什么烦恼，常乐常青于世间。用儒家的话来讲，心中养浩然之气，"穷则独善其身，达则兼济天下"。

但是这里有一个因果关系。修行有所成，自然可以独善其身，兼济天下；而并非我想要兼济天下，因此要好好修心。就好像学习禅定是为了明心见性。修行中自然会有种种不可思议的现象出现。但是如果把这种神通当成目的，然后去明心见性，这就是刻舟求剑，买椟还珠，是无论如何也不可能达到这个境界的。

修持自身也是如此，不能将功成名就作为修心的目标。功名利禄，可能只是修心过程中自然而然的产物。明心见性了，认知达到觉知的程度，智慧自然流露，对于万事万物都成竹在胸，无论是多复杂的情况，都能够迅速找到症结，一针见血地解决问题。当你具备了这样的能力，那么如果因为环境和形势的要求，无论你是在行商还是从政，就都能够得心应手，做事情自然会出类拔萃，轻而易举地即能有所成就。因为你手中掌握的是道。学习、修持要去求道，为道而求术，术可得矣。

为什么有的人干一行、成一行，而有的人则是在自己的岗位上都感到力不从心。总是有很多东西要学，但是你会发现要学的内容是源源不断，没有一个终始，这就是为术而求道，道不可得。

我们要想为道而求术，那么从根本上就要从修心开始。修心就要立心立志。即便是道家的玄学——山、医、命、相、卜，最终也是要修心炼心。性命双修，达到天人合一的至高境界。可是很多人就容易痴迷到玄学中的占卜算命之术中，如果道心不对，立心立志方向有误，你会发现，当这些玄门的术数研究到一定程度，必然会出现很多障碍。而这些障碍表面上是什么天机蒙蔽，其实根本就是立心和立志不对，忽略了道家修行的初衷，到最后很有可能会走火入魔。

修心的目的，可以是明心见性，增长智慧；可以是养浩然正气，作一个清静散人；也可以是要达到觉知的程度，了脱生死轮回之苦。这是同一个方向的不同层次。但绝不是要为了封侯拜相、富甲一方，或者修出什么神通、受万人供养。这也是我们在前面不断强调的修行立心立志的原则。

如果立心立志不对，我们在修心的过程中，很容易一不小心就会走偏。而修心也不是一朝一夕的功夫，即便能够顿悟，能够瞬间理解所有的佛理禅机，但是最终道心是否能够稳固下来，还是需要不断地在生活中磨炼。

就好像很多人平时养气的功夫似乎不错，慈眉善目，温文尔雅，颇有几分境界。可是一旦遇到事情，心态立刻崩坏，有时候发起脾气来比普通人还不如。还有的人是道理都明白，但是一回到那个环境中，就控制不住自己。好像在情绪发作的那一瞬间大脑一片空白，身体完全不受控制。等到回过神来，才明白自己又犯了错，于是赶紧再念念佛经，烧烧香，写写字……一番操作之后，内心好像又平静下来了。但是下次再遇到事情，仍然控制不住，整个人简直就好像入了魔。

常常有朋友来问，应当如何修心？其实修心首先你要明白心在何处。心不在外，也不在内，吾心即宇宙，宇宙即吾心。未开悟之时，我们只能通过立心立志的方法，去锁定本心的范围。

用心学四句教来讲，"无善无恶心之体，有善有恶意之动，知善知恶是良知，为善去恶是格物"。前面三句：无善无恶心之体，是在剖析心的本来模样是什么样的，它有什么特征。

有善有恶意之动，则是在说，我们心中的善恶是如何产生的。有了善恶，便有了是非黑白。可是为什么有人颠倒是非，混淆黑白，以苦为乐，沉迷于幻梦中，真假不辨？这就是意之动的效果。

知善知恶是良知，明明白白地告诉我们，能够与善恶产生的根源——"意之动"对抗的武器是什么？就是要找到从本心流出的自性，也就是王阳明说的良知。以良知为矛，去冲破一切意之动的假象。具体的做法，就是第四句"为善去恶是格物"。格物穷理，以此来明辨，善恶之分，良知安往。

如何格物呢？在《传习录》中，王阳明的弟子徐爱也曾经问过同样的问题，应当在什么地方去格物。王阳明则教导徐爱，"格物是止至善之功，既知至善，即知格物矣"，《大学》中也说，"物格而后知至，知至而后意诚"。

我们来体会一下格物的精神。从《大学》和王阳明的教导中，不难发现，我们可能存在一个误区：既然讲了为善去恶是格物，又讲了要格物穷理，是不是我们就要在任何事上，都要去寻找什么是善，什么是恶，都要去分一个是非曲直。如果这样的话，在修心的过程中就很容易走到极端。

比如说吃素是为了不杀生，你认为这是善行，于是就执着于吃素这件事。不但自己吃素，别人不吃素也不行。因为这是善行，既然是善行，我怎么会眼睁睁看你作恶呢！看上去好像哪里不对，但是从他的角度出发，又确确实实地是在为善去恶。但旁观者清，我们一眼就能看出来这是不对的行为。

所以为善去恶，虽然要格物穷理，但是所格之物，却并非身外之物，而是自己的内心。吾心即宇宙，宇宙即吾心，心外无物，既然无物，那么为什么要格心外之物呢？明白了这个道理，也就明白了心学的本质。修心是修我们的内在之心，格物千万不要格到外物上去。

用一个通俗的话来说，任何事情发生后，去找内部原因，而不要去找外面的理由和借口。因为外部的问题，我们是无法改变的，你能改变的只有你自己而已。就好像你走进了一个迷宫之中，去抱怨里面的路错综复杂是没有意义的。只有把自己眼睛擦亮，仔细观察，找到规律，你才能顺利走出迷宫。

修心格物即是如此，不要去格心外之物。外在的世界变化无常，没有什么定式。倘若去找身外之物研究，即便你研究了一万种情况，可是还有一万零一种意外。就好比说我们总是发现在工作中，当遇到利益纠葛时，好像只要自己做出让步，就能让事情得到圆满解决。于是你就认为这是事情的解决之道。可是如果下次遇到一个得理不饶人、没有底线的小人呢？这时候忍让就不再是真理了。

所以说格物，不是要格心外之物，而是要找到本心中的良知在哪里，要去格心中之物。所谓"物格而后知至，知至而后意诚"，就是我们一定要找对对象去格，要搞清楚背后最根本的道理。明白这个道理，我们的思考和想法，才是最接近事情的本质，也就是"知至而后意诚"。

既然格物是格心中之物，那么我们是否要时时刻刻去格呢？还是要在什么条件下，才需要去格呢。

下一章我们就来学习，何时是格物的时机。

020

风起忍辱，有辱正是炼心时

在上一章的内容中，我们对于修心应当如何格物，做了进一步的学习。原来很多时候，我们都搞错了一个问题：那就是在修心格物的时候，虽然说要格物穷理，但是并非要向外求，而是应当向内格。穷理也不是事事都要去想，都要去问出个究竟来，而是要对心中的理，格一个明明白白、彻彻底底。

可是当我们初步对心学的格物穷理有一些概念，而后在你实践的时候，可能又会发现还是不大明白具体的做法。到底什么时候应该多想想，把这个道理想明白，什么时候又不要去多想呢？思考的时候，又应该如何来格这个心中不明白的地方？似乎还是模模糊糊。

就好像有时候我们情绪一上来，也不是不知道去思考，可是往往思索的方向不对，或者是用错了场景，结果越想越气。可能当时还不要紧，回到家反而越来越激动。有很多的案例就是如此——当场发生的冲突，似乎是被人成功劝阻了，然而事后心有不甘，又回来报复，结果酿成大错的事件比比皆是。平时我们自己也是如此，当时有了矛盾，可能出于面子，或者是场合不对，于是就用了"忍"字诀。可是就算事情结束了，情绪却在持续发酵，到最后本来不大的事情，却导致双方变成势不两立的仇人。

还有的时候，事情明明还没有发生，因为想得太多，于是往往一些假想在心中似乎就变成即将要发生的事情。曾经就有新闻报道，夫妻两人吵架，原因是想象着中了彩票应该如何来分配，结果彩票还没买，夫妻二人却已经因为意见不合大打出手了。

这种事情我们看着不可思议，可是换一个外壳，就常常会发生在我们身边。譬如你可能会和爱人一起讨论，以后手头宽裕的时候，是给自己添一台游戏机，还是给爱人买个包；周末空闲的时候是自己去钓个鱼，还是陪家人去逛逛商场；甚至会因为讨论晚饭到底是吃鱼还是吃火锅这样还没有发生的事而争执不休。

有时候这个分寸很难把握。我们说要活在当下，可是未来的事情又不得不去计划。思考眼前的事情，不可能不参考过去发生的经验。于是到底应当如何思考，应当在什么时候去格物，就会让人困惑不已。倘若不搞明白这个问题，修心可能就只是一句空话。

所以究竟应当何时来格物，又应当用什么方法来格这个心中之理呢？佛家修行的方法，比较为大众所知的有六度，分别是布施、持戒、忍辱、精进、禅定、般若。在理解心学的格物穷理时，我们也可以其中的"忍辱"为借鉴。

忍辱，并非我们简单地认为是忍受侮辱。这里的"辱"，包含了方方面面的辱。侮辱当然是辱的一种。然而不仅仅是感到受侮辱才称为辱，事实上在佛家来看，心中有不快、有委屈、有烦恼、有痛苦……各种让你感到不舒服的时候，都可以看作辱。而身体上的冷热虚寒，也都可以看作身体之上的辱。换句话来说，只要你的情绪失去了控制，或者是心境有了波动，这其实就是"辱"的出现。从佛家角度来看，这时候就要去忍耐，也就是忍辱。

心学和禅宗有很多相似相通之处。从心学的角度来看，所谓的"辱"，正是善恶之分、意之动的时刻。当你出现不舒服的状态时，恰恰就是格物的时机。因为心外本无物，芸芸大千世界，处处是我心。本来心中无一物，可是外界的各种干扰引发了我们的分别心，于是便有了你我他的区别，就有了好坏是非善恶的区别。有了区别，自然也就有了各种情绪的产生。

这是从内而外的变化。我们要去格物穷理，去找回本心所在，就要从外向内去修行。所以当情绪发生波动的时候，恰恰就是你心中的分别心开始发挥作用的时刻。当你身体不舒服的时候，也正是眼耳鼻舌身意随环境变化的时机。因此，心中不平静、身体不舒服的时候，恰恰正是格物的最好时机。

譬如当你感到自己不被重视的时候，或是别人的行为举止让你不舒服的时候，甚至让你愤怒、恐惧等情绪爆发的时候，你的想法不应当再是"这个人怎么可以这样无礼；这个人实在太过无知……"而应当首先警觉：为什么我会生气？我生气的原因是什么？而这个触发我生气的理由，为什么我会在意？我之所以在意，是不是因为我把自己看得太重，还是因为我太过自负？

在这个时候，我们就能感受到立心和立志的作用了。立心，在纠正你思考的方向：你要有平常之心，不要认为自己有什么与众不同。要有同人之心，众生即我，我即众生。不要因为彼此的角度不同，就认为自己一定是正义的一方。要敬畏因果，去反思自己是否忽略了什么问题。别人的建议和指责，是否有道理。要有中正之心，抛开个人情绪，从客观的角度去思考，是否我的行为过于偏激？

而我应当如何去做，最终会表现出怎样的状态，则是由"立志"来给予我们战胜自卑、自负等一切可以左右内心的力量。我决心要出人头地，那么即便是胯下之辱，也不足以动摇我的信念；我决心要明心见性，那么什么所谓的面子、尊严，不过是套在自己心上的枷锁而已，都是虚妄。

所以格物修心，就应当是在你的情绪心境有变化的时刻，尤其是负面情绪爆发的瞬间，就要有所警觉。如同房梁上的风铃，当你负面情绪来袭的时候，风铃已经叮叮当当在作响了。不要说看不到风，就不知道已经起风了。风铃一响，风就已经来了。情绪一来，我们就知道该炼一炼心了。千万不要等到风铃都快被吹下来了，我们只听到它叮叮当当好听的声音，却忽略了狂风已至。

当然修心是有阶段的，也不是简单就能达到觉知的境界。就如同佛家讲忍辱一样，也是有不同的次第。但是无论是什么境界，首先并且是最关键的，就是能够做到时时刻刻意识到：情绪一起一有波动，就是起心动念的瞬间，也正是格物修心的契机。只要听到风铃声，就能知道起风了。这也是佛家常说的：不怕念起，就怕觉迟。只要能察觉到格物的时机，那么任何时候都不晚。

如此看来，情绪时时刻刻都在发作，难怪我们说"红尘无处不炼心"。只要念起，就是磨炼心境的好时机。如果下次你的情绪再有波动，不妨口中念一念"红尘无处不炼心"，来提醒一下自己：修心的时候到了！

风铃骤响，起风了。

021

在忍辱中炼心，由忍到慈悲的六个层次

　　心学告诉我们，修炼一颗强大的内心，并不是如我们想象的那样，一定要找一个特殊的方法，或是躲到深山老林里去参禅打坐，而是只要当你的情绪发生变化的时候，尤其是产生负面情绪的时候，就是炼心的契机。

　　我们每天都会有各种各样的情绪从心中生出，还会被这些情绪左右自己的状态，却不知这恰恰就是炼心的道场。所谓红尘无处不炼心，处处都是炼心时。

　　只是这样的炼心，却并不是一时之功。有的朋友讲，我也知道生气不好，也明白情绪会让自己失态，可是一生气，就什么都顾不得了，什么都想不起来，大脑一片空白，这又如何来炼心呢？

　　其实炼心修心，也并非一下就能进入那个境界。毕竟我们当下的状态，不仅被几十年来养成的习惯和形成的世界观、价值观、人生观在背后左右我们，更有潜在的与生俱来的习气，在更深层次地影响我们的心境。所以哪里是说不生气就能不生气的，念头来了怎么能轻易地说止就止。生活中不仅仅行为存在惯性，思维上的惯性更是根深蒂固，不可能说顿悟就顿悟的。修心如果有这么简单，那么就不叫炼心了。

　　习惯就是我们生活中的习以为常的惯性。行为心理学研究论证，形成一个习惯需要将同一件事重复做 21 天。而要让它稳定地成为你生活中的一部分，则需要 90 天左右。我们都有这样的体验，控制身体比控制内心要简单得多。比如大半夜看到朋友们在朋友圈晒美食，虽然很想大快朵颐，可是为了健康，咬咬牙还是可以忍住的；当和别人发生争执时，只要头脑冷静，你还是能忍住不上前和别人动手的；烟瘾再大，可是如果孩子就在身边，身体再难受，也不是不能忍耐的。

虽然有时候可以成功控制住身体，可忍耐带来的煎熬还是让人很不舒服。然而若要控制内心，你会发现这是更加困难的事情。当你生气的时候，理智告诉你不要再去想那些让你不愉快的事情了，可心里就是不由自主地还在往那个方向去想。失恋了，感情已经结束，可是情不自禁地就是会沉浸在情绪中难以自拔。

控制身体，我们至少还能够有意识地去做，控制情绪、控制内心，很多时候内心是下意识地在胡思乱想，情绪更是不由自主地迅速发酵，即便我们想控制，可能在当下甚至都意识不到情绪已经在发作。

所以修心难，就难在这里。虽然心学告诉我们，当情绪发作的时候，就应当去炼心。可是一方面情绪发作的时候，我们都没有意识到这正是炼心的契机。即便是偶尔注意到情绪的爆发，却似乎也很难做到控制情绪。但好在我们已经知道了症结所在，那么对症下药就可以了。

大部分时候情绪发作令人难以察觉，即便在旁人看来，你已经像一座爆发的火山，自己却没有感到丝毫的异样。这是因为我们的认知还没有到慧知、觉知的程度，无法将自己的内心抽离出来。总是身在此山中，无法一窥真相，达不到观照的境界。就好比你的脸上有一道墨迹，如果不照镜子，你自己是感觉不到也看不到的。除非你找到了一面镜子，从镜子中看到自己的模样，才明白发生了什么事情。

在修心之初，我们都尚未达到"观照"的境界，这时不妨借助一些别的方法来辅助我们，反观自己的状态。

比如负面情绪来临的时候，我们不妨深呼吸，暂且缓解一下情绪的爆发。但是更重要的作用，不是用来平复你的内心，而是通过深呼吸，在心中提醒自己"红尘无处不炼心"。这就好像是给自己设立了一个警钟，只要听到警铃大作，就知道情绪已经兵临城下，我们就需要加强戒备，调整心态了。

之所以用深呼吸，是因为这个动作简单，也容易做到。而事实上无论是深呼吸也好，或者你为自己约定一个暗号也未尝不可，总之是起到一个警醒的作用。比如你也可以和家人定一个暗号，当你生气的时候，家人可以轻轻说出"红尘无处不炼心"。而当你听到这句话时，就能瞬间醒悟：情绪来了，那么镜子的作用就出现了。用个不恰当的比方，这种提示，就好像是练习太极拳的起手式，只要架子一摆开，我们就知道接下来应该如何做了。

解决了观照的问题，就解决了第一个难题：如何在情绪发作的时候，能够觉察到它。佛家有云，不怕念起，就怕觉迟。如果总是后知后觉，那么不妨就借旁观者当作一面镜子，也能够起到时时警醒的效果。

第二个难题是如何改掉深入骨髓的习气，不要让行为的惯性和思维的惯性在错误的方向上跑。控制身体相对容易，认知正确，行为就正确，知与行必然是一致的，有什么样的认知，就会有什么样的行为。但是认知产生的惯性，绝非一朝一夕能够改正过来的。

在前文中，我们借用了佛家的忍辱来解释炼心的契机。在这里，我们同样可以借鉴忍辱的六重境界来理解炼心的六种程度。佛家的忍辱，最初级的境界称为力忍，简单来说，就是要用力去忍。这种忍耐，是理智和本能在做较量。

之所以要用力，是因为你的意志要去控制身体，本能也要控制身体，身体是左右为难。我们看有的人在愤怒时正要爆发，但理智控制住了自己，可牙齿还是咬得咯咯作响，手中的拳头能攥出血来，浑身憋得难受。这就是力忍的状态。初时的修行，还理解不了的愤怒缘由，但是理智又明白愤怒不对，那只能想办法控制自己。倘若你感觉到忍字心上一把刀，那就说明还在力忍的层次。

第二重境界称为忘忍。忘忍，就是不要把事情放在心上，不往心里去——宰相肚里能撑船，不和你一般计较。换句话说，就是具有了包容之心。但是包容也是有限的，何况你若有这个不往心里去的念头，其实已经把它放到了心头。所以就有第三重境界，叫作反忍："行有不得，反求诸己"。在忘忍的层次中，其实内心还有他相的执着，还会认为问题不一定在自己。而到了反忍，就开始向内求证，意识到了我执的存在。

第四重境界是观忍。这就是有了一点"吾心即宇宙，宇宙即吾心"的味道了。也是我们讲的"无常之心"——万事万物皆无常，所有的喜怒哀乐、悲欢离合，其实都是由自己的一念而生。心中可以勘破情绪的波动，能够明白有善有恶意之动，可以做到为善去恶是格物。此时明白，既然一切为空，那么根本不需要包容、容忍了。既然心外无物，那么烦恼痛苦也都是由心而动，心若如如不动，何须包容，更无须忍耐。

第五重的忍辱，叫作喜忍。在这种境界中，无论遇到什么事情，都能够将其看作一面镜子，映射出自己的道心是否稳固，观照出自己的行为到底有无偏差。喜忍的境界，重点在于一个"观"字。内心能够做到观照，说明你已经出离了分别心，已经放下我执，达到明心见性的程度。

再高一重境界，即是慈忍。慈忍，就是心中已经生出了大慈悲心，看到众生还在颠倒梦想，以苦为乐。即使受到了"辱"，非但心中不会有任何的波动，反而能理解众生的所作所为是因为无知，进而心中生出慈悲心、怜悯心。

用个不恰当的比喻，就好比你看到一个人身患绝症，那么他就算做一点什么出格的事情，你也能理解，似乎也是情有可原。倘若你恰恰还有治疗他的良方，可是他就是不信，更不会去服用，执迷不悟，作为一个心怀慈悲的人，就会更加心怀不忍。以慈忍的境界看待众生，就是如此。

忍辱的六重境界，力忍、忘忍、反忍、观忍、喜忍、慈忍，其实也可以看作我们炼心的六个阶段。一开始肯定很难，但是要有开始。而境界的突破，也是需要在日复一日的训练中不断形成新的习气。养成一个习惯要90天，突破一重境界，何止要三个月？所以我们在修心时，不要感觉没有改变就灰心丧气。冰冻三尺非一日之寒，坚持去做，就必然有所进步。

如果你决定从今天开始修心，那么就可以和家人约定一句暗号，作为炼心的起手式，比如"红尘无处不炼心"。

022

心随境转是凡夫，境随心转是圣贤

修心，是一个炼心的过程。心学就是一门不断剖析心为何物、心在何处、如何炼心修心的学问。炼心即是忍辱，忍辱是为了炼心。之所以要炼心，是因为我们的心在大多数情况下都不受控制。它就好像是一只盘踞在蛛网中心的蜘蛛，蛛网只要一有动静，就立刻出击，看看到底发生了什么情况。

我们的感知，就好像是蜘蛛网一样，眼睛所看到的，耳朵能听到的，鼻子闻到的，身体感受到的——任何外界的风吹草动，都能触发我们的神经。神经经过加工，到了大脑里又是另一番情形。环境对我们的作用，最终变成对我们心境的影响，而心境的变化，又反过来作用在我们的行为上。

这就好比有的人很容易多愁善感、伤春悲秋。像是黛玉葬花，不理解的人可能会觉得这样的行为很矫情。但是其实这并不是故作姿态，而是他们的内心受不了外界的一点点刺激，稍有些许变化，就会引起一连串的反应。

这就是我们常说的心随境转。很多时候我们根本无法控制自己的内心。很大的原因，是因为我们无法控制身体对外界的反应。外界的刺激，有时候你能留意到，有时候你根本无法意识到它的发生。即便你能及时做出反馈，可身体受到刺激后的反应，有的可以加以控制，有的则根本没办法制约。比如一根针刺到皮肤上，皮肤下意识地就会紧缩，这是肌肉反应，根本不需要意识的参与。同样的，天气热了，身体会流汗；体力活干多了，身体会疲倦；不睡觉，大脑会困倦。这些都是身体的自然反应，我们尝试去控制它不要回应外界的刺激，这是不可能的事情。更何况还有很多的情况下，身体的反应快到你可能根本就意识不到。

譬如危险来临的时候，大脑还没有反应过来出了什么状况，身体已经开始要抱着脑袋或者是护着眼睛。这都是本能的反应，你的理智和情绪根本都没有参与，它就那么自然而然地发生了。

我们的情绪其实也是如此。当条件具备了，情绪也就自然而然地产生了，这就叫作因缘际会。比如你听到了辱骂你的声音，你看到了让你愤怒的场景，有时候甚至不是眼睛看到、耳朵听到的，即便是脑海中的回忆——这种不真实的画面，也能让你的情绪具备酝酿和发作的条件。

所以大多数情况下，外界的条件就像一个导火索，如果你心中条件成熟，又正好有一堆火药，那自然可以引爆你的情绪。反过来讲，倘若内心没有这些因素，心中是一片宁静，外界哪怕是熊熊烈火，你也照样可以泰然处之。

心随境转，这就是我们凡人普遍的现状，烦恼也是由此滋生。心学讲，无善无恶心之体，有善有恶意之动。这个"意之动"，其实就是心随境转。意之动，是被动地在动。换言之，如果"意"不动了，不是就可以返璞归真，回归到无善无恶的心之体、心之本源了吗？

既然如此，我们就要思考：如何能够让这个"意"停下来。这个意到底是什么呢？意之动，这里的意，有几重概念：首先是指意识。意识又包括了潜意识和主观意识。主观意识比较好理解，我们的喜怒哀乐、各种情绪、各种感觉，就是主观意识的表现。如果细细品味，我们都能分辨出来哪些是受到了外界的影响产生的意识和感受的变化。可以说几乎所有的情绪，都是源自主观的意识变化。换句话说，情绪就是意之动的一种表现。

除了主观上我们会有情绪的波动，潜意识也会有同样的波动。比如莫名其妙地会对一些人或者事，产生喜爱、厌恶的态度，这其实是我们接受了大量的微不可察的信息，内心自然生出的感觉。有的人恐高，有的人有密集恐惧症，有的人则是对封闭空间有着强烈的抗拒。这些不能说是情绪，却也是意之动的表现。

就拿恐高症来举例，同样过独木桥，架设在平地之上和万丈深渊的独木桥，给人的刺激绝对不一样。但是桥还是那座桥，宽度一样，强度一样，仅仅是背景的不同，带给我们的感官刺激就大不相同，感觉也完全不同。所以我们也可以说，意之动，其实就是内心对于外界刺激而产生的意识变化。

但是这种意识变化并不是发自本心的观照，而是经过加工了的感觉。本心的观照，应当如同一面镜子，来什么就照什么。而意之动的感觉更像是一种应激反应。好像是做膝跳反射，敲一下膝关节的反射区，带来的不仅仅是小腿的弹跳反应，可能还有你内心的想法，小腿是不是真的会跳？不跳是不是代表我有问题？敲击的反应怎么这么痛……等等一系列的反馈。

当内心不受控制的时候，它其实时时刻刻都在做着复杂的应激反应。因此外界的环境发生什么变化，你的内心就会随着变化而变化，就好像是一条变色龙，放在绿色的背景前，就会变成绿色，放到红色的背景前，又变成了红色。它自己无法控制颜色的改变，甚至可能自己都没有意识到已经发生了变化。

内心不受控制，这就是心随境转。人最难受的，就是心不受控制。不由自主地难过，不受控制的间歇性抑郁，压力不可避免地从四面八方而来，人在家中闲坐，都会莫名其妙地一阵难过。就算是丰衣足食，家财万贯，可是也会感到生活失去了目标，人好像悬在空中、不上不下、内心无处安放的滋味更难受。

心学的炼心，炼的就是要能降伏其心，不让心到处乱跑。如何才能降伏其心呢，针对外来的刺激，首先要能够意识到这是你的主观感受，如果你受到它的牵引而不由自主地做出回应，这就是意之动。所以我们要做的就是训练自己的内心，不去被动地回应它。

《道德经》里有一段文字，说"视之不见名曰夷，听之不闻名曰希"，修心的功夫，就要炼到视而不见，听而不闻。但这并不是让我们不看、不听、不想，而是不要被看见的、听到的所感染。不要看见高处就害怕，听到音乐就躁动。而是要静静的如同一个观察者，去观察外界的现象，用本心的智慧去思考事情的本质。

没有开悟的时候，我们是在用凡夫俗子的眼睛、耳朵，去看去听，去感知这个世界，所以你只能看到你关注的事情，只能体会到肉眼所及的现象。并非你不想去感受美好，也不是你不愿让自己的内心平和。而是你的内心还没有被驯服，所以目之所及，好像处处都是苦。

当你能够降伏其心，眼前的干扰没有了，即便外界有各种刺激，但是你的心能够坚如磐石、不醉春风，那么心之所向，世界自然大不相同。凡夫俗子会伤春悲秋，心会被环境的变化折磨得七零八落。而本心自在的人，就不会受外界的丝毫干扰，还能够在任何时候都看到生活的美好。

这就是境随心转。

所谓"春有百花秋有月，夏有凉风冬有雪，若无闲事挂心头，便是人间好时节"。

023

博文约礼，世事洞明皆学问

心学是儒家的经典，自然少不了儒家学问的深究和解读。所以很多时候在研习心学的时候，王阳明的弟子就常常以儒学经典，来请教心学的道理。比如在《传习录》中，徐爱就对《论语》中，"君子博学于文，约之以礼"的道理，感到非常困惑。因为从心学的角度来讲，博文是为了约礼，但是究竟如何博文，而又怎样就变成了约礼，这其实也是一种功夫。

用我们今天通俗的话来说，博览群书，怎么就能够让自己的行为归结到一个"礼"上呢？这是徐爱的困惑，实际上也是我们很多人面临的问题。今天在社会上普遍而广泛地存在焦虑的情绪。这种焦虑来源非常广泛，有财富焦虑、事业焦虑、养老焦虑、知识焦虑、婚姻焦虑、健康焦虑、教育焦虑，甚至是颜值焦虑，等等，几乎围绕着我们生活的方方面面展开，无孔不入。

赚取财富其实很简单，要么你会利用人性的弱点，要么你能超越性格的平庸。贩卖焦虑很显然就属于前者。它利用了人性的各种弱点，比如攀比心、功利心、嫉妒心。还有人性中的弱点——往往比较短视，只看眼前的得失，而不注重长远的价值。由此产生出的各种对于现状的不满足，或是与预期相比的落差，进而加剧了人们心中的焦虑。

比如说知识焦虑。你可能会在职场中，常常听到一些新的概念、新的名词，而如果你不明白这是什么意思，就有一种焦虑，仿佛自己的知识结构已经开始老化，跟不上时代的进步，紧接着也许就是要面临被淘汰的处境。还有时候，行业在时代的发展中跌宕起伏，往往几年间就会日新月异，令人总感觉到学习的知识不够用，稍不留神，好像已经快不了解这个领域了。

于是这种焦虑会促使我们用尽一切方法去汲取知识。这些年我们看到的各种读书会，推荐的书单一个月要读几本甚至几十本书的。还有那些试图用几句话教你方法论的，推崇心灵鸡汤的，其实大多数是在贩卖焦虑。

我们在不知不觉中，被推荐了很多书，学习了很多道理。可是最后发现，似乎并没有什么有价值的收获。听了一堆至理名言，抄了满篇旷世金句，真遇到事情的时候，该不会处理，还是不会处理。

这种困惑，就与徐爱的困惑一样：博文是足够博了，但是如何约礼呢？怎么能够从那么多的"理"中，萃取出来一个"道"字。

可见人性是不分时代的，时代能约束我们的，只有时代的局限性。但是关于人性的成长，古往今来我们所面临的困惑都是一致的。徐爱作为心学学派的高徒，号称"王门颜回（颜回是孔子最有成就的弟子之一）"。徐爱相当于是王阳明门下的颜回一般，他也仍然有此困惑，那么我们普通人有此疑问，自然是理所当然了。

针对爱徒的困惑，王阳明解释道：所谓的博文，并非一定要读很多书，学习很多文章，它并不是博览群书的意思。难道不读书就不能做一个好人吗？书读得少就影响悟道了吗？显然并不是这个道理。王阳明解答道：所谓的文，是指只要你能看得见、感知到的事或物，都可以称为文。原文是："理之发，见可见者谓之'文'。"

由此可见，王阳明是在告诉我们，不是一定要博览群书才能悟道炼心。读书和悟道并没有远近先后的关系。读书是为了明理悟道，而明理悟道却未必一定要去博览群书。只要有心去参悟，用心去格物穷理，那么所见之事皆是文，所悟之道皆是理。

换句话说，我们不是不可以博览群书，但是你要有一个读书的方法。而读书再多，也不如在生活中把事理搞清楚。古人教导我们，要么读万卷书，要么行万里路。如果不能在书本中参悟出做人的道理，那么不妨多看一看人和事，同样可以参悟出真理。关键就是你要有一颗格物穷理的心，一颗明悟的心。

如同宋代慧空禅师的一首诗："止渴须是水，止饥须是饭。参禅须是悟，成佛不待旦。"如果以水充饥，或是以饭止渴，那是缘木求鱼，解决不了问题。就如同参禅一样，要想明心见性，那么必须去悟。悟这个字的结构，本身就很能说明问题。所谓悟，就是要找到我的心，要用我的心去感知世界。

王阳明就曾举例，博文约礼，就是要在各种事情上去参悟心中之理，透过现象去看本质。你要去尽孝，那么就要找到这个孝道中的理；要去尽忠，那么就找事君的理。心学毕竟是儒家学问，所以离不开仁义礼智信、温良恭俭让，忠孝之理就是最高的伦理纲常，因此心学中常常会用忠孝之心来举例。

放到我们生活当中，其实也是同样的道理。比如百善孝为先，孝道的理在哪里呢？我们去尽孝，不会是因为要去做样子，所以对父母好一些。如果你总考虑做样子给别人看，那么这种孝道就不是发乎于心。所谓"发乎于心"，是要真心地为父母着想。比如天冷了，你会因为自己冷，而想到父母是否也冷了。吃到美食，是否会想到父母还没有吃过，而先去孝敬父母。发乎于心的孝，其实这就是源自本心自性的流出，就是良知的体现。

再比如同事之间的关系，很多朋友往往会觉得难以处理。想得太复杂了，会认为工作环境乌烟瘴气，办公室政治让人很难维系。想得太简单了，又总会觉得好像自己不是被人利用，就是成了斗争的牺牲品。

其实用博文约礼的功夫来思考，只要在实践中致良知，发乎于心去看待事情的本质，理解人性中的特点，那么所有的事情瞬间就会变得异常有条理。

具体来讲，做事情的时候发乎于本心，是指不要看事情的表面现象，而是要看事情的本质是什么。比如领导让你限期达成目标，你是否能理解背后的目的是什么。领导要的是目标本身，还是限期完成的时间意义？这件事对于领导的价值是什么。而在执行目标的过程中，团队每个人的诉求是什么？有的人需要表现，有的人需要利益，有的人则是要竞争。理解了人性，从根本上把握了人性，那么你就完全可以堂堂正正地用阳谋来完成领导的目标。这就是抛开表面的现象去观察事物的本质。

所以博文约礼，并不局限于饱读诗书。能在生活的各种琐事中，透过现象看本质，从本心的角度琢磨这个理，那么就能够把握问题的实质，处理任何问题也能抽丝剥茧，一针见血。

所谓"世事洞明皆学问，人情练达即文章"。"理"并不是只存在于书本之中，只要我们有悟道的心，那么事事皆可博文约礼。

024

心平气和不算静，未发之中方得定

学习心学的学问，践行心学的功夫，其实根本就是在于"修心"二字。修心炼心，要在事情上炼，要从忍辱中精进。心学讲"心外无物，吾心即宇宙"，所以不要在心外去格物。心学又说，要"去人欲，存天理"。可见格物，就是要把人欲格掉，剩下的那个就是天理，也就是我们本心所在。

但是本心究竟是什么，为什么会受到人欲的干扰？心学总是让我们去修心，难道心学是一门心理学吗？修心修到什么程度才算是修到家了呢？

很多同学对于本心的理解，感到非常困惑。本心究竟是大脑中的一种自我意识，还是指潜伏在其中的潜意识？又或者是超越意识的灵魂本身呢？如果不理解本心的概念，那么我们对于"吾心即宇宙，宇宙即吾心"的概念，就会仍然有一种距离感。那么在立心立志的时候，也不免会有偏差。

但是如果我们不去实修实证的话，本心又像是空中楼阁一般虚无缥缈，实在是令人难以捉摸。这也是学习心学中，大家常常遇到的比较大的障碍之一。

我们在前面学习过，心，可以分为本心和道心，其实还可以加一个凡心，凡人之心。所谓凡人之心，是指执迷于眼睛所见、耳朵所听、身体所触、意识所感知到的世界，以此形成了一个"我"的意识。

比如，我们眼睛能看到的颜色，其实非常有限；耳朵能听到的频率，也局限在固定的范围内。如果不借助仪器去观察世界，凡心所认知的世界可能就是一个假象。类似古代的地心说，认为地球是宇宙的中心。没有借助飞机和卫星之前，我们绘制的地图都是有很大的误差的。然而认知没有提升之前，我们会将这样的假象当作事实。

同样的道理，凡心所认识到的世界，也是片面的、有局限性的。即便我们借助了科学仪器，可是能探知到的世界，仍然非常有限。比如以当今的科学发展程度，地震和海啸仍然不可预测。然而在很多动物的眼中，很多自然灾害的预兆，就好像是日出日落一样明显。所以动物眼中的世界，必然和人类不太一样。

但是世界还是这个世界，并没有因为你我的不同而有任何改变，只是因为观察的方式发生了变化，而导致我们认知的世界也大相径庭。所以凡心所看到的世界并非真实的世界，道心所看到的世界，则是经过了更深层次的思考和探索。

道心将凡心所观察到的世界，进行了严密的逻辑推演，试图从中找到背后的客观规律，并以此作为认知世界的准则。我们可以说这就是人们的世界观、价值观、人生观。从道心的角度来看世界，似乎世界变得更有规律，也更加透明。比如我们现在的科学体系，可以说就是建立在道心认知世界的方法论之上。

但是道心看世界，毕竟还是以凡心所观察的事实为主。比如我们中学学习的牛顿经典力学，统治经典物理学几个世纪，直到今天仍然发挥着重要的作用。可是进入微观世界，所观测到的宇宙又会以另一种规律存在。于是经典物理学在微观世界中崩溃，人类进一步演化出量子力学来解释新的世界法则。可见道心所理解的世界，也是片面地、局限性的。

因为无论是凡心还是道心，我们都是通过眼耳鼻舌身意这些感官来认知世界。然而眼耳鼻舌身意恰恰是身体感知世界的途径。换言之，倘若使用人类的躯体，就会感受到人眼中的世界，使用蝴蝶的身体，认知的就是蝴蝶眼中的世界。据说章鱼和皮皮虾的身体能感知到的各种信息，是人体的数十倍甚至上百倍之多。按照这个逻辑，我们是无法想象皮皮虾眼中的世界是什么样的。

正因为躯体本身功能的限制，所以我们认知世界的手段非常受限。而本心认知世界的方式，并非通过躯体的感官的感知，而是超越了感官的认知，是直接从最根本的宇宙法则中去观察这个世界。既然如此，为什么我们不能直接运用本心的感知去理解世界呢？

这是因为本心的力量既强大，却又敏感，它很容易被淹没在凡心和道心之中。就好像一首轻柔的音乐，一直在不间断地播放着。可是周围都是巨大嘈杂的噪声，如果你无法屏息凝神，那么耳中就只能听到混乱无比的噪声。即便你偶尔会听到它，也是因为碰巧所有的噪声在某一瞬间都处在一个莫名静止的状态。但是转瞬它们又恢复如初，让你感到刚刚刹那的清静，似乎只是一种幻觉。

其实当本心透出的时候，你的智慧会不经意地流出，你的本体会从这个世界中抽离出来，于是时空仿佛在这一刻都不存在一般。此时你会感觉突然开了窍，什么事情一想就能很通透，平时觉得很困难的事情，此时也是灵感乍现。

我们每个人其实都有这样类似的经历。比如当你非常专注地在做一件事的时候，哪怕是玩游戏，也总会有很短暂的一瞬，忽然感受不到时间的流逝，眼中只有眼前的事物，头脑的思绪异常活跃，声音不存在了，感觉世界仿佛只有你自己一般。等到猛然警醒，忽然发现时间已经过去了很久。而且这段时间内，无论做什么，效率都非常高。这其实就是本心透出的一点点表现。

为什么本心会在这样的时刻透出呢？这是因为你足够专注。当专注度达到一定程度的时候，身体中的感官就会弱下来。如《清静经》中云，"人能常清静，天地悉皆归"。简而言之，就是如果你足够清静，那么自然能够明心见性。

事实上，修行中所谓的清静，尤其是禅宗的禅定，修的就是一个专注力。数息的训练方式，是观察和控制呼吸的节奏，其实也是通过呼吸来训练你达到心无旁骛的心境。各家修行的法门，几乎都有一个观想的方式。为什么要去观想，就是通过观想去统摄住你的心，让你的注意力高度集中。把凡心和道心都收摄到一个点上，那么什么眼耳鼻舌身意，自然而然就发挥不出作用了。

心学中的"去人欲，存天理"，其实也是同样的意思。人欲从何而来，不就是从眼耳鼻舌身意的需求中来吗？我们只要把它的需求都断掉，人欲自然而然就去掉了，那么剩下的就是天理，也就是本心了。

由此可见，专注到极点，静到极致，本心也就出现了。但是这里也容易出现一个误区：静到极致，收摄凡心，就能明心见性，那么是否静下来就可以定中生慧呢？王阳明的学生也有此一问："宁静存心时，可为未发之中否？"就是在问：心平气和，静守本心的时候，算不算得上是真正修行的功夫呢？

这其实也是很多同学的困惑，甚至是很多修行人的困惑。都说要静，静到极致就是定，那么我每天也不生气，也没有什么情绪上的波动，还有的同学非常用功，每天打坐，是否这样就是功夫呢？就能达到本心自现呢？

这种修行的方法，不是说没有效果，而是更多的是养气的功夫。能够气定神闲，涵养很好，为人处世彬彬有礼，然而这却并非"定"的功夫。定，是能在风中而定。

譬如苏东坡养气的功夫就很好，平日里也喜欢参禅打坐。自己觉得功夫不错，还写了一首诗，以此表达自己已经得了禅定，开悟了。诗中写道，"稽首天中天，毫光照大千；八风吹不动，端坐紫金莲"。结果佛印一句"放屁"，就激得苏东坡连夜过江，要一辩高下，未曾想却被佛印讥讽道，"八风吹不动，一屁过江来"！可见很多时候，并非你修养的功夫高，而只是没有遇到事。遇到事还能如平时一般，心中如如不动，这才叫八风吹不动。

心学讲，修心修到一定境界，要守未发之中。也就是心中的情绪将发还未发，就要守住它。借用佛学的角度来说，心中有动念时，念头刚一起，就立刻察觉，然后止住它，不让它进一步行动，这就是未发之中。

能做到这一步，首先你要能观察到情绪要发作了，念头已经起来了，马上就会发酵。其次要能止住它，能控制住它，能降伏其心，这就是止的功夫。我们常说修行要止观，其实应该说要观止，先观再止。

所以这就是未发之中的含义。由此我们才会说，心平气和不算静，未发之中方得定。

025

随才其就，人生不只有一种选择

阳明心学讲，修心要先立心。这就相当于为自己的内心找到一个坐标、确认一个范围，如此我们在格物穷理的过程中，就能够越来越接近本心。可现实是，不要说修心，单单就是立心都有很大难度。

就拿立平常之心来讲，承认自己是一个普通人，其实是一件非常困难的事情。大多数时候，我们可能认为：我生而不凡，天生我材必有用！既然我们来到这世上，就应该风风光光走一回；男子汉大丈夫，不就应该顶天立地，敢作敢当；少年儿郎，不就要鲜衣怒马、酒醉华庭；好男儿不就应该沙场征战，指点江山么！

如此豪情万丈，只是想一想都会让人血脉偾张，激动不已。不知有多少人就是心怀这样的梦想，走向了社会，未曾想最终却摔得头破血流。而后才终于认识到，原来我并不是这个世界的主角，世界不会围着我转，更不会有什么奇迹从天而降，砸到自己头上。

然而悲催的是，当我们认识到这一点的时候，可能大好的时光已经浪费在那些虚无缥缈的目标之上。也许在追逐目标的过程中，我们确实曾经远远地看到过，甚至是近距离地触碰到自己向往的生活。可是很多年过去，再回头看看，纸醉金迷的世界，充斥着名牌奢侈品的生活，看似精致的浪漫小资，却似乎什么都没有留下来，剩下的只有不知所措的空虚和迷茫。

于是我们可能耗尽半生的时间，才明白，原来自己不过是一个普通人而已。那么究竟是我们的梦想错了，还是"天生我材必有用"只是一句空话呢？

其实，王阳明的弟子也有同样的困惑。梦想并不是我们现代人的专利，古往今来人人都有不同的梦想。我们常说不想当将军的士兵，不是好士兵。但是士兵千千万，将军注定只是少数，难道严格执行命令、勇于冲锋陷阵的士兵，就不是好士兵吗？

我们之所以总是感觉错位，觉得怀才不遇，又或者是心中的梦想将灵魂撕扯得快要分裂，其实都是因为我们对于才华的理解有很大的偏差。在讲立心的时候，我们曾经讨论过，如果你觉得自己没有什么三观，那么其实你的三观就是社会的主流价值观。这个社会流行拜金主义，你就会认为金钱至上；流行关系社会，你就会不择手段去拉关系；如果有一天社会回归到了正大光明的主流意识，那么你也会一身正气。

问题在于，如果我们的三观处在随波逐流的状态，那么意味着你对于才华的认知也将会随着外界的变化而变化。假如你身处 20 世纪 90 年代，国家刚刚改革开放，只要敢于下海闯荡，还善于处理人际关系，又有点人脉的，那么都可以混得风生水起。在那个年代，有人脉、敢下海就是有才。甚至有驾照会开车，在普通人眼中那都是相当让人羡慕，是不可多得的人才。

可是转眼十年后，计算机互联网浪潮席卷而来，懂计算机技术的人又变成了稀缺人才。于是各地大学纷纷设立了计算机专业。很多这个专业的学生并非喜欢计算机，只是因为家长认为，学习计算机能够在毕业后找个好工作而已。

这样的现象几乎每过三五年就会上演一次，而社会对于人才的理解，也是在不断地翻新和颠覆。倘若你没有自己的理解，没有自己的认知，总是追随主流的选择去定义才华的概念，那么你将永远是踏空节奏的那拨人。

曾国藩有个原则，"众争之地勿往，久利之事勿做"，其实背后就是这个理念。大家都看着有好处的事情，就不要参与了。因为盛极必衰，到达一定的程度，事情必然会向着另一个方向发展。

所以，我们千万不要把当下的繁华当成长久的胜相。不要觉得现在什么火，就去学习这个技能。首先要学会的，就是不要用单一的价值观看世界。世界本来就丰富多彩，不需要谁动不动就改变什么世界、改变人类的生活方式。三百六十行，不说行行出状元，但是行行都有它存在的意义。没有必要所有人都去做什么博士、硕士。

王阳明教导弟子说，"人要随才成就，才是其所能为"。也就是说，天生我才是没有错的，但问题是，"我的才"到底是什么，在哪里？最好可以认清楚自己的天赋所在，而后依托于天赋去做事，这样才更有可能成就自我。

其次才华也是有高有低。同样是带兵，有的人是将才，有的人则是帅才；同样是为官，有的人只能作个县令，而有的人却是辅国之才，可为栋梁。如果没有找到自己的天赋，又不清楚自己的才华深浅，倘若还把生命用到了错误的方向，那么人生必然总是处在纠结和撕裂的状态中。

我在《一点易经》的作品中就曾经提到，一个人的人生状态＝天赋 × 努力程度 × 机遇。天赋就独占其一，可见天赋的重要性。家长们总是高喊，不要让孩子输在起跑线上，可是选错了才华天赋所在，一开始目标就定错了方向，起跑再快，也只能是越跑越错。

心学中有言，人要"随才其就"，才是"其所能为"。擅长音乐的人，非要让他去研究物理；明明运动有天赋，非要选择从文；适合学理科的，结果读了文科……在人生的十字路口，没有选择正确的方向，而是盲目地以当时的主流价值观作为择业标准，这就是一种对生命的浪费和不负责任。

如何做到随才其就？王阳明进一步指出，顺应天赋固然很重要，但更重要的是要"心体纯乎天理，到得纯乎天理处，亦能不器"。这就是说，如果我们能顺应自己的天赋，找到最适合自己的路，这当然是最佳选择。但是如果能够悟到本心，在认知的层面达到慧知觉知的程度，也就是心体纯乎天理，这时候智慧就浮现出来了。本心的智慧是无所不容，由此就可以突破天赋的障碍。

譬如生活中，我们看到有些人，做什么像什么，跳槽换行业根本不在话下，好像做什么都可以，没有任何障碍。这是因为他掌握了人生的道。本心智慧的慧知觉知，在背后指导他的行为。看待问题能够直指本心，找到矛盾的核心，所以自然做什么就能成就什么。

王阳明就是这样的人：读书可以中进士，做官可以是栋梁之材，带兵能够剿匪平叛，即便是作老师，也是圣贤一般的存在。所以心学，并不是表面意义上的修心。修心炼到心体纯乎天理，就能够运用到生活的方方面面。不管你去做什么，都能游刃有余，都能够突破自我天赋的限制。从某种意义上来讲，修心，也是在改变你的命运。

所以人生其实有很多种选择。首富只有一个，商人也只是一种职业。财富并不是衡量才华的标准，名声也不是说明能力的注脚。无论何时，明白这个道理都不晚。至少，它会让你的人生从此刻开始轻松一些。

026

被误解的中庸之道，心学的未发之中是关键

　　说起中庸之道，可能大部分的朋友都会认为这是一个贬义词。因为"中庸"似乎代表着没有原则，做事情是老好人，谁都不得罪。用通俗的话来说，就是捣糨糊、打太极。明哲保身，也成了中庸的代名词。而中庸是儒家的核心思想之一，正因如此，儒家思想总是给人一种迂腐、墨守成规、精致利己的感觉。

　　《中庸》《大学》《论语》《孟子》是儒家的经典四书，而我们现在所学的阳明心学，是集儒家之大成的学问。因此可以说四书五经中蕴含的儒家思想是心学之根。而心学中，常常以《中庸》的"未发之中"作为如何修心的核心要点。由此可见，我们可能对儒家的理解有一些偏见。

　　比如就说这个"中庸"之道——在《易经》的学习中，我们不断地强调，《易经》的核心思想，就是要我们持中守正。"一阴一阳之谓道"，左偏为阳，右倾为阴，所以只有持中守正，才是阴阳调和的最佳状态。而《中庸》中也有这样的含义：不偏不倚才是中，或者说做事要讲究一个"度"字，做得不够达不到效果，可是做得多了又过犹不及。从这个角度来说，中庸之道，就是要拿捏一个"中"字。

　　但是在心学中，对于中庸之道的理解，不仅仅局限于此。或者说，也许心学的实践才符合中庸的真正本义，而这个本义，恰恰又体现了心学的核心要义。所以王阳明在教导学生的时候，就常常引用"未发之中"，来解释修心的境界。

　　"未发之中"，其实就是源自《中庸》。《中庸》有云："喜怒哀乐之未发，谓之中；发而皆中节，谓之和。"喜怒哀乐就是我们的情绪，当它没有发作出来的时候，这种境界就叫作"中"。如果情绪发作出来了，可以用这个"未发之中"去控制它，这就叫作"和"。我们学习《易经》的"节卦"知道，这里

的中节，其实意思就是"以中而节"，也就是用前面说的"中"的境界，去控制这个发作出来的境界。

什么情况是情绪没有发作出来呢？在前面的课程中，我们讨论过心平气和，凝神静气是否叫作未发呢？其实修心，最难的就是准确地找到未发而欲发的状态。什么是未发——等你真的开始发火了、高兴了，喜怒哀乐溢于言表的时候，情绪就已然发作出来了。

这个道理很容易理解。毕竟等情绪真的发作出来之后，各种影响就会如同多米诺骨牌一样，开始持续发生反应，想要撤回已经不可能了。你因为愤怒、难过、脱口而出的语言，已经演化成新的因果，开始酝酿发酵。而最终的果，也必然返回到自己身上。

真正令我们比较难以控制的，是"未发"的状态。并不是一定爆发出来的情绪，才叫作"发"。其实你的念头在一开始生起的时候，就已经处在发的状态了。区别只是在于这个念头会不会最终指导你的行为。而无论它是否影响到你的动作，它必然已经在影响着你的意识了。

比如非常容易愤怒的一个人，可能遇到事情当场就会爆发；也有可能他会适度地克制自己，但是事后瞅准机会就会报复；又或者他并没有采取报复行为，但是这次的愤怒，带给他的可能是心理上的一次阴影，或是一种伤害。当这些负面情绪积累到某种程度的时候，情绪还是会爆发。很多平日里看上去唯唯诺诺的人，很有可能会做出让人吃惊的行为——原因就是如此。你看他平时都是心平气和，性格上是谁都不得罪，大家都认为这就是老好人，是标准的奉行中庸之道的普通人，可是实际上，这并不是真正的中庸，中庸更不是教我们什么明哲保身的道理。

心学中讲的"未发之中"，重点在于"未发"。"未发"的状态才叫作"中"。老好人表面上似乎没有脾气，但是他们的情绪可是一个都没有少，只是没有表现出来。都说成年人的崩溃往往就在一瞬间。而在没有崩溃之前，作一个情绪稳定的成年人，几乎就是成熟稳重的代名词。可是大多数情况的情绪稳定，并不是没有情绪，只是情绪被束缚在表情之后，伪装出来的情绪稳定而已。

修心炼心，如果只是要做到情绪稳定，那么你有可能被憋出内伤。就像是金庸笔下的七伤拳，杀敌一千，自损八百。这样的"未发"，绝对不是心学理解的未发，更不是中庸之道的真正本义。

　　未发，是指从内而外地未发。发，即是动；未发，就是不动。不动的不是情绪，而是指本心不动。这怎么理解呢？在《中庸》解释的"喜怒哀乐之未发"，我们不要片面地理解"未发"只针对于喜怒哀乐这些情绪而言。事实上它指代的是我们所有本心之外的感受。喜怒哀乐，只是眼耳鼻舌身意中"意"的一种外在体现。降伏其心，不能单单只降服这个"意"。意的产生，也只是眼耳鼻舌身作用的一个体现。

　　要让它们都如如不动是不大可能的。就好比倘若砍你一刀，你肯定会感觉到痛。这个痛是肌肉神经反应，是避免不了的。但是关云长刮骨疗伤，硬是眉头都不皱一下；邱少云可以在烈火焚身的时候，一声不吭，纹丝不动，我们能说他们感受不到疼痛吗？这是意志的一种体现，其实也是本心的体现。

　　人们心中的各种感知产生的念头，有些是可以主动地屏蔽它，而更多的杂念则是被动的，无法控制地生起。就如同寒风逼人，皮肤似刀割般，这就是皮肤对寒冷迫不得已的回应。此时应当如何克制这些不受控制的念头呢？《中庸》言道，"发而皆中节，谓之和"，也就是当内心不受控制地生起了反应，那么用"未发"的这种态度去控制它，这就是和。换句话说，对外界的刺激可以做到视而不见、听而不闻、见怪不怪，如同未发一样，内心还是一片平静，一动不动，这就叫作和。

　　又可以理解为，当情绪、各种感受开始蠢蠢欲动还未发作，这就是"未发"；已然发作出来，但能够及时地觉察、克制它，即是"发而皆中节"。

　　这才是中庸真正的中和之道。未发之中，可以看作"无善无恶心之体"，未发之时，就是无善无恶的状态，而一旦发出来，也就是"意之动"的情况。那么要以"中节"——用中庸的"中"去控制它，不就正是"知善知恶是良知，为善去恶是格物"。

　　其实释、道、儒各家思想深入到一定程度的时候，道理都是通的。更不要说心学本就是儒家经典，自然所提倡的理论也都是对儒家学问的一种升华。所以王阳明在教导弟子的时候，才会不时地讲到《中庸》的"未发之中"的理念。而我们学习心学，更不要忽略后面的"发而皆中节，谓之和"。只有这个"中"与"和"结合起来看，才是心学中炼心的关键。

027

执中无定法，认知有多深善行就有多大

我们学习《易经》的时候，常常提到，要持中守正。学习心学，又讲要得"未发之中"。《中庸》解释，"喜怒哀乐之未发，谓之中，发而皆中节，谓之和"。可见"中"的理念，在中华的传统文化中，有着非常重要的影响。甚至可以说，如果把握了"中"的道理，就懂得了作人的原则；而如果能做到事事守中，这就是知行合一的真正大道，就能达到觉知的境界。

然而当我们在生活中实践的时候，就会发觉如何把握这个"中"的度，是最难的一件事。到底做到什么程度才是不偏不倚呢？比如遇到不平事，到底是应该管还是不管呢？看到别人作恶，是应该路见不平、拔刀相助，还是默念一句"佛渡有缘人"，事不关己、高高挂起呢？

如果看到有人作恶，却假装视而不见，良心能过得去吗？可是真的插手去管，自己的能力又不够，可能反而会给自己徒增麻烦。又比如有时候同事明明做错了事情，到底应当秉公处理，还是应该网开一面？似乎无论如何选择，都无法做到两全其美，那么我们究竟应当如何思考呢？

其实王阳明的弟子也有此疑问：既然要执中，那么到底中在哪里？有没有一个判断的标准——用今天的话说，能不能量化，有没有公式？孟子其实给出过答案，但是王阳明的学生还是不太理解，于是问"孟子言，执中无权，犹执一"何解？其实问的，正是我们上面的问题。所以孟子这里讲的执中的态度，到底如何理解呢？

王阳明则是如此回答学生的："中只是天理，只是易，随时变易，如何执得？须是因时制宜，难预先定一个规矩在。如后世儒者，要将道理一一说得无罅漏，立定个格式，此正是执一。"

这么一大段的一问一答，深入浅出地解释了我们在生活中，到底应当如何来看这个"中"，又怎么来执这个"中"的困惑。首先来看王阳明的解释。"中"只是一个天理，天理是什么？是本心自性的流露，是一种智慧的体现。而不是像计算机一样，只要给出条件，就必然会得出某个结果。

我们所处的环境是变化的，对于"中"的理解也必然会发生变化，会因时制宜。所以王阳明说，守中，很难定出一个明确的规矩。同时他还指出后世的学者过于拘泥于形式，陷入文字表面的字义之中，甚至还搞出一些如同公式一般的模板，解释得头头是道，要求世人必须遵循这套规范，这就叫作"执一"。听着像不像我们常听的心灵鸡汤、碎片知识？这就是王阳明批判的学习方法。

孟子曰，"执中无权，犹执一"。用今天的语言来说，意思就是：如果持中守正，不权衡当下的情况，不结合实际的环境，那么就像是喝了一碗浓浓的毒鸡汤一样，完全没有任何营养，还会反受其害。

其实我们在文章开篇所讨论的情景，就是"执中无权"的道理。执中，是一种智慧的体现，而不是一种规矩上的要求。初时炼心，学习格物致知分辨善恶，不仅从道理上要明白应该为善去恶，更要结合实际情况，认真思考如何做才是更实际地为善去恶，而不是行小善，却得大恶。比如看到有人落水，根据为善去恶的原则，似乎当然是义不容辞地去救人。可是如果你不通水性，贸然下水，那么虽然看上去是在行善，但是很有可能会搭上自己的性命，这就反而是行了大恶。

按道理来说，救人是善，去救人就是守中。可是不顾后果地去救人，最终反而造成了更大的麻烦，这就是恶，反而偏离了中。为善去恶也要实事求是，找到真正的善与恶，这才是守中。

守中，往往不仅需要我们对形势加以判断，还要我们采取适当的行为，来实现真正的为善去恶。我们很难用一个固定的方式来指导具体的行动。只能以最后的结果去衡量，你的行为是否符合执中的道理。

再比如说在前面的例子中，当你的同事犯了错误的时候，你究竟应当如何去行动，才算是执中呢？我们不要简单地认为采取公事公办、不近人情——似乎这样对事不对人的态度，就是执中守正的标准。然而人毕竟是有情感的，即便你能够对事不对人，也未必会让事情的结果达到利益最大化，也就是我们所说的，实现最正确的善。

比如我们可以看一看，这件事的严重性到底有多大：如果是原则性的问题，或者是产生了明显的损失，这种情况不可免的须要汇报。然而即便是要汇报，也可以先和同事沟通，让对方有个心理准备，同时首先要处理损失，并且能够提出补救方案、给出改进计划。这样的处理方式，既能够让同事不至于陷入被动局面，又能够让领导应对自如，同时也展现出了自己的能力。这样的处理方式，才是正确的执中之选。

在这个案例中，守中的原则、或者说善行的底线是什么？是不要让同事处在更恶劣的处境中，不要落井下石。既然事情已经发生，那么就不要回避，不要推卸责任，要让公司的损失最小化，及时止损，并能够防患于未然。其实这些原则，都是一种无私无我的正念，这就是善。你能够对这种"善"认知到什么程度，那么你就能对中的把握深入到什么程度。而它将会指导你，遇到事情的时候，应当如何考虑问题。

所以执中无定法。不仅和你的认知、你的智慧有关，还和你的能力有关——有时候态度也是一种能力。比如说同样还是上面的案例中，即便你没有能力给出补救方案或是改进计划，但是哪怕你只提出一两条自己的想法和意见，这就已经是非常难能可贵了。因为你的态度代表着你的智慧。能力只是体现了你现阶段的知识结构，而知识是可以学习的，智慧却是需要感悟的。

从这个角度来讲，执中守正，其实就是对于智慧的一种考验。什么是中，中的度到底在哪里，则必须根据实际情况去分析。原则虽然是为善去恶，但你能看到什么程度的善，就能执什么程度的"中"。就好像行军打仗一样，为什么士兵要服从命令？因为有时候看上去莫名其妙的命令，是为了更大的胜利去作的妥协。

为善去恶也是如此。有时候看上似乎所做的事情并非善行，但实际上是为了更大的善果。比如酒驾入刑到今天为止，还有很多人觉得量刑过重。可是正因为如此，冥冥之中拯救了多少家庭。我们在单位也是如此，有时候看上去的尔虞我诈，其实是出于管理的更高要求。看上去部门之间的争吵矛盾，其实是为了更高目标的推进。所以执中守正，关于中正的尺度，还是需要我们在修心炼心的过程中，不断地去提升自己认知的境界。境界不一样，你眼中的"中"，你所认识的"善"，也必然会有所不同。

028

闲思杂虑也是私欲？杂念之外还剩什么

心学中，有一个非常重要的概念，就是要"去人欲，存天理"。这是因为"吾心即宇宙，宇宙即吾心"，心外更是无物。可是本心却被人欲层层遮盖，就好像是明珠蒙尘。不扫除本心上蒙着的这层灰尘，本心的觉知就无法显示其真正的力量。于是我们就好像是雾里看花一般，在这个世界中浑浑噩噩，分辨不清内心的欲望与真实的生活之间的界限。如此产生了各种烦恼、焦虑、惶恐，等等痛苦的情绪。

本心到底是什么呢？王阳明这样来解释本心："心不是一块血肉，凡知觉处便是心，如耳目之知视听，手足之知痛痒，此知觉便是心也"。

首先可以肯定地来讲，心学中所说的心，并不是一个真实的器官，它不像眼、耳、鼻、舌、身、意，对应着我们身体的不同功能区。其次这里用耳目视听，手足痛痒，来比喻器官的感知，由此可见眼耳鼻舌身意的感知，并不是本心真正觉知。否则可以直接来说明心之觉知，就是这个视听痛痒，不必要再运用类比的手法。

王阳明解释，当你有觉知的时候，就是心之所在。其实应该更加准确地来讲，觉知是心性的外在表现。这就好像在黑暗中，你看到了一片灯光。既然有光亮处，那么说明这里有一盏发光的灯。然而发光、发热、发出不同的颜色，这些都是灯的特性，却并不是灯的本身。既然我们在黑暗中看到灯光，就能够明确此处必然有灯。这其实就是明心见性。本心就好比那一盏明灯，而灯光、灯所发出的颜色、散发出的热度，都是灯的特性。正如智慧就是本心的特性之一。

我们的本心在平时的大部分时刻，都被各种杂念所蒙蔽，所以它的本性很难穿透出来。这就好比黑暗中的这盏灯，外面有一层厚厚的、沾满了灰尘的灯罩。而围绕着灯罩，还有一群飞蛾在灯光中扑朔飞舞。在这样的情况下，你能看到的灯光，其实已经大大受到了削弱，甚至是昏暗晦涩，可能还会摇曳不定，无法琢磨。

我们就生活在这样的昏暗的环境中，却还要借助这一点灯光，去看清脚下的路。也许你正走在一片荆棘之中，也许脚下是一片泥沼。本来行走就很艰难，灯光还影影绰绰，一不小心脚下踏空，坠入陷阱，这也是常有的事情。

而那些干扰我们的飞蛾，和油腻的灯罩，其实就是我们的人欲。人欲包括什么呢？贪财好色、贪图名利，是不是人欲？当然是！贪图成佛成圣，是不是人欲？只要有一个贪字，就是人欲所在！

所谓贪，就是超出了正常的需求，且有一个欲念和执着心在其中。只要有了执着，那么正常的需求，就必然会变成人欲。而有了人欲的影响，我们就会失去理智，失去智慧。眼睛耳朵的功能，会不知不觉丢失。眼睛耳朵都不起作用，就好像是一个盲人一样，走在路上看不见危险，不知道方向，可想而知有多危险。

所以心学说，要"去人欲，存天理"，就是这个道理。要把蒙在外面的障碍一扫而空。去人欲的方法有很多，比如要立心、立志，然后去格物——这是我们大多数普通人就可以做到的事情。还有的人则是借助佛家和道家的修行功夫，从修行戒律开始。比如戒酒戒荤，就是要祛除口欲——在这里大家注意，佛家戒荤，并不是戒肉，而是要戒葱、蒜、韭、薤、兴渠。道家还有一些修炼的术士，所戒之物虽然有所区别，但也是大同小异。还有比如戒杀生、戒妄语，戒妄语也就是不撒谎，这些都是从去人欲的方式着手。

此外，大部分炼心的功夫，还要辅助借静心的方法入手。调息打坐，诵佛参禅也是修心的方法。人欲生长的基础，是眼耳鼻舌身意，而滋长的肥料，则是我们内心的杂念。所以静心也是断除人欲生长所需的根基。

在这个环节里，很多朋友就开始困惑了。贪财好色，有了执着心，叫作人欲。那么我们端坐在这里，仅仅是脑子里胡思乱想一下，是不是人欲呢？

《传习录》里就有此一问："好色、好利、好名等心，固是私欲，如闲思杂虑如何亦谓之私欲？"翻译成白话文的意思，正是上面的疑问。可见在心学中，认为心中哪怕是起心动念，就算是闲思杂虑，也算是人欲，应当摒除，不然天理还是无法自现。

学习心学到这里的时候，我们可能会有很多疑问：心中有杂念，又没有去做，怎么也是欲望，也要祛除。倘若如此这般，修炼到什么念头都没有了，岂不是和植物人一样。其实这有一个误区，王阳明虽然也回答了，但是很多同学并没有读懂，更没有深刻理解。

这是因为修心是有次第的，境界也是一点点提升上去。修静功，首先要先修得心，能管住身体，这是身静。具体来讲，眼耳鼻舌身意，都要慢慢做到静：眼静，就能视而不见；耳静，就能听而不闻；口静，就能管住自己的嘴，不该说的就不要说；身静，能够坐怀不乱，在各种外界的干扰中如同定海神针，岿然不动。

但是这种程度的静，还算是比较简单的境界。就好像我们减肥戒烟戒酒一样，当你真的认识到了暴饮暴食、抽烟喝酒对身体的危害之后，自然而然能够控制住自己。虽然内心还是很想大快朵颐，但身体多少还是受控制的。可是心中的念头，却很难控制。甚至大多数时候，我们并没有去压抑它，反而任由它自由发挥。似乎只要没有行动，就认为已经是成功的表现了。

可是心学讲，身体上的静，并没有真正地去掉人欲。你之所以还会有闲思杂念，是因为眼耳鼻舌身意，还是在你的心中不知不觉发挥着作用。你能生起贪财的念头，说明你的身体对于钱财带来的好处还是无法舍弃。你想到要获取名利，那么虚荣心、嫉妒心还在发挥着作用。虽然没有产生实际的行动，但是这种欲念，还是在潜意识中蒙蔽着本心的光芒。

从另一个角度讲，并不是没有闲思杂念，就变成了没有觉知的植物人。这样的认知，是认为大脑就是我们认知的本源。或者说，把眼耳鼻舌身意中的"意"当作了本心。

实际上我们所理解的意识，只是外在的世界与眼耳鼻舌身相互作用后的一个系列反应，它并不是真正的本心。倘若意识就是本心，那么本心将会随着外界感官参与的多少，而对世界的认知产生不同的结论。比如普通人和色盲色弱的人所看到世界不同，难道他们对世界的认识就有根本的不同吗？虽然在颜色的认识上略有不同，可是其实并不影响他们对于很多常识知识的基本认知。

所以即便心中没有产生闲思杂虑，我们的本心还是有它自己的观照的能力、有智慧在其中。就好像灯光透过灯罩发出的光，会吸引飞蛾。看上去飞蛾扑向的是灯罩，但实际上，拿掉灯罩后，飞蛾只会更加明确地扑向光源。所以，当我们拿掉了眼耳鼻舌身意之后，所剩下的，并不是一个没有知觉的肉体。此时恰恰是本心的本体开始发挥作用，智慧之光才会真正地显示出来。

既然人欲尚在，闲思杂虑也在干扰着我们，那么在什么情况下，才能真正做到"去人欲"，才能守住"未发之中"呢？

下一章，我们就来继续学习私欲和未发之中的关系。

029

有瘾就是身不由己，心静不是没有杂念

在上一章的学习中，我们了解到"去人欲，存天理"，其中心学所说的"人欲"，原来不仅仅局限于我们认为的贪图酒色财气，这些只是心中的贪欲最外在的表现，是心控制不住身体的结果。人欲是源自眼耳鼻舌身意的反应，本心是没有这些欲念的。当受到了外界的刺激，人就好像是一个提线木偶一般，如果内心不够强大，那么就会不由自主地手舞足蹈。

譬如像是赌徒，冷静下来的时候，其实他们心里也很清楚赌博带来的危害。甚至为你揭露了赌局中的骗术，可是一进入那个环境，理智就完全被欲望战胜，身不由己又会扑到赌桌上一掷千金。这就是赌博带来的刺激，让手脚都不听使唤。

不光是赌博，几乎所有能让你上瘾的事情，背后都是某一种欲望控制了你的身体，总会让你身不由己地做出失去理智的事情。无论这种欲望是否人畜无害，在你生命中，危害却是丝毫不亚于赌瘾。比如有的人沉迷于钓鱼，有可能钓上来的鱼还会放生，可是就是痴迷于钓鱼的感觉，长期游走在各个水库之间。为了这种爱好，甚至疏远了家人，荒废了事业。

还有的朋友信佛，这本来也是好事。可是没有跟对师傅，结果放着好端端的公司，不好好经营，不去提升自己的境界，而是动不动就请一尊佛像回来，没事就跑到深山古刹里蹲几个月。企业状况慢慢地越来越差，最后直接关门大吉，自己则选择出家避世。这是不是也是一种执着，也是一种贪欲？尤其是信佛之人，没有搞明白因果，身上的责任也不管，就想撂挑子走人，这明显是没有真正掌握真知正见。

所以说痴迷于修行也是一种病。这就回到我们的心学，万事都要讲一个中字，不偏不倚，要把握好这个度。如果是喜怒哀乐各种情绪已经发作出来，影响到我们的行为了，那就要去控制住它。如果控制不住，那么不管你这个念头是好是坏，其实都是不对的。何况我们曾经讲过，好坏善恶并不绝对，它只是我们的心念而已。

当然我们讲的好坏善恶，是从修心的角度来说。如果从伦理道德、或是社会危害的程度来讲，当然钓鱼上瘾的恶，远远没有沉迷赌博的恶大。但是它们对于我们自己心境的影响，其实本质上并没有什么差异。无论你是痴迷于赌博，还是钓鱼，抑或烧香拜佛，都是身体脱离了内心的控制。

这就好像是自动驾驶的汽车，虽然汽车可以受制于自动驾驶系统的控制，但是真正的控制权应当还是掌握在人的手中。当你痴迷于某种爱好，就像是自动驾驶系统完全接管了汽车，倘若系统发生了故障，即便你看着它驶向错误的方向，可是却无法控制汽车，这就和失去控制的身体情况类似。

所以不管是对什么上瘾，只要有一个瘾字，那就已经脱离了正常轨道。可能你暂时看不出它的危害，甚至于乐在其中，但是它其实已经不知不觉地在接管你身体的控制权。我们常说要财务自由，才能精神自由。其实很多时候你所追求的财务自由，只是为了更好地服务身体上瘾的嗜好。换言之，你的身体已经被嗜好接管，那还谈什么精神自由。甚至可以说财富越多，反而越不自由。

想象一下，倘若你财富自由了，如果你钓鱼会上瘾，财富带给你的，无非就是换一套更好的装备，也许可以从水库边换到游艇上，从池塘变成海钓。可不变的是你仍然将时间耗费在这里，你仍然会疏远家庭，甚至因为财务自由，你会更加肆无忌惮，终日以此为乐。看上去似乎没有什么后顾之忧，但是实际上，是你的身体更加不受本心控制，是无休止地去满足钓鱼给你带来的刺激之中。

财务自由不等于精神自由。只有心自由了，你的生命才真正得到自由。自由并不是想做什么就做什么，而是可以随时随地说不。不想做什么，就可以不做什么。这才是真正的自由。

控制身体，这只是自由的第一步。接下来要做到能控制念头，这才是重中之重。身体之所以会行动，是受到念头的支配。阻止念头去控制身体，其实是你内心中左右两种念头在做博弈。向外的念头赢了，你就会失控，向内的念头赢了，你就能够明心见性。如果两种念头暂时达到了平衡，那么你就会收回身体的控制权，但是仍然有不少的闲思杂虑。

所以我们又会问，既然闲思杂虑还算是人欲的表现，那么如何才能够最终明心见性呢？首先我们要明白一个道理：只要本心是在真实的血肉之躯中，就不可能没有闲思杂虑。就好像在一座空旷的山谷之中，大声呼喊，必然会有回音。山谷不会说话，它也控制不了你的声音，所以你呼喊，它就会有回音。而这样的回音，山谷是控制不了的。

我们也是一样，身体就好像是个山谷，外界只要有刺激，身体必然会有反应。只不过这种反应的表现形式多种多样。可以是情绪上的变化，也可以是感官方面的感受，闲思杂虑也是其中一种表现。可我们又讲，修心炼心，是为了明心见性，要达到这个境界，就需要做到极静的状态，脑海中不生杂念。如此这不是又矛盾了吗？

这是因为我们将本心和意识理解成了一体。身体对于外界的刺激所产生的影响，会导致意识的产生。而意识的产生和变化，也会影响到本心中的心念变化。就好像是你在播放音乐，低音重一点的话，桌面也会随着音乐震动。但是桌子和音响是两套系统，并不能说二者震动的频率相同，就是一件事情。身体受的刺激、产生的念头，这是无法控制的。但是我们修心炼心，就是要让身体的念头，不要影响到本心的心念。就好比你要做的，是把正在播放的音响装到隔音室里去。那么不管它再怎么闹，怎么震动，对于桌子就没有任何影响了。

我们的本心，就像是一杯水。如果它震动不息，水中的杂质就会随之运动。这时候水面浑浊，你看不清水中的情况，也无法反射外界的信息。可是当它沉静下来后，水质变得清澈见底，杂质虽然还在，但是却可以一览无余。水面平静了，如同一面镜子，外面有什么就映射什么，本心不为所动。这就是所谓的观照。

闲思杂虑，如果不是由贪念而起，那么它只要不影响到你的本心就好。若是关乎贪念的想法，就说明本心是动了信念的，是有了主动的意识在思考这件事。那么就说明本心还不够清净。所以对于本心是否动念，只要看这个杂念是一种欲念，还是如同一个旁观者，仅仅是对于一件事情不带情绪的反馈。就如同一个陌生人从你面前经过，你心中清楚地知道有人经过，但是不会对你的内心有丝毫影响，这就是观照。而如果你仔细打量这个路人，发现原来是个美女，甚至还有想法想要上前搭讪，这就是内心已经动了念。

所以，心学讲的"未发之中"，就是心不动念，而意识却已经开始有了反应，并且要引发心念蠢蠢欲动，这时候就到了"发而以中节之"。用本心本身的智慧，控制住欲念的进一步发展，这就是"中节之"。

倘若能够做到这点，那么才是真正地守住"未发之中"，才能够去人欲，而存天理了。

030

本心靠悟，修心要去炼，格物不只是说

心学，是一门琢磨修心炼心的学问。每个人学习心学的目的不尽相同。可能有的朋友想要学习如何为人处世，有的人则是想让生活轻松一些，烦恼少一些，想借助心学的智慧，解决这些问题；还有的朋友把心学当成了一门成功学，似乎学会了心学，就能够所向披靡，无往而不胜。

心学如果能够学通悟透，自然都能够解决这些问题。毕竟王阳明就是如此的圣人，不但人情世故做到极致，而且不论是为官还是育人，都是登峰造极的存在。更不要说心学对后世的影响，造就了一代又一代的英雄豪杰。

但是我们在学习心学的时候，发现修心炼心说起来容易，但是做起来却往往不知应当如何下手。讲解心学儒学的课堂到处都是，好像老师们讲的也是大同小异。很多道理听上去津津乐道，可是真的遇到事情，别说是学生了，就是一些学者教授，表现出来的行为也是难令人满意，甚至有时候还不如一个普通人。究竟心学只是一些假大空的学问，还是我们在学习的过程中出了问题。

其实不只是心学，在王阳明之前，很多儒学大家，士族阶级的领军人物，其中也不乏有满嘴仁义道德、一肚子男盗女娼的伪君子。学问是满腹经纶，可行为却不为人耻。所以王阳明就说这些人"今为吾所谓格物之学者，尚多流于口耳。"

翻译成白话，就是说当今研习格物致知的这些学者，大部分也只是嘴上说说而已，很少有人真的去实证实修。可见在王阳明那个时代，就有很多灌毒鸡汤的假学者，和当今的社会没有什么区别。所以人性是不会发生变化的，变化的只是时代、是物质的享受、是科技的进步。而人性非但没有随着物质的丰富变得高尚，反而因为外界的刺激增大，变得更加复杂。

但是人性本身并没有什么本质的变化。所以直到今天，"去人欲，存天理"的道理仍然是真理。人欲是一个很复杂的东西，我们已经知道，贪图酒色财气固然是人欲，贪图成圣成佛亦是人欲，做什么事情上瘾是人欲，而带着冲动的闲思杂虑同样是人欲。

人欲就像是心头的一片阴影，潜伏在眼耳鼻舌身意的影子中。等它真的发挥作用的时候，身体就已经开始行动了。即便有时候身体没有动，可是意识也会常常随之所动。更麻烦的是，很多时候人欲是夹杂在你认为的善行之中，不知不觉地就发作出来。

人欲如同附骨之疽，牢牢地附着在我们的意识之上。所以如果你没有顿悟，又不去实修实证，只是了解、知道这个道理，那么做事情的时候就很难守中。甚至即便是常常修心，可是在格物的时候，稍不留神，就会忽略掉这个问题。

所以传习录中就引用王阳明的训诫："天理人欲，其精微必时时用力省察克治，方日渐有见。如今一说话之间，虽只讲天理，不知心中倏忽之间，已有多少私欲。盖有窃发而不知者，虽用力察之尚不易见，况徒口讲而可得尽知乎？"

这里讲的是，要做到"去人欲，存天理"，必须在精微之处反省克察，要不断地仔细琢磨什么是人欲，什么是天理。要在言语中琢磨，在行为上琢磨。这样下功夫，日复一日才能渐渐有所长进。而很多学者，只是讲什么是天理，什么是本心，讲一些大道理、空话、套话，却不知道就在他讲话的时候，心里已经不知道多少私欲杂念掺杂在其中。这里说叫"窃发而不知"，就是在你根本没有察觉的时候，就已经过去了。像这种情况，就算你平时用功去格物都未必能察觉到，更何况那些成天夸夸其谈的人。

在这里，王阳明指出两个问题，一个就是我们前面点出来的，人欲会藏在善念中，或是在无意识中发出。而如果我们不加以祛除的话，那么天理终究还是显现不出来。正如人欲会无意识地发出，就是指我们前面所讲的闲思杂虑。在蒲团上静静地打坐，忽然飘过来一阵香味，人未动可口水流下来了，这就是无意识地发出；外面忽然响起一片嘈杂的声音，心就莫名地烦躁，这同样是人欲的发出。这种情况，其实需要修行定力。

而藏在善念中的人欲——比如我们在酒局中敬酒，总要多招呼别人多喝几杯。其实背后隐藏的，何尝没有表现自己好客、抑或是想要让自己尽兴的念头呢？看上去的好客，其实背后又何尝不是虚荣心、自尊心在作祟呢。生活中这样的情况时时刻刻都在发生，这不像是暴跳如雷、喜极而泣的情绪表现得这么明显，可是从本质上来说，对本心的考验，可一点也不比情绪爆发来得小。

另一方面则是修心炼心，格物致知，不能停留在表面。譬如说，我今天又学习了一堆理念，听老师讲得很有道理，好像都记住了。但是真正遇到事情，该生气还是生气，该郁闷还是郁闷，那就是只学了知识，没有领悟到道理。

学习心学，一定要去悟，而不是局限于理解概念。概念是在特定的环境下，用有限的语言给出既定的答案。但是人生会面临各种各样的情况，外面的条件在不停地变化，如果恪守固定的概念，那么就容易把道理变成鸡汤。

就好像我们常听到所谓成功人士的总结：我之所以成功，是因为在一个方向上坚持得足够久，努力得足够多……于是这就变成了成功学。似乎只要坚持再加上勤奋，就等同于成功。可实际上，真实的世界却告诉我们，坚持加勤奋，只是基础要求。成功的因素有很多，即便你积聚了天时地利人和，也未必能够成功。项羽、陈友谅、李自成，哪个没有天时地利人和。所以正如无法把所有成功的条件一一列举一样，我们也无法把修心炼心的功夫和方法完全穷举。

《道德经》中讲，"道可道，非常道，名可名，非常名"。修心炼心也是如此。本心是要在实修实证中去感悟的，你的内心没有到达那个境界，说一千道一万，无论如何描述，始终和本心真实的状态会有所差距。尤其是很多学者，在没有实证的情况下，对于本心的理解，大多数只是揣测。那就更容易盲人摸象，众说纷纭，莫衷一是了。

所以我们学习心学，大家不要习惯于去记录概念，而是要去理解背后的道理，去领悟心学的根本——心为何物。

同时在事情上格物，在事情上炼心。只有这样做功夫，才能日有所得，慢慢地到达慧知觉知的境界。

031

以戒为师，如何做到从心所欲而不逾矩

在生活中，我们常常会遇到一个问题，不仅仅局限在心学，而是在所有学习的过程中，都会有这样的困惑：明明道理好像都明白了，也按照老师的要求去认真复习了，甚至有的学科还会反复地练习——比如你可能做了大量的习题，或者重复了无数遍的动作，可是真正应用的时候，却总是有一种无从下手的感觉。就好像一个刚刚学习厨艺的厨师，面对一个食材，明明心中知道煎、煮、炸、蒸都能把它们弄熟，论起每一种烹饪技巧也头头是道。但是上手那一刻，究竟该采用什么方法，大脑却是一片空白，不知道该如何选择。

从学习的角度上来讲，这就是学会了很多道理，却不会应用。王阳明的弟子对这个问题也是感到头疼，于是就请教老师："知识不长进，如何？"当然这个不长进，并不是完全没有进步。而是和我们一样，可能文章读了不少，经典名言那是如数家珍、倒背如流，但事到临头就是不知该如何运用，这就是文中说的"不长进"。

针对这个问题，我们来看王阳明是如何回答的。他说："为学须有本原，须从本原上用力，渐渐盈科而进。"也就是说，学习、精进，必须有一个本源。用功都要从本源上做起，如此这般才能够渐渐有所收获。否则就如同刻舟求剑一样，笔记做了一大堆，到头来却用错了地方。

这也正是为什么我们讲心学，学心学，一开始就要讲立心立志，道理是一样的。立心就是让你不要偏离这个本源。在心学中，本源就是本心，心即理，心外无物。可能一开始我们对本心的理解不够透彻。但是没有关系，只要在立心的范围内去不断耕耘，就能有收获。

所以王阳明又进一步解释："立志用功，如种树然，方其根芽，犹未有干，

及其有干，尚未有枝，枝而后叶，叶而后花、实。初种根时，只管栽培灌溉，勿作枝想，勿作叶想，勿作花想，勿作实想，——悬想何益！但不忘栽培之功，怕没有枝叶花实？"

这是用种树来做比喻，告诉我们如何学习才能有所收获。树的成长需要先从树根开始发育，树苗慢慢地长出了树干树枝，可是还没有开花结果。但不能说刚开始种树，就因为它没有立刻开花结果，我们就失去了信心。或者天天琢磨，要是开花了我应该怎么办，怎么还没有结果实。

不要着急去做这些不切实际的功夫。你心中只须隐约知道它一定会开花结果，但是如何开花，何时结果，那是水到渠成的事情，不能一蹴而就。所以有根的时候就呵护根，有了树干的时候，就在树干上下功夫，真的要开花结果了，那你自然而然就能看到结果。

修心炼心也是如此。首先要找对本源，对于本心的特性要有所了解，用立心的方式去约束自己。这就好像刚开始种树，虽然你不知道它未来具体的样子，但是我们至少明白这是一棵桃树还是梨树。而后就要根据它的特性，该浇水的时候浇水，该施肥的时候施肥，不能说我连桃树梨树都没搞明白，就天天想着怎么还没有果子吃。

在什么阶段，就要用什么阶段的功夫。比如认知的五个阶段：无知、盲知、自知、慧知、觉知，我们就要明确自己到底是处在哪个阶段。有的朋友说，我好像是一会儿在无知，一会儿又在盲知，有时候还在自知的阶段。这其实就是还没有认清自己的状态。

真正到达某一层次的认知，它是会向下兼容的。也就是说，如果你在自知的境界，那么基本上就不存在盲知的认知，而到了慧知的层次，自然也就超越了自知的局限。每一层境界的认知，必然是很明确的，不是似是而非的。它们之间的界限也非常明确。比如盲知和无知的区别，就是有没有自己的三观，是不是人云亦云。自知和盲知的区别，又在于盲知虽然有三观，但是仍然存在很多盲区。处于自知层次的三观，相对于物质世界的认知较为圆满，能够解释大多数现象；到了慧知的层次，则是超出了时空的限制，认知已经深入到了生命本质的高度；处在觉知的境界，就不是简简单单的世界观了，而是在观世界。真正站在宇宙本源的角度去观察世界。这样的角度是最直观最真实的，认知不存在被扭曲的情况。

所以当我们处在不同境界的时候，就应当去做不同境界的功课。王阳明说："后儒不明格物之说，见圣人无不知、无不能，便欲于初下手时讲求得尽，岂有此理！"意思是说，不要看到圣贤是无所不知、无所不能，就想一开始学习，便能够如同圣贤一般。哪有这么便宜的道理！

这也是批判我们学道之人，不要急功近利，更不要妄图通过听几次课程，练几次打坐，就能明心见性。倘若真有开悟的慧根，那么扫地时也能开悟，吃饭时也能开悟。若没有这个机缘，那不妨老老实实地从生活的点滴开始，一点点地格物。

有的同学就说，格物致知，立心立志，具体应该怎么做呢？我们要不要学习佛道的修行方法呢？这里就涉及一个戒律的问题。很多同学也经常私下里问，佛教道教那么多戒律，是否我们也要遵循那些戒律，以此来炼心呢？因为本来戒律就是约束自己行为的规矩，用来束缚自己的欲望。可是那么多的清规戒律，是否又太过冗繁。甚至有的戒律对于我们普通人来说，实在是不合情理。到底应不应该向他们学习，持诵戒律呢？

其实在我们未开悟的时候，尤其是不知道应当如何修心的情况下，就应当以戒为师。这并不是说你一定要遵循所有的戒律，而是说可以学习戒律本身，看一看戒律是如何帮我们在生活中清静内心，格去人欲的。就以吃素为例：不吃肉，并不是戒荤的戒律。戒肉食本质上是戒除口欲，戒除杀念。不吃荤，并不是不吃肉，而是不吃刺激性的调味品，本质上是不要增强味觉的欲望和身体的欲望。

戒律根据修行的层次，对个人的要求也不一样，所以会有什么五戒、八戒、十戒，等等之分。我们在修心炼心的时候，可以去借鉴佛道的戒律，但是并不是说你一定要遵守最高最完整的戒律。这就好像是考试，如果你当前的成绩只能考个三本，要想考到二本一本，那就要多做习题。倘若你的能力已经能考清华、北大，那么做不做习题其实意义并不大了。戒律就是我们生活中的习题，认知的境界，就是你考试的目标。

就像是孔子所言"从心所欲而不逾矩"。达到慧知、觉知的境界，你的本心自然而然就会浑然天成，一举一动皆由心而发，符合天理，所以当然也就不会逾越规矩。换句话说，如果你达到了觉知的境界，那么即便你不去刻意遵守戒律，却仍然可以达到守戒后的效果，比如就算吃荤也不能扰乱你的本心，那么守不守戒就不重要了。

可是如果还没有达到这个境界，那么还是要从约束自己开始，去清除人心中的贪欲。否则就会如济公说的"酒肉穿肠过，佛祖心中留，世人若学我，如同进魔道"。济公可以通过喝酒吃肉的形式去点化众生，可是众生却不能学济公随心所欲，原因就是境界上的差异。

所以倘若我们的境界还没达到那个高度，就要老老实实地以戒为师，去人欲，存天理。有些事情别人能做，你未必能做，别人能想，你未必能想。

炼心，可千万不要去参考别人，还是踏踏实实地观照好自己的修为境界。

032

无善无恶没有情绪，并不是麻木不仁

我们学习心学，常常会遇到的难题就是如何区分善念恶念。心学的四句教"无善无恶心之体，有善有恶意之动，知善知恶是良知，为善去恶是格物"，将善恶之辨的重要性，摆放到了心学最关键的位置，正是因为心之本体，是无善无恶的。唯有明辨善恶，才能找到本心所在。所以我们进一步得出一个结论：若要回归本心，那么就要为善去恶，不停地格物。

为善去恶说起来容易，可是真正实践起来，我们就会发现，有很多细节还需要反复揣摩。比如王阳明的弟子就困惑道：如果打理花园，是否要除掉杂草呢？不除掉的话，杂草会影响花的成长。可要是除掉杂草，这个杂草又没有妨碍你，除掉它是不是一种恶呢？《传习录》中原文是："草既非恶，即草不宜去矣？"这就是处处都在格物，即便是打扫花园，也要想一想如何来炼心。

同样的道理，也有同学常常会问一个问题：如果杀生是恶的话，那么杀老鼠，拍苍蝇、蚊子，这又是善还是恶呢？该不该杀呢？你看出家人讲究"扫地不伤蝼蚁命，爱惜飞蛾纱照灯"。可是同样是学佛，为什么喇嘛和国外的和尚又能吃肉呢？

这些看上去矛盾重重的现象，竟然就这样在我们身边存在着，令人很难理解。尤其是我们在修心炼心的过程中，还要做到"灭人欲，存天理"——而"灭人欲"最终外在的一种表现，就是本心不动，没有情绪。这又让人更加困惑了。我们看佛家修行者，常常讲什么欢喜、慈悲，这难道不是一种情绪的表现吗？退一万步讲，倘若人真的没有情绪，那岂不是如同机器人一样，没有温度。这样看来，虽然没有了烦恼，可是其他的情绪也没有了，这哪里是开悟，这简直是一种倒退！

这些困惑很正常，同时恰恰也体现了同学们是在认真地格物，在炼心。

如果没有思考，没有实践，那么知识积累的再多，也很难变成智慧。学习心学就是要去悟，今天想一点，明天悟一点，慢慢地积累到一定程度，再遇到一些机缘，有时候开悟就是在一瞬间。

回到最初的问题：杂草到底应不应该除呢？这个问题背后是我们对于善与恶之辩的困惑。王阳明就说："此等看善恶，皆从躯壳起念，便会错。……天地生意，花草一般，何曾有善恶之分？子欲观花，则以花为善，以草为恶。如欲用草时，复以草为善矣。此等善恶，皆由汝心好恶所生，故知是错。"

在这里一针见血，直指要害。王阳明解释道，如果这样来思考善恶，那么还都是从肉体的感知，也就是眼耳鼻舌身意的角度生起的念头。倘若这样格物致知，那就不对。要知道天地万物，花和草并没有区别，别说花和草了，就是拿人来比较，也是一样。《道德经》里不是言道："天地不仁，以万物为刍狗"。在天道之下，万物并没有什么高低贵贱之分，那么又何来善恶之分呢。你喜欢花，就把花当成了善，把草当成了恶。那如果草是药草呢，如什么当归、党参、黄芪、甘草之类。若这是个草药园子，那你是不是应该把花除掉才对？

由此可见，花是善是恶，草是善是恶，其实都源自你的心，它们本来并没有善恶之分。那么到底该不该除掉杂草呢？这就又和后面的问题产生了关联：蚊虫到底该不该杀呢？老鼠该不该灭呢？倘若说不该杀，可是蚊虫会传播疾病，且会让人产生不舒服的感觉，老鼠更是人人喊打的动物。而你说该杀，它们却也是一条生命。不是说众生平等吗，不是要戒杀吗？所以到底应该如何考虑善恶之辩？

其实这与要不要除草是一个道理。老鼠、蚊虫的善恶之分，均是因我们的眼耳鼻舌身意而起。如果从这个原点出发，那么无论你杀或不杀，其实出发点就错了。我们不妨可以回顾思考一下戒律的本意：比如戒杀是要戒掉杀戮之心，要根除心中的戾气。同时在佛学中还有因果业缘的说法，戒杀也是少结恶因的做法。那么我们反过来讲，如果你在打死苍蝇、蚊子的时候，并没有心存杀戮，也就是我们常说的发心。这个发心中不存在杀意，本心没有受到扰乱，那么杀与不杀，其实并没有什么区别。即便是灭杀蚊虫，也不会有什么影响。佛学中管这种情况叫作无记业，也就是并没有产生什么业力。无记业和善业、恶业是有所区别的，即无善无恶的业。

再比如王阳明龙场悟道之后，要剿灭山贼，那可是一点也不手软。难道王阳明没有悟道吗？他悟道了为什么还会用如此雷霆手段？其实就是上面解释的道理。虽然看上去杀敌无数，但是他并不是为杀而杀，心中并没有任何杀意。我们常说的"菩萨心肠，霹雳手段"，这样来看，就一点也不矛盾了。

但是如果你拿起了杀虫剂，心中却一会想着这是杀孽，一会又觉得蚊虫讨厌得要死，不停地左右纠结。这时其实心已乱，杀或不杀都是不对。所以有一句话叫作"放下屠刀，立地成佛"。放下的并不是手中的屠刀，而是心中的屠刀，也就是心中的杀意、欲念。如果一个人杀戮心很重，而他还能够降服这个杀戮心，那么就能够明心见性。你心中最重的欲念都没有了，其他的欲念自然而然也就不存在了。这就是"去人欲，存天理"。

然而问题又来了：人欲去掉了，没有情绪，人不就和机器人一样了吗？实际上我们常说的七情六欲，包括"喜怒哀乐未发之中"，这里的情绪，其实指的都是发自眼耳鼻舌身意中的情绪，并非本心的情绪。就好像一杯水，水中有了浑浊的杂质，只要这些杂质在动的状态中，那么水就是浑浊的。这些杂质，就是眼耳鼻舌身意产生的各种情绪。

我们需要静下来的，是这一部分。可是不代表本心没有情绪。本心不但有情绪，而且我们其实常常能够感受到。比如你可能到了某个道观、寺庙，忽然抑制不住地流眼泪。可是这种流泪，并不是悲伤，而是有一种发自灵魂的共鸣和欢喜——这就是本心的情绪，无法用眼耳鼻舌身意的情绪去指代。

同样的情况，有时候我们看到一些人性的光辉表现出来的大无畏、无私的精神，或者在感情中感受到了无私的爱，我们往往也会被感动。事实上感动在某种程度上，也是本心情绪的一种流露。还有像佛、菩萨这样的境界，难道就没有情绪了吗？慈悲心就是本心的情绪流露。

所以我们讲，本心具足，无善无恶没有情绪，是站在人欲的角度上来讲。没有了人欲带来的情绪，但是由本心流露出的自性，并不是麻木不仁，它仍然能够有自己的观和照，并且会根据情况做出回应。这种回应，可能就是你偶尔莫名其妙的感动、欢喜、怜悯之心。只是大多数情况下，我们明明感受到了，却并未意识到。

无怪乎圣人讲"百姓日用而不知，故君子之道鲜矣"。

033

克制私欲要有为己之心，
是要作个自私的人吗

人是一种很复杂的动物，不但有各种各样的诉求，还有喜怒哀乐这样的情绪。如果情绪能够像音乐的音符一样，有不同的音律，那么你会发现，人生几乎无时无刻不在奏响着各种旋律。有时候可能是和谐的乐章，可是大多数时候都是杂乱无章的噪音。想象一下，如果你天天处在这样的环境中——甚至不要说天天，哪怕在其中逗留片刻，也很容易头晕脑胀，血压飙升。

而我们的心，其实就是一直处在这样的环境中。只是这样的环境，带来的并不是让你心浮气躁的杂音，而是会让你产生七情六欲的欲望和情绪。它们像是无声的默剧，用另一种沉默的方式扰动你的内心。你的烦恼和痛苦、迷茫与焦虑，其实都源于此。

可是我们无法改变环境，就好比天空中飞机掠过的轰鸣声，我们不可能让飞机在静音中飞行，这是不现实的。同样的道理，我们既然拥有一个正常的躯壳，那么眼耳鼻舌身意就不可能不发挥作用。既然环境无法改变，那么我们只能改变自己。

从这个角度上来讲，心学其实是一种"定"的功夫。"去人欲，存天理"——与其说是去人欲，不如说应当对人欲的诱惑视而不见，听而不闻。这才是修心正确的路径。

这些道理说起来很容易，做起来却是非常难。之所以难，其实本质上还是认知的问题。知行合一，只有认知到了一定程度，你的行为才能轻而易举地被改变。否则就好比对少年说，你要好好学习，将来才会有一个更轻松的生存环境。可对于少年来讲，社会是什么，生活有多残酷，他根本没有这样的认知，因此很难通过这样的目标去激励他。但是若他已经知道了学习的意义，也许你根本不用督促，他也会努力用功。所以为什么穷人的孩子早当家，就是因为穷人家的孩子，对于生活的艰难，有更深刻的理解。

修心也是如此。认知境界未到，你说修心炼心，要去忍受孤独，要博览群书，更要放下人欲，这其实是一件很艰难的事情。因此王阳明的弟子就感慨说，"己私难克，奈何"——老师你总是教导我们要去人欲，可是这个人欲太难克制了，怎么办。

这就好像《金刚经》中须菩提请教释迦牟尼说，"云何应往，云何降伏其心"——老师，修佛要修心，可是这个心到底应该安住在哪里？心太难降伏了，我们到底应该怎么做呢？

这几个场景几乎是一模一样，只不过王阳明的弟子是从外而内来问：外面的这个人欲怎么克制。须菩提则是直接从内而外请教：怎么降服控制好自己的心猿意马。问法不一样，可问题却是殊途同归。然而王阳明和佛陀的回复，看上去却又大相径庭。

王阳明说，要克制人欲，首先要自私一点——"人须有为己之心，方能克己，能克己，方能成己"。只有自私一点，为己之心，这样才能够克制住自己的欲望。克制住自己的欲望，才能成就自己。实际上在这里所讲的"为己之心"，是指要多为自己考虑。这个自己，并非指我们的躯壳，更不是眼耳鼻舌身意，而是我们的本心。这样看来，他所说的并非自私。自私是只考虑自己的感受，而不管他人的死活。

而在这里的为己之心，是要多去关注自己的本心，要为本心多明悟。把本心看作是自己的珍宝，时时刻刻都要守护它。王阳明形容，"须常常保守着这个真己的本体。戒惧不睹，恐惧不闻，唯恐亏损了他一些"，这里的"他"，就是说"为己之心"的真己，也就是天理，是本心。

之所以要战战兢兢、如履薄冰地守护本心，是因为本心还不够强大的时候、还没有定力的时候，本心很容易受到外界的干扰。《阴符经》中就把这些干扰看成贼来偷我们的珍宝。如果能控制住这些偷心的贼，那么就能够得道。原文是"天有五贼，见之者昌。五贼在乎心，施行于天"。

这五贼具体指代的是什么呢？通常情况下，是以五行所代表的万事万物。

比如在这里王阳明就直接把《道德经》的一段文字引用过来，说明为什么要守护本心。《传习录》中说，"美色令人目盲，美声令人耳聋，美味令人口爽，驰骋畋猎令人发狂"。《道德经》的原文是"五色令人目盲，五音令人耳聋，五味令人口爽，驰骋畋猎令人心发狂，难得之货，令人行妨"。虽然二者文字表述略有差异，但是本义一致。

这与《阴符经》里的天有五贼是异曲同工之妙。五色、五音、五味等，都是五贼，换句话说，其实不同的表达都是在说明，眼花缭乱的世界，很容易让你的五官六感失去真正辨别是非的作用。比如当下的美颜功能，遮盖了很多人真实的表象。我们眼中所看到的几乎都是扭曲的世界，这就是颜值焦虑带来的影响，让你过度关注美色，而忽略了事情的本身。像是影视娱乐圈，一度成为流量经济，只要主角颜值高，那么作品质量好像根本无所谓。这就叫作"五色令人目盲"。

五音令人耳聋，也是同样的道理。五音并不只有美妙音乐，花言巧语也会迷惑你的耳朵。有时候也未必是美音，杂音噪声也同样会乱人心神。比如电信诈骗，只是通过语言的诱导，就能够让人深信不疑。

五味令人口爽。有的人口欲轻，吃什么都无所谓。可是有些朋友则是口欲极重，为了美食可以忽略很多问题。比如滥杀野生动物，吃一些不卫生的食材，即使引发很多不良后果也不计代价。

我们讲过，只要有瘾，那就是心不静。心不静，就好像你家里的大门不设防。门户大开，五贼会随时随地窃取你的快乐。倘若我们学习《黄帝内经》，甚至还会发现，原来你的健康也是这样被偷偷摸摸地窃取的。

所以在王阳明来看，"己私难克"，首先是因为你的认知不清楚，没有搞明白"真己"到底是什么。没有想明白天理、人心与肉体躯壳之间的关系。错把肉体的意识，当成了本心，这叫作认贼作子。

其次则是修行的功夫还不够。认清楚了本心所在，就要好好守护它。该如何守护呢？用儒家的话来讲，叫作非礼勿视，非礼勿听。王阳明讲，守护本心要做到"才有一毫非礼萌动，便如刀割，如针刺"。也就是稍微有一点点不正确的想法，就如坐针毡。当然，前提是我们能够意识到，自己已经做错了。

我们再回过头看《金刚经》是怎样对同一个问题，用不同的角度来解答的。须菩提问，"云何降伏其心"，佛陀的回答，则是直接从本心的视角出发，告诉你，什么五色、五音、五味，统统都是假的，它们只是肉体上的感知，而不是本心真实的觉知。既然是假的，那这一切也可以说都是虚幻的，都是空的。所以不要去执着于任何表面上的现象。也就是只要是具象化的，能够想象的、看到摸到的，就都不要去执着它。这和儒家的非礼勿视、非礼勿听，其实是一个意思。儒家在这里的"礼"，其实是天理的意思。天理即本心，不符合本心的就不要去看、去听。

做到这个境界，也就是"应无所住而生其心"。什么都不着相了，不住在那个表面现象上，本心自然而然就出现了。道家的无中生有，也有这个意思。所以不管是什么经典，背后的道理是一致的。

所以我们如果要去炼心，不妨作一个"自私"的人，只不过这里的自私，是要为本心而私，要关好自己家的大门，不要让五贼乘虚而入。

034

知识焦虑，是因为有术无道止于术

我们在学习国学，尤其是在阅读像《传习录》《论语》、各种佛经，这些以记录圣人语录为内容的经典时，总会有一种感觉：圣人似乎无所不知，无所不晓。不管你有什么困惑，都能一针见血直指要害。感觉比我们现在的什么心理医生、人生导师要厉害得多。

所以王阳明的学生就很好奇，圣人什么都懂，而且都很精通，难道说圣人平时闲着没事干，已经把所有的问题都一一考虑过吗？《传习录》写道，"圣人应变不穷，莫亦是预先讲求否？"

我们现在也常常看到有这样的人，不管做什么，干哪一行，好像都能很快地进入状态。有人说这是因为他们学习能力超强。还有人说是这个人可能掌握了事情背后的底层逻辑。

"底层逻辑"这个词，近些年很火。顾名思义，就是形容事情最根本的逻辑和法则。其实我们将这个概念换个名词，大家可能就比较熟悉唯物主义辩证法中的矛盾论。底层逻辑，反映的就是事情的核心矛盾。

举个例子，如果我们购买羽绒服，其实你买的是什么？可能买的是款式、价格等，但是这个购买行为的核心矛盾是什么？不管羽绒服好不好看，价格高低，首先它要能保暖。换句话说，其实购买羽绒服，首先买的是它能够保暖的特性。如果一件羽绒服不能保暖，那么它的款式和价格就变得没有意义了。

从这个例子中，我们可以简单地体会到底层逻辑、或者说核心矛盾的重要性。那么放在学问中来看，这个所谓的底层逻辑，就可以看成是"道"。什么是道呢，就是万事万物、宇宙间最根本的那个规律。

我们常说一句话，"为道而求术，术可得矣；有术无道，止于术"。也就是说，如果能够掌握这个根本规律，那么你想学什么技巧、方法，都是很容易的事情。可是反过来，如果你只是学习了很多的技巧方法，很有可能也就止步于此。只要环境稍微一发生变化，你学习的技巧就失去了作用，又要重新再来。

比如很多朋友很喜欢中医，买一本《黄帝内经》自学。可是对于中医背后阴阳五行的道理，却没有认真学习。这样学下来的中医，可能药方背得很熟悉，但是其中的道理却不求甚解。遇到了疑难杂症，辨证不明，就会束手无策。之所以不会变通，就是没有掌握中医的底层逻辑，也就是阴阳五行的道理。比如阴阳的特性，先天阴阳和后天阴阳的关系，阴阳的转换，阴阳在生活中的具体应用，等等。

包括我们在生活中也是一样。比如你的工作可能是营销，那么营销的道是什么？销售的底层逻辑是什么？但不管有没有思考过这些问题，可能你都会学习一些销售的技巧。比如如何与客户沟通、如何跟进商机，商务礼仪的知识，竞争的方法等。这些就是术。可即便你掌握再多的技巧，也很难成为高层次人才。因为你掌握的技巧是有保鲜期的，如果行业发生变化，客户发生变化，甚至客户的需求发生变化，很有可能你就会瞬间被废除武功，多年的学习竟然到头来如同南柯一梦。

所以很多朋友在职场中有知识焦虑，就是这个原因。总是在学习，但是好像总是感觉知识不够用。行业的发展越来越快，客户的需求也越来越多。订单越来越难拿，工作的绩效要求也越来越高。倘若我们无法找到学习的底层逻辑，无法找到自己的道，那么这种焦虑将会无处不在地困扰着你。

关于这个问题，心学是怎么说的呢？王阳明讲，"圣人之心如明镜。只是一个明，则随感而应，无物不照。"圣人之所以能无所不知，无所不晓，并不是因为他们事先都思考过，或者是学习过。而是因为圣人的心，如同一面镜子一样，可以照出事情的本质。

这怎么理解呢？能够让事情褪掉伪装，现出原形，听上去就像照妖镜一样。那么实际上是什么情况呢？学习心学，我们知道"无善无恶心之体"——本心没有善恶，但是它有自己的觉知。它就像是一面镜子，本身是不净不垢，不增不减。事情来了，就能够反映出来，事情过去了，也不会再去留恋。有时候我们也说这其实是一种观和照的方法。观就是观察、观想，照就是心如明镜地照。

但是观察并非用眼睛去观，所观的也不仅仅是世间万物。而是要用本心去观，用心去关注观察你的念头，这就是观察中的观。事情来了，念头生起，用心去分辨，去停止杂念。这就是王阳明说的，"随感而应，无物不照"。

而杂念是从何而来呢？就是眼耳鼻舌身意带来的干扰。圣人心如明镜，这个明镜能够将杂念和正念照得一清二楚。也就是说，本心清明的时候，就能够分辨出哪些是杂念，不必理会；哪些又是事情的本质。这正是如同一个照妖镜一般，可以让事物褪掉伪装，剩下的自然就是最真最根本的本质了。

就比如前面讨论的营销之道，用心中明镜来照一照，我们会发现，什么沟通技巧、商务礼仪、人际关系，其实并不是核心矛盾。甚至我们会发现，优秀的营销不等于口才出众。而用本心去观照这件事，去掉表面的这些无关痛痒的因素，我们就会发现：原来营销的本质，就是帮客户解决问题。这才是销售的底层逻辑。围绕这个底层逻辑，你会发现，哪怕你没有做过这个行业，你也能明悟出你工作的重点。

同样的道理，学习中医、易经亦是如此。不管你学习什么技巧、术数，讲来讲去，最终还是会落到两个字上：阴阳。理解了这个道理，后面你要学习的，无非就是补充常识而已，背后的底层逻辑，你其实已经融会贯通了。

所以，如果你的内心有了一面明镜，就能够照出事情的本来面目，可以去伪存真。那么无论你学什么知识，都不会存在障碍。而这个明镜，其实我们每个人都有，就是我们的本心。

但是因为眼耳鼻舌身意的干扰，让这面镜子不够真实，蒙上了很多灰尘。从这个角度来看，心学，也是让我们扫除灰尘、释放本心的学问。

《心经》中开头第一句就是"观自在"。倘若你能够让自己的明镜高悬，透过明镜去观察、观照这个世界，那么你的内心自然能够清静自在。

知行合一中的慧知，就是本心能够观照心念。去伪存真，智慧也就生出来了。无论你是学习还是生活，都能够看透本质，那么这自然就是自在慧知的境界。

035

生死之道，让你的人生不再迷茫

常常听到有同学讲，心中感到非常彷徨和迷茫，不知道自己未来的方向在哪里。每天活得浑浑噩噩，生活无非就是上班下班，回到家就琢磨着柴米油盐那点事，好像干什么都没有意思，完全不知道人生的意义是什么。还有的同学则是抱怨——总是吐槽这个时代充满了欲望，好像什么都是金钱至上，人们变得越来越现实，人与人之间的距离也是越来越远，没有了人情味。所以很多人也越来越怀念那个物质贫乏，但是精神丰满的时代。

这其实是一个很有意思的现象：仔细思忖一下，人们总是觉得，如果有钱了，好像生活就能变得更加快乐。然而时常却又渴望回到慢生活的年代。过去的人们很贫穷，可是很快乐；现在的社会很富裕，幸福感却远远不及从前。但是我们再想想，倘若你一路走来，生活条件没有什么改变，仍然在一个吃大锅饭的工厂里，住着单位的宿舍，穿着朴素的衣服，没有手机，没有电话，甚至黑白电视都是奢侈品。你什么都没有变，改变的只是外面的世界。如此你真的会快乐吗？恐怕很难。

其实生活真正改变的，是我们的内心而已。心中的幸福感下降，感到焦虑、迷茫，都是源于内心的变化。人的一生说长不长，说短不短。你说它很短，可是仔细想想，我们奋斗到 40 岁，人生也不过才过了一半而已——如今的人均寿命，也许再过几十年，过百岁也不是什么稀罕事。可是你说它很长，也不过三万六千天，无论什么时候回头一看，几十年的光阴仿佛就在一瞬间。

更让人纠结的是，我们可能用了几十年才突然发现，原来自己就是一个普通人而已。曾经的雄心壮志，豪情万丈，在时间的消耗中慢慢磨平了棱角。心中的理想早已经渐行渐远，于是你会忽然怀疑人生，不由自主想到，我们这样忙忙碌碌到底为了什么？人生的意义到底是什么？

其实，当你开始思考这个问题的时候，你就离开悟不远了。就像我们常常在课堂中讲，要想学习，首先你要会提问、敢提问。如果你的人生一点疑问都没有，那么也许不是因为你开悟了而没有困惑，而是你还迷失在自己的人生中。

要明白人生的意义，就要从生命的起点和终点来思考，也就是出生与死亡。有一首偈语就提出了这样的思考："未曾生我谁是我，生我之时我是谁。长大成人方是我，合眼朦胧又是谁"。这是清朝顺治皇帝的思考。相传顺治最终是出家落发为僧，就看这首诗的境界，还是很有可能的。

我们有没有思考过生命最初的样子是什么，生命的过程和结束又是什么？王阳明的弟子就有这样的思考。弟子问老师什么是生死之道，王阳明则回答"知昼夜，即知死生。"

这个回答其实包涵了很多层面的意思，甚至于释道儒的核心思想也都涵盖于其中。心学虽然是儒家学派，但是王阳明本身就有很深的禅学功夫。而我们开篇也讲过，心学和理学在很大程度上是相通的，理学则是更多吸纳了道家的内涵。但是不管从哪个角度来说，其实它们背后的道理都是一样的。

从道家来看，昼夜其实就是指阴阳。白昼为阳，暗夜为阴。能知阴阳，就能够明白生死的道理。民间把生与死的空间称为阳间与阴间。这是因为道家讲，人之所以能够活着，全凭一口阳气。阳气耗完，体内只剩阴气了，那么人的生命也就结束了。反过来，如果一个人可以体内只有阳气，那么就会成为道家理论中的神仙。比如说王重阳，重就是重复的意思，阳上加阳。而吕洞宾道号为纯阳真人，全身都是精纯的先天阳气，就是这个概念。

阴阳的理论很简单，一正一反，但是运用起来博大精深。我们在《旁观道德经》中也讨论了道家的一些内容，倘若能理解了阴阳五行的哲学思想，那么看待世界的角度，也会焕然一新。

在这里，心学重点是以修心为重。所以，"知昼夜"还有另一层意思。王阳明接着解释"汝能知昼，惛惛而兴，蠢蠢而食。行不著，习不察。终日昏昏，只是梦昼。"

这一段就是说普通人一天到晚懵懵懂懂，行为举止混乱不堪，把不好的习惯当作是正常，不良的品性也不能察觉，醉生梦死，颠倒黑白，生活就好像是白日做梦一样，这怎么是知道昼夜呢？

这部分内容和《黄帝内经·上古天真论》中一段文字非常相似。内容是黄帝问岐伯说，为什么上古的人都能够非常长寿，而现在的人就这么多问题呢？岐伯就解释道，上古之人，饮食起居都顺应天道，而不像现在的人，把酒当作琼浆玉液，将妄念看作是正常的想法，常常喝醉后却要肆意行房事，如此泄耗人体的精华，又被欲望消耗自己的生命，不知道好好修持回神，只知道图一时快乐，而不加节制。如此逆天道而行，那当然年过半百就已经垂垂老矣。原文是："以酒为浆，以妄为常，醉以入房，以欲竭其精，以耗散其真，不知持满，不时御神，务快其心，逆于生乐，起居无节，故半百而衰也。"

《黄帝内经》成书大约在两千年前。可见几千年来，人们的本性并没有什么改变，一直都是如此，浑浑噩噩。就如庄周化蝶的故事，也是映射人生如梦。《红楼梦》干脆就说"假亦真时真亦假，无为有处有还无"。这都是在告诉我们：心外的一切，都如同梦幻泡影，再多的功名利禄、荣华富贵，最终也不过是过眼云烟，只有内心的平静和明悟，才能够赋予生命更多的意义。

而内心能够保持平静明悟，其实就是"致良知，存天理"。王阳明解释道，"此心惺惺明明，天理无一息间断，才是能知昼"。内心能够保持明悟，时时刻刻都在明心见性，让本心不受到外界的干扰，这样才算是知道昼夜。因为本心长存，不生不灭，所以生死轮回也只是本心经历的一个过程而已。

事实上，每个人都应当去思考一下：死亡到底是什么？人死真如灯灭吗？每个人都有不同的答案。可如果人死如灯灭，我们是不是更应该珍惜当下的一切，更应该在生命结束的时候，能够让自己问心无愧，安然离开。而倘若真有轮回转世，那么这一世也不过是无数劫之中的一个瞬间。人身难得，正法难遇，既然轮回到这一世，那我们就应该好好地炼一炼自己的心，不要让它在未来的轮回中又迷了路。

所以无论你的人生观如何，都应该好好思考一下生命的意义。没有认真思考过死亡的本质，就不会明白生命的真谛。如果当你感到迷茫和彷徨、当你不知所措，不知道自己的未来如何，不妨好好思考一下生命到底是什么。

036

攻吾之短者，鉴定自身境界的磨刀石

前段时间，看到一个段子，虽然不一定正确，但是也有几分道理：据说在办公室挂"舍得"二字的，一般都是爱钱如命的人；挂"天道酬勤"的，一般都是自己懒、爱使唤人的小领导；挂"宁静致远"的，一般都是爱瞎折腾的中年人；挂"上善若水"的，别指望他干啥正经事；挂"爱拼才会赢"的，多半是瞻前顾后的小老板；挂"诚信赢天下"的，小心可能是谎话连篇、道貌岸然的骗子；挂"难得糊涂"的，一个个精得跟猴似的；挂"财源广进"的，那一定是很缺钱；挂"莫生气"的，大多都是暴脾气；挂"正大光明"的，大多一肚子阴谋诡计；在桌上刻"早"的，天天迟到；手上纹个"忍"的，一次都没忍住。

虽然这是一个网络段子，但是仔细琢磨，还是有一定的道理。我们之所以会在最显眼的地方挂上不同的标语，其实就是在暗示和提醒我们；这也许正是我们的短板，我们必须要去克服。就如同古代的县衙大堂之上，总是挂着"明镜高悬"四个大字，可是古往今来，真正的青天大老爷，掰着手指头也能数得过来。

所以很多时候，知道自己的短板是一回事，真正去克服又是另外一回事。这还是知道的情况下。而更多的时候，是我们根本没有意识到制约自己发展的、限制自己智慧的短板是什么。就比如说修心这件事。

首先，心学中的修心，要从立心开始，最终达到"去人欲，存天理"的层次。在这个过程中，知行合一也有不同的境界，层层递进。包括佛家的修行，也有戒、定、慧三学。无论各家学派的方法如何，基本上不是靠顿悟、就是要渐修来实现达到觉知的境地。而即便是顿悟，也只是"知"的功夫到了家，还须有"行"的功夫，慢慢地濡养，一点点地稳固境界。这就是悟后起修。

而倘若是通过渐修的方式悟道，则会常常陷入恍惚之中。刚开始修行的时候还好，很明确知道自己功夫差得太远，似乎有明确的目标。可是稍微入了点门，在知见上懂了一点道理，反而会特别容易迷茫。有时候还容易自我感觉良好，好像是已经悟了道一样，看天下人，心中都有一种超凡入圣的感觉，特别的与众不同。实际则是似懂非懂，并没有真正入门。所以佛学有一句话说："学佛一年，佛在眼前；学佛三年，佛在天边"。

这就是我们常说的，修行是从无知开始，不知道自己不知道。这个阶段是最为顽固的，往往心中有一种"我命由我不由天"的傲气。要么就是恰恰相反，心中战战兢兢，觉得不敢面对生命的真相，选择做一只自欺欺人的鸵鸟。好像不去了解、不去学习，这个世界的真相就与我无关。

其次则是在修心的过程中，有机缘看到了一些真相，开始知道自己不知道。发现原来这个世界，有很多的地方和自己想象的不太一样。如此开始有了欲望去了解真理，有勇气决定要改变自己、改变生活。这时候才开始正视自己的内心，于是四处寻找方法。但是这个阶段的风险也是最高，很容易遇到一些盲师。他们要么沽名钓誉，要么夸夸其谈、危言耸听，目的就是聚敛钱财。如果不能明察，那么很容易误入歧途。

而我们同学在这个阶段修心的时候，也往往容易出现错觉。跟着老师学习了一段时间，好像什么都明白了，但是自己的境界到底如何，却不自知。道理都懂，就是不会用。这其实也和我们在前面讲到的知识焦虑时面临的困惑一样。

王阳明的弟子就此请教老师，"看书不能明，如何？"——看了半天书，可是就是不会运用，这应该怎么办呢？王阳明就言道，"此只是在文义上穿求，故不明。"意思是说：如果你只是盯着文字表面的意思，纠结思考得再多，也是无法获得其中的真理。借用佛家的话来说，就是着了文字相。

佛家讲，不要着相。道是要悟的，本心是要悟的，能写出来、说出来的道，都是一种方便法，都是比喻、类比。如同水中月，镜中花，看上去可以以假乱真，但它们终究不是真的。文字也是一种相，它们所表达的，并不是文字本身的意思，你要透过水中月，镜中花，去参悟真正的"月"和"花"。

就像很多做文字功夫的学者，特别喜欢纠结什么这个版本的《易经》，那个版本的《道德经》。有时候甚至危言耸听，宣扬所谓一个字变了，一本书的核心思想都变了。其实这就着了文字相。我们悟道想要不着相，那么就应当对文章的思想通篇去思考，去参悟经典背后的"道"是什么，而不是去纠结个别字的差异。《道德经》文字再有问题，也不会背离其背后道家文化的本质；正如周易爻辞卦辞再有问题，也脱离不了阴阳二字。

事实上真正的玄学，不会太过关注爻辞卦辞，所以我们没必要太过纠结于文字的内容。就连佛陀释迦牟尼都嘱咐弟子，不要管谁说的法、说的什么法，只要依法不依人，依义不依语，依了义不依不了义，依智不依识，那么这就是真理。而这正是著名的佛家四依法。

同样的道理，当我们开始迷茫，不知道自己的境界如何，或者是不知道老师的境界如何，也可以用这样的方法来判断。不管是谁、说得如何天花乱坠，只要看看他讲的有没有道理，符不符合根本逻辑。无论他说的解脱之法也好，还是修心炼心的方法也罢，是不是，并不是依赖于某个老师的名气，并不是名师就一定正确。而是要依赖于你的本心去辨别真假。不管他说自己的境界有多高，只需要观察他的行为如何？是否已经不会生出什么嗔怒之心，能不能做到和光同尘，有没有什么不良嗜好，等等。

倘若我们自己觉得好像修心的功夫还不错，你看我现在见谁都面带微笑，别人说什么我也不生气，不抽烟不喝酒，清心寡欲，孝顺父母。如果是这样的表现，那只能说明修心功夫的确有进步。可是这是没有遇到事的情况下。当遇到任何事情，还能恬淡自然，保持本心清明，那才真的是住在这个境界之中。

比如一个以廉洁自诩的人，忽然被人指责贪图便宜；或者以孝顺著称的孝子，却被人说不忠不孝；你明明很努力工作了，却被领导认为消极怠工；明明对爱人毫无保留，却遭到对方的不信任……这些情况发生时，你是否还能恬淡自然，还能够保持理智，心中没有生出任何嗔怒来？

这才是考验你真正境界的时刻。当遭遇这样的场景时，你是如何思考的，其实这就是你境界的体现。如果你的怒火瞬间被点燃，那么就说明平时的工夫，都住在文字相中，一点也没有修到心上去。我们常说"不怕念起，就怕觉迟"，这时候念头已经起来了，还失去理智，就说明我们连察觉的功夫都还没有达到，也就是观照的功夫还没到家，那么就要注意多去练习观照的功夫。

而如果你觉察到了自己的负面情绪，但是感觉控制起来很吃力，需要忍耐，需要克制，那就说明虽然有了观照的功夫，可是对于我执他执的执着还是没有放下。本心虽然能够至善至恶，但是为善去恶的功夫还差了一些。

面对这样的场景，王阳明是怎么做的呢？他是以"攻吾之短者是吾师"的心态去面对：能够攻击我的短处，还能够让我的心蠢蠢欲动的，这不正是我应该好好用功的地方吗？正好可以将对方看作一面镜子，照出我的短处。又可以把对方当成一块磨刀石，来磨砺自己的内心。如此看来，能够指出我的问题的人，或者能够让我有嗔怒心的人，正如我的老师一般。这样一想，哪里还会生气。还没生气，就已经止住了。这就是"未发之中"。

所以我们也可以通过这个方法，来看一看自己的境界到了哪里。真正的得道开悟的高人，是和光同尘、恬静淡然的人。如果你看他的气质或是眼神中，还有很强的攻击性，或者是锋芒毕露、咄咄逼人的状态，那很有可能就是还在文字相、外相上打转。什么时候神光内敛，就如同"呆若木鸡"故事中神光内敛的斗鸡，那时候也就离开悟不远了。

那么如此看来，我们不妨问问自己：我的心境，现在到了什么境界呢？

037

心学和佛学的渊源，致良知是空虚的学问吗

我们在阅读心学的典籍，包括了解王阳明的传奇经历时，都会有一种感觉，那就是王阳明与佛学的渊源极深。比如王阳明儿时曾随祖父路过金山寺，就写下诗句"山近月远觉月小，便道此山大于月。若人有眼大如天，当见山高月更阔"。虽然词句描述直白，但是非常有禅理，颇有几分佛家偈语的意味。

而相传多年后王阳明身居高位，又一次来到金山寺。故地重游之时，忽然感到很多地方是似曾相识。当他经过一间尘封已久的禅房时，心念一动，于是便要求驻寺的小沙弥打开禅房。小沙弥很无奈地解释道："这金山寺大大小小的禅房，大人您都可以进去，唯独这间不行。因为这里是五十年前，寺里的一位得道高僧圆寂的地方，真身还留存于房中。"

可是王阳明仍然坚持要一探究竟。无奈之下，小沙弥不得已开了门。哪里知道进去一看，王阳明不由得大吃一惊。只见这禅房中圆寂的高僧已经成了肉身菩萨，金身不坏。可再仔细一看，高僧的容貌竟然和王阳明是一模一样。而在一旁的墙上，还留了一首诗："五十年后王阳明，开门犹是闭门人；精灵闭后还归复，始信禅门不坏身。"

当然，这只是王阳明诸多的传奇故事之一。至于他究竟是否是那位高僧转世轮回，我们终究不得而知。但是王阳明和佛学的渊源之深，由此也是可见一斑。包括心学中讲到，"心即理，心外无物，吾心即宇宙，宇宙即吾心"，听上去与佛学中的"色即是空，空即是色"的理念极其一致，似乎只是换了个葫芦装老酒而已。而"去人欲，存天理"，"格物致知，致良知"等学问，又似乎和佛家的明心见性并无差异。

于是就有人质疑心学，比如王阳明的朋友——从小一起长大的挚友顾东桥，写信说："恐立说太高，用功太捷，影响谬误，未免坠于佛氏明心、见性、

定慧、顿悟之机。"意思是说心学过于高深莫测，用功的方法又太过精巧。这样不免会陷入佛学中的明心见性、戒定慧、顿悟等空虚不实的理念中。

包括现在也有很多朋友学习心学，学着学着也有这样的困惑：怎么好像在学佛学一样？而我们在前文章节学习中，也常常借助佛学的概念帮助大家理解心学。那么心学和佛学是否别无二致呢？若有区别，它们之间的区别又在哪里？

首先我们要结合王阳明当时所处的时代去理解。自汉武帝罢黜百家，独尊儒术之后，儒家千百年来，就一直是主流的学派，是官方认可的教育大纲。所以若论儒家的地位，自是无人可及。虽然南北朝以及武周时期，佛学也曾一度有过鼎盛的时代，但是很多人对于佛学、道学还是不甚了解。于是人们总有一个粗浅的概念：佛学就是遁世的学问，道家则是修仙的功法，而儒家就是通往功名利禄的敲门砖。

王阳明这位好友也不例外，认为佛学就是不切实际地空虚顿悟之流，而你王阳明的心学，讲什么"格物致知，致良知"，这不就是和佛学一样，沦落到了这种消极遁世的学问中了吗？

不光是顾东桥有这样的想法，在现代也有很多朋友，认为佛学就是消极遁世的学问——处处都说空，动不动就让人戒这个戒那个。这好像又和心学的"去人欲，存天理"没什么区别。也无怪乎我们的同学会感到困惑，学习心学似乎学成了佛学。

其实不管是佛学还是心学，最终讲的都是世界的真相而已。只不过佛学更多的是从调心、修心的角度出发。同时由于佛学经过数千年的演化和传承，理论体系浩如烟海。佛学站在超脱的角度观察这个世界，既讲渐修，也谈顿悟。虽然佛学说"空"，但是真实的修行者只是眼空、耳空，心却不空。只是佛家追求了脱生死、超越轮回，讲究本心不动、观照世界。但是一个真正的修行人，即使没有达到圆满的境界，就算是在做官，或是从事普通工作，他也绝对一点都不马虎，认真对待当下的事情。

再说得直白一些：修行者是以一种旁观者的角度去看待世界。如果你不需要他，他绝对不会主动出手，但是假使环境需要他做点什么，那么他也会义不容辞，挺身而出。至于说有些修行者对世事表现出来的漠不关心——甚至无论世界如何变化，都只是冷眼旁观，无动于衷，这其实是一种误解。要么是某些修行者修偏了方法，要么就是文艺作品对于修行人的一些误读。

相比较而言，心学更接地气一些。王阳明针对顾东桥的指责，回信解释，"区区格致诚正之说，是就学者本心，日用事为间，体究践履，实地用功，是多少次第、多少积累在，正与空虚顿悟之说相反。"什么意思呢？王阳明解释道，在下的格物致知、致良知的心学，是大家天天要去思考、要去学习的学问。是发自本心、脚踏实地地去实践的功夫，怎么能说是什么空虚顿悟不切实际呢？

这里面存在几个问题。首先是大家对于"空虚"的概念理解有误。佛家讲的空和虚，还有心学中所说的心外无物，并不是指客观世界都是不存在的、都是假的。而是一种相对的空、相对的假。因为本心长存，是不增不减、不净不垢的。那么不管人的躯壳如何变化，本心均是天地之间根本的道，它是永远不会变化的。因此相对于本心的永恒，外界的环境终究会经历成、住、坏、空的变化过程。所以如果把时间的尺度拉长来看，客观世界是一直在变化的，没有什么是永恒的。从这个角度来观察世界，万事万物都是"空"也没有错，终究会如过眼云烟一般灰飞烟灭。

其次则是关于顿悟的理解。任何一门学问，面对的人群不同，大家理解的能力就不一样。有的人可以无师自通，但是有的人就是不开窍；有的人擅长文科，有的人则是擅长理科。因此教育学习要因材施教。就像闹革命：你说资本主义是万恶的，很多普通老百姓可能听不懂。可是换成"打土豪，分田地"，立马就有很多人愿意干革命。每个人的资质和根器不同，要用不同的方法去引导人们实践真理。

而即便是佛学，也不是都讲顿悟的。禅宗在南北朝，包括南宋时期，都喜欢用当头棒喝的方式来让人顿悟。但是如今流传最广的，却是念诵佛号的净土宗。只要念佛能念到一心不乱，就能往生极乐净土——《佛说阿弥陀佛经》的原文："是人终时，心不颠倒，即得往生阿弥陀佛极乐国土。"这就是渐修的法门。之所以能广为流传，就是因为它实践起来最简单，最容易。

心学虽然也是强调炼心修心，要"格物致知，致良知"，可是王阳明用"知行合一"四个字，就让大家明白了心学的核心思想是什么。而今天再进一步总结"红尘无处不炼心"，我们就很容易理解在现实生活中，应当如何炼心、修心：当有人来攻击你的时候、当你的情绪生出来的时候、当你心乱如麻，心情压抑，愤怒、忧伤、喜悦等，都是炼心的最佳时机。

所以在《传习录》中，王阳明回复顾东桥，解释说心学不空，更不虚，它讲究要在生活中实践。要去积累，要把本心所悟到的东西运用到生活中去，真真正正地可以解决我们方方面面的问题。

比如你情绪不对，那么通过格物致知，找到"未发之中"，就能明白负面情绪的根源在哪里。你如果是学习找不到方向，那么通过心学的格物，就能明白事情背后的道是什么。由此入世则为治世之能臣，出世则可明心见性。

这样看来，佛学与心学，从最根本的本质来理解，并没有区别。大家钻研修持的，是一个东西，都是为了找到本心。而本心即良知，殊途同归。但是在真正修持的方向上，彼此思路不同，佛家要息因果，儒家则是要养浩然正气。所以佛家选择避世，目的就是为了少结因果。但这并不代表佛家不会入世，譬如没有剃度的居士大有人在。在家修行还是出家修行，关键还是在于心。

心学则是提倡在事情上炼，修身、齐家、治国、平天下。但它背后的基础，则是要"致良知，知行合一"。如此才能够将身修好、把家维系好，才能有格局、有能力去治国平天下。从这个角度出发，心学似乎更贴近我们的生活。

但不管是从哪个角度修心修己，最基础的目的，还是为了能够活得更加通透，远离烦恼，远离颠倒梦想，洞悉生命的意义。而这一切，最终还是要回归到现实的生活中，帮助解决实际的问题。

所以倘若我们学佛或是学习心学，变得不食人间烟火，满口佛言道语，那么很有可能已经误入歧途，变成了别人眼中"空虚顿悟"和不切实际。

038

区别善恶的根本，在于本心

心学的根本，是要格物致知，致良知，最终能够心若明台。而格物到致良知之间的关系，王阳明用了四句教，诠释得非常精准，"无善无恶心之体，有善有恶意之动，知善知恶是良知，为善去恶是格物"。由此我们会发现，学习心学，有时候可能就在于如何理解善恶二字。对善与恶的态度，或者说是格物的方法，会直接导致我们在格物的过程中，离本心是越来越近，还是渐行渐远。

比如在本心来看，对于善恶本身，世上本来没有什么善恶好坏。就好比气味，你喜欢的味道，别人未必喜欢。有的人觉得香烟的气味无比亲切，可是有人一闻到烟味就犯恶心。人类闻到的香水，对于昆虫可能就是毒药。所以气味本来没有善恶美丑之分，但是我们之所以分出了善恶，就是因为躯壳的作用，让我们的"意"产生了区别，如此就有了善恶。

在这里还比较好理解，可是有的同学在"知善知恶"和"为善去恶"方面，就容易顾此失彼。譬如对于同一件事的判断，什么是善，什么是恶，我们可能在大多数情况下，只能认为对我有利的，就是好的、善的。或者再延展一些，符合公序良德的，就是好的、善的。也就是，法律允许的就是对的，法律不允许的，就是错的，所以只要在法律允许的情况下，对我有利的，就是善，反之就是恶；更不要说法律不允许的范围，那必然就是恶之所在。

如果这样简单地去理解，就已经背离了心学的本义。要记得"知善知恶是良知"，良知才是我们判断善恶的标准，而不是法律，更不是利弊。良知是本心的自性体现，换言之，我们判断一件事是善是恶，既不能依靠外界的条件去下结论，也不能凭借自己的喜好去判断。

倘若我们认为法律允许的、对我有利的就是好的，那么不要忘了，法律在不同的时代，它的边界也是不一样的。如果在民国时期，大家都是如此判断善恶，那么哪里还有什么中华人民共和国？人们也不会去抛头颅、洒热血地投身于革命。共产主义曾经在很长一段时间，在民国的法律中就是违法的、不利的。那么难道说，在当时来看，反革命倒行逆施的行为是善，而革命先烈反而成了恶吗？显然不是这个逻辑！

再比如说，即便当代社会身在职场，我们如果看谁不顺眼，就暗地里打小报告，或者在工作中去故意给人家穿小鞋。从自己的角度上，这样似乎很爽，也不违反法律。那么难道这就是善吗？也不是！所以自己的喜好、得失，都不是我们判断善与恶的标准，唯有本心的良知才是。

于是又有同学提出疑问：做事情是否只要做到问心无愧，就是对得起良知，是否就是善念呢？这样理解，就是把良心和良知划了等号。良知是本心自有的智慧、感知，而良心则是一个人受到教育、家庭环境的影响，在后天形成的一种认知。倘若认为问心无愧就是致良知，那么这样的认知是有问题的。

譬如有的人生来就有反社会人格。对于他们来说，报复社会没有一点心理负担。再比如很多人从小接受的观念就是出门在外不要吃亏，宁可我负天下人，也不能天下人负我。站在他的角度，坑蒙拐骗都是正常操作，只要自己的利益不受损，哪管背后是洪水滔天，也与我无关，照样可以心安理得。在他的心中，不会有半点的愧疚，甚至认为这就是善。因为对自己有利。但是这真的是善吗？显然并不是！

所以这样看来，当我们格物致知的时候，要分清楚何为善，何为恶，是不能凭借自己的喜好或者是利与害去判断的。而是要从良知出发，从本心出发，去格物致知。"知善知恶是良知"，倘若你还无法分辨善恶，那说明本心的良知还没有发挥它的作用。既然如此，那么我们在格物的时候，良知未现，又怎么去致良知呢？如何才能做到从本心出发，为善去恶呢？

这里似乎存在一个悖论：为善去恶是格物，格物需要致良知，要借助良知才能判断什么是真正的善恶。可是良知不现，就无法分辨善恶，又怎么去为善去恶呢？就好像你的钥匙被锁在了家里，请了锁匠来帮开锁，但是锁匠说，你必须有身份证明，才能开锁。可是只有开了门，才能拿到身份证明。

于是这就陷入了逻辑悖论中。

我们在红尘中炼心，就是因为本心受到蒙尘，良知也时常被埋没在各种俗事之中，如何才能找到正确的方向呢？其实我们在一开始对心学的解读中，就已经给出了基本的方法：这就是不要忘了立心之说。

当你无法判断一件事是对是错、是善是恶的时候，那么首先想一想，这件事情会有什么样的后果，千万不可有侥幸心理，认为概率小就不会发生，或者认为法不责众；要笃信一点，你做了什么恶，就会得到对应的果，这就是敬畏之心。

其次可以想一想，这件事真的值得你生气，或嫉妒、攀比吗？一定要比对方强才能证明你真的了不起吗？你看不惯的那些人与事，能改变他们吗？你感受到的委屈、不平，哪些是这个世界的本来面目，哪些才是你真正应当反击的呢？立平常之心，就会让我们看穿什么是真相，什么是值得我们坚守的底线。

包括我们常常会遇到一些挫折和坎坷，都是在我们的人生规划之外。它们会让人压迫、烦恼、抑郁，同样也让人无奈。天有不测风云，人有旦夕祸福，我们常说要珍惜当下，因为你永远不知道意外和明天哪一个会先来。世界没有什么是不变的，计划得再好，也不可能算无遗策。就连易学也说"大衍之数五十，其用四十有九"，天道也会隐遁去一个"一"，由此变化莫测。

常言道，人算不如天算。既然如此，尽人事，听天命就好。这就是无常之心。做了计划，安心执行就好。计划只是一个规划，并非未来确认一定会发生的事情。再简单点，把眼下的事情做好，对未来不要太多期待。把期待放在当下的每一刻，这样你的人生就不会再纠结了。

同样的道理，老吾老以及人之老，幼吾幼以及人之幼；己所不欲勿施于人。自己都不喜欢的事情，就不要去要求别人。自己无法做到的事情，就不要对别人苛求太高。有时候就算是自己很擅长的事情，也不能就认为别人一定会做得好。

比如完美主义者，或者有偏执心理的人，就容易陷入这样的心理中。尤其是在管理岗位上的朋友，往往事必躬亲，就是因为无法忍受下属的不完美。但是人人都有短板，也有自己的优势。以前流行的管理理论是短板理论：一个人能力如何，就如同水桶能盛的水多少，不取决于木桶其他的木板，而是木桶最短的一块木板。

这其实又是一个毒鸡汤。没有人是样样都行的。一个人的能力，往往会突出表现在某一个方面，不需要是一个完美的人。团队也是如此，没有必要每个人能力均衡，而需要大家可以能力互补。就算是一支特种兵小队，也是有狙击手、侦察兵、爆破兵等各种角色组成，只有各尽所长，才能发挥出最大的战斗力。所以要有同人之心，不要以偏概全，不要有偏见。如此我们就能够更好地理解这个世界。

善恶虽然是相对的，但是它也有最基本的原则：那就是以良知、而不是良心为判断标准。如果再具体一些，可以说在保护自己本心的前提下，不妨多无私一些。其实这就是良知的准绳。

无私，也就没有了"我"的意识的羁绊。既然无我，那么一切也都是我。所谓"我即众生，众生即我"。本心自然而然就会浮现出来，良知也就会发挥它的作用了。

039

知易行难，是因为知行搞错了顺序

王阳明的心学能够流传于世，很大一部分的功劳，要归功于《传习录》。《传习录》这部经典，是王阳明的弟子将老师的言教、书信整理成册，让人们能够传阅传承。学而时习之的一部笔记，因此名为《传习录》。

在《传习录》中，我们常常看到弟子们有各种各样的问题请教王阳明，而这些问题也正是我们平时经常会遇到的困惑。此外，《传习录》里还记录了来自外界的各种质疑。毕竟在程朱理学大行其道的时候，王阳明横空出世，指责理学不够完美，还有很多漏洞，这让朝堂之上的大儒们情何以堪。好在王阳明本来也属于主流学者，有深厚的家学渊源，这才不至于让人当成离经叛道之徒。

即便如此，还是源源不断地有学者写信过来，态度好一点的是质疑，或是探讨；态度差一些的就是直接责问，甚至是责骂。就比如在前文中，谈到佛学和心学的异同，就是来自王阳明的儿时好友顾东桥发出的诘问。当然因为二人私交不错，所以顾东桥还是比较客气的。在信中先是寒暄一二，讨论了一下关于佛学和心学的关系，紧接着顾东桥就开始发难。而他发难的点，就在于心学的"知行合一"。

顾东桥毫不客气地批判道，"所喻知行并进，不宜分别前后，即《中庸》'尊德性而道问学'之功，交养互发，内外本末，一以贯之之道。然功夫次第，不能无先后之差，如知食乃食，知汤乃饮，知衣乃服，知路乃行，未有不见是物，先有是事。此亦毫厘俟忽之间，非谓有等今日知之，而明日乃行也。"

这是什么意思呢？顾东桥讲，你不是说要知行合一吗？知与行应当同时进行，不应该区分先后。就如同《中庸》所言，要致良知，格物致知，二者必然是相辅相成。致良知是内在的功夫，格物致知是外面的修为，这都是不可分割的。这个道理我们懂，但是真正在做功夫的时候，还是必须有一个先后次序。比如我们要去吃饭，那你肯定是知道这是食物才去吃，知道这是汤才去喝，知道是衣服才会去穿，知道是路才会去走。而不是还没有这个认知，就直接去做的。当然这个知前行后，可能也就是一瞬间的事情。虽然如此，那也还是有个先后顺序。所以我们是不是应该先去修行这个知，然后再去在实际中践行呢——当然这是顾东桥的言外之意了。

其实我们在学习心学的时候，自己也常常会有这样的困惑。但是它所表现出来的样子，却是另外一回事。比如知行合一，事实上往往是知易行难。明明知道这件事不应该做，但是就是控制不住自己。就好比如果人人都能知行合一，那么老中医就应该个个都长寿，因为没有人比他们更懂养生的道理了。然而事实却是，虽然中医理论上讲七情六欲会伤身——怒伤肝、喜伤心、忧伤肺、思伤脾、恐伤肾，可脾气暴戾的人多的是，性格执拗的人也比比皆是，执着于名利之间无法自拔的，同样大有人在。如此这般又怎么能保持心平气和呢。

如果这样看来，好像知和行的确是有个先后顺序，不然怎么会明明知道了，却不去做呢？顾东桥的问题应该是没有错，毕竟我们生活中的经验好像也是如此。那么王阳明是怎么解答这个问题的呢？《传习录》中记载，王阳明给顾东桥回信讲道理说，老兄啊，你已经说了内外的功夫，要一以贯之，这不就是知行合一的道理吗？怎么还能自己把自己搞糊涂。

就说说你举的例子，人是知道了这是食物就会去吃？知道了这是汤就会喝？知道了这是路就一定会走吗？如果真的这样的话，那你要是走到了美食街，岂不是要把自己撑死？显然不是。我们一定是有了那个想吃的心，才会去吃，有了想走路的心，才会去走路。同时有了想吃东西的心，第一个行为并不是立刻就吃，而是开始寻觅食物。这才是和"知"并发的"行"。

至于说知道了这是食物，不等于你知道了食物的味道好坏，肯定是要吃到口中，才能分辨出味道。走路也是一样，不可能躺在床上，看到了地图，就立马要起身去把地图走一遍。而是你有了这个想要走路的心，于是同时也就开始了要去走路的行为。至于你说的知与行的先后顺序，往往就是一瞬间的体现，其实还是因为你洞察得不够精细，也就是格物致知的功夫还不到家。

这个道理我们反过来看，就非常清晰。为什么你明明知道这件事不好，但是就是控制不住自己不去做呢？自律性很差，拖延症严重，说白了，就在于你的认知还是停留在知识层面的"知"。而不是真正有了这个"心"。就如王阳明所说，食物就摆在那里，但是你如果没有要吃食物的心，是不可能见到食物就去吃的；虽然你可能知道食物很美味，但是没有生出吃这个心，那么最多也只是在大脑里想一想而已，并不会真的站起身去做吃这个动作。

让自己变得更好方法就在那里，可是没有生出真正想要改变的心，那么你的行为是不会改变的。我们也可以通过这样的逻辑来判断：你到底有多希望自己能够变得更好，究竟仅仅是停留在脑海中的幻想，还是有一种迫不及待的紧迫感。很多人其实都是这样的情况，对自己的现状并不满意，觉得收入不高，环境不好，家庭不和睦，身体不健康。总会有各种烦恼来打断自己的生活，可是真的有变的方法，事到临头，却总是瞻前顾后，左顾右盼，就是没有行动。

最明显的表现，就是人们总是会有这样的念头：一开始觉得这件事不错，于是在心里暗暗下定决心，从明天开始就改变。可能还会制定很多计划。仅仅如此还不够，可能还会下载一堆 App 软件，帮助自己履行计划。也许刚开始的确能坚持几天。可是要知道，其实改变是一件很痛苦的事情，是在和人性中的懒惰与贪婪作斗争。意志稍微薄弱一些，通常用不了几天就会败下阵来。于是慢慢地开始有了新的念头——这件事做起来太痛苦了，要不明天再开始。然而明日复明日，明日何其多。计划就这样虎头蛇尾，半途而废。不知不觉中你的人生又回到了原点，始终在原地轮回。

其实这就是知易行难的原因，从本质上看，并非知道容易做起来难。从心学的角度看，是知难行易——"知"才是真正最难做到的事情。因为这里的"知"，是良知，是要能够令你发心、动心的"知"。比如空气很重要，这大家都知道。可是失去空气的感觉，只有你曾经真的窒息过，才能体会到它的意义。有时候只有亲身经历一下，彻底地体会道理背后的感受，你才能明白它的真正含义，才会从知道上升到认知的层次。

但是生活不可能让我们事事都去体会去经历的，所以我们就需要通过修心、炼心，去感悟你没有体会过的感受。只有你悟到了那个过程，悟出了其中的道理，你才能做到真正的"知"。有了这个"知"，"行"就容易多了。就好比你被开水烫过，下次才会发自内心地注意安全。可是我们都没有吃过砒霜，为什么不敢去吃呢？这是因为砒霜是剧毒，会致命，这个认知已经深深地印在了我们的内心中。

如果你真的想要让自己变得更好，那么首先要深刻地去认知什么是好，什么是不好。要从内心深处生出要改变的心，否则你只会日复一日地在幻想中努力奋斗，而现实的生活却没有任何的变化。

知与行，没有先后。有了知，就必然会有行。你心中虽然有了要改变的"知"，但是之所以还没有行动，是因为在潜意识中，还有另一层面的"知"，在告诉你努力未必能成功，躺平却真的很舒服。这就是知易行难的真相。

想要变得更好，就要和潜意识中的这层认知去博弈。这里面又涉及了信念和去人欲的问题。我们在后文中继续学习讨论。

040

改变最大的障碍，修行的不同层次

在上一章的内容中，我们学习了到底是知易行难，还是知难行易。很显然，我们总感觉道理都懂，但就是做起来很难，这就是知易行难。从经验上来判断，好像绝大多数的情况都是如此。然而，倘若这样理解，其实就是对"知行合一"的认知出现了偏差。

而这个认知上的偏差，其实就是顾东桥的疑惑。在他看来，知与行是有先后顺序的，必然是先有知，而后才会有行动。这样的认知，就和我们普通人差不多：你一定是有了想要改变自我的认知，然后才会制定计划，并且去实践。可是你会发现，往往问题就出在实践上。有时候计划想象得很好，可惜就是落不了地，原因就是对知行合一的理解不到位。或者用王阳明的话来说，格物还没有到入微的境界，忽略了知与行其实是并行的。

换言之，之所以计划落地困难，其实还是因为你对将要做的这件事，并没有达到深层次的认知。譬如你想要减肥，可是将控制美食与躺平相比，眼下舒适的状态，好像更能控制你的意识。就好像很多人天天抱怨单位这里不好、领导那样愚蠢，同事又是如此地难以相处。可是真的打算辞职跳槽，又好像换个地方承担的风险更高。于是一边怀着对现实的不满，一边又畏惧着改变带来的未知，不得不忍耐着现状的压抑，日复一日，不断重复自己不满的人生。大多数人一生就是如此，在不知不觉中蹉跎了岁月。归根到底，还是对于改变的认知不够清晰。倘若未来能够清晰可见，或者无论人生的剧本如何发展，都能了然于心。当认知到了这个程度，你要做出改变的决心，其实并不是什么难事。

所以说，我们不要再说道理都懂，就是做起来困难。其实道理你并没有懂，只是简单知道了而已。听懂了里面的逻辑，但是并没有理解背后的道和理。如果真的懂了，做起来只是顺水推舟的事情。

可是想要达到真正的认知，其实还有很多障碍。最大的障碍，就是很难产生坚定的信念。很多时候，我们从懂得这个道理，再到真正领悟它的距离，其实差别就在于信心的多寡而已。比如你可能好不容易下决心要改变自己，从每天读一会儿书开始。可是当你坚持了一段时间后，发现事情的发展似乎和你想象的并不太一样，说好的智慧并没有如期而至。这个时候心中就会浮现出各种想法，也许我并不适合读书，也许读书并不会让我的生活改变什么……毕竟你的过往并没有这样的成功经验。于是计划就如此戛然而止。

同样的情况也会发生在各种各样的场景中。当你想要做出改变，而对改变结果的怀疑，恰恰就是改变本身最大的障碍。更有甚者，只要真理超出他的认知范围，就会一概不信，更谈不上虚怀若谷、虚心求教了。

《道德经》中把对于真理持有不同态度的人，分为上士、中士和下士，所谓"上士闻道，勤而行之；中士闻道，若存若亡；下士闻道，大笑之。不笑不足以为道。"

上等根器的人，听到了正确的道理，立刻将之视为自己的行为准则，勤加练习。中等根器的人，则是半信半疑，通常都是对自己有利的就信，对自己不利的就心存疑虑，瞻前顾后，左顾右盼。而下等根器的人，就算是真理摆在眼前，也会嗤之以鼻。就好像一个家徒四壁的穷人，明明没有什么值得别人觊觎的东西，却还天天怀疑别人要来图谋他什么。所以即便是看到了真相，也是极尽嘲讽之能，心中却还洋洋得意，认为自己没有受到蛊惑。

自我改变，是一件非常困难的事。并不是真理有多难懂，而是大多数人表面上认同真理，但在心中的态度，却是如下士一般，只不过没有表面上大笑，而是在内心中暗暗腹诽。就好像我们都知道生气并不是一件好事，说起来大家都懂，可是真到了炼心的时候，可能你就会心中暗想，事情不是发生在你身上，当然你可以站着说话不腰疼了。什么生气好不好的道理，早都抛在了脑后。仔细想一想，这与"下士闻道，大笑之"，本质上有什么区别呢？只不过有时候不是大笑，而是在心中大骂罢了。

这是普通人面对改变的三种心态。那么拥有"上士闻道，勤而行之"的心态，就能够达到知行合一、致良知的境界吗？王阳明通过对孟子思想的解读，又向我们揭示了在此之上的三重修心的境界，为我们指明了格物致知的方向。

首先是"夭寿不二，修身以俟"。这是什么意思呢？夭是指短寿，比如夭折，就是形容幼儿早亡；寿则是长寿的意思。"夭寿不二，修身以俟"，就是指无论生命长短，求道之心始终不变，本心都能安分守己，静候天命。

表面上看，这似乎是非常的潇洒自如，已经不在乎生命长短了，一心只是尽人事、听天命而已。然而王阳明却认为，这只是达到了学者的境界，仍然还是停留在知识的层面，并不能真正做到"从心所欲而不逾矩"。因为心中还有一个生命长短的分别，还在听天命，而不是知天命。孔子就言道，"不知命，无以为君子"，不懂得天命的人，连君子的标准都达不到。这里的天命，其实就是本心、本性，就是天道。

倘若只在文字上打转，没有实践，那么只能"修身以俟"。由此王阳明认为这样的人，虽然也算是有悟性，但是也只是达到了学者的程度。借用知行的五个层次来比较，也只是到了自知的阶段。

比学者自知的境界要更进一步的，是慧知。孟子的解释，是"存心养性事天者，学知利行，贤人之事也"。到了慧知，就是贤人的境界。古人把人分为五等，分别是圣人、贤人、君子、士人、庸人。能够做到"夭寿不二，修身以俟"的，勉强算是君子，能够存心养性事天者，则是已经到了贤人的境界。而贤人之所以还没到圣人的境界，就在于"存心"和"事天"。

王阳明认为，倘若你已经拥有了智慧，分得清什么是心，什么是天，但是还要存这个心。也就是说本心悟得还不透彻。就好像神秀禅师，认为心还需要"时时勤拂拭，莫使染尘埃"，因此这个心就还没有空，还没有彻底悟透何为本心。因为"吾心即宇宙，宇宙即吾心"，心是不增不减，没有受到任何影响，根本不需要存心养性。既然如此，还要去存去养，那就是境界不够。

同样在这个境界中，还要去"事天"，即以天为君，把自己当作臣，那么同样没有做到天人合一。这样来看，相较于"去人欲，存天理"的要求，就还差了一点。人欲没有去干净，"致良知"也没有完全和良知合二为一，自然就不能说到了圣人的境界。

真正的圣人，也就是认知达到了觉知的程度。此时应当是尽心知性、知天。所谓尽心知性——这才是真正的致良知，明心见性，是指无论外界怎样变化，如何干扰，始终都能住在这个境界之中，因此可以从心所欲而不逾矩，这才是知行合一的最高境界。

所以这样对照下来，我们会发现修心是"路漫漫其修远兮"。就算我们做不到圣人，但是也别作一个庸人。尤其是对传承了几千年的传统文化不要有轻视之心。比如，当你心中觉得传统的都是落后的、迷信的时候，不妨多了解了解再下结论。而人生的改变，可能就发生在任何一个时刻。

041

什么是主一之功，专注就能悟道吗

知行合一，这四个字看上去简单，道理似乎也很容易理解。它自始至终贯穿了心学的上上下下。我们可以看到，心学的功夫，不是在探寻这个"知"为何物，就是在讨论关于"行"的各种功夫，也就是格物致知的生活实践。二者合二为一，则是讲了知与行没有先后，不分次第，必然是知行并举。但是关于知与行孰先孰后这个问题，有很多人理解不深刻，于是产生了前文中顾东桥这样的困惑：认为知与行好像必须是有一个先后顺序，哪怕看上去是一瞬间发生的事，但是实际上背后的知与行仍然有个先来后到。

我们向王阳明学习，得知了我们之所以会认为知行有先后，是因为洞察内心的变化还不够精细，才容易有知易行难的感觉。真正的知行合一，是只要有了"知"，便会有"行"。行为不到位，必然会产生各种问题，是"知"的层面出了问题。认知到了什么程度，行为就会在哪里。如此看来，其实并不是知易行难，而是知难行易，其中最大的障碍就在于认知的层次。

所以我们炼心，就应当去努力提升自己的认知。可能刚开始我们的认知比较浅显，只能处在盲知、自知的状态。但是不要紧，只要持之以恒地去用功，去格物致知，那么你的认知必然就会慢慢地深入，直到达到慧知、觉知的层次。一个人的行为也是慢慢变化的，就算是顿悟的高人、贤人，也只是暂时突破了知识层面的障碍。要想真的达到圣人的境界，仍须刻苦用功。

那么究竟该如何刻苦用功，才能不断地精进修为呢？其实我们在讲到顾东桥写信责问王阳明的时候，关于知行是否有先后、炼心是不是空虚之学这个问题，虽然看上去两人的观点似有不一，但是我们注意到，儒学推崇的主一之功的方法，二者还是高度一致的。只是在格物致知的层面，顾东桥显然要略逊一筹。

那么什么是"主一之功"呢？关于"一"的道理，在我们的传统文化中常有提及。比如《道德经》中说这个"一"，"昔之得一者，天得一以清；地得一以宁；神得一以灵；谷得一以盈，万物得一以生；候王得一以为天下正。"道家还有"九九归一"的说法。

而儒家《尚书》中有十六字心法，"人心惟危，道心惟微，惟精惟一，允执厥中"。在心学中常提到的"惟精惟一，主一之功"，正是源于此。

这个"一"到底是什么？从道家的角度来说，"一"是指先天一炁，是万物之源，是生命的本体。也可以讲，"一"就是道的本源。所以说天地因为有了道源，因此天清地宁，《易经·系辞》中写道："天尊地卑，乾坤定矣，卑高以陈，贵贱位矣。"万物因为有了一，遵循了道的规律，所以才井然有序，生生不息。人也要遵循这个本源。只有这样，生命才能和谐。而这个本源，体现在人之上，就是指本心。心学和道学在这里不约而同又走到了同一个地方。

而儒家言"人心惟危，道心惟微"，是指人的心很容易受到干扰，极其不稳定。而道心也就是本心，隐藏在人心之中，只不过它甚是微妙。所以要找到本心，就必须"惟精惟一，允执厥中"，这其实提出了修心的方法，就是要我们不偏不倚地，谨守未发之中，在格物致知的时候去守这个"一"。所以王阳明在心学中不断强调，修心炼心，就是要"主一之功"。

但是应当如何去主一之功呢？很多同学在学习这个方法的时候，看到了"守一"，往往会理解成专注、专心、心无旁骛，这就叫作守一。在禅宗中也有类似的说法。比如唐代时曾经就有人请教大珠惠海禅师：修行应该怎样用功呢？禅师回答道："饿了就去吃饭，困了就去睡觉。"来人很是不解，大家不都是这样吗，饿了不都是去吃饭，困了不就是要睡觉吗？大珠慧海禅师解释，"普通人是吃饭百般挑剔，脑子里还在胡思乱想，困了却不想睡觉，即便入睡，也是辗转反侧，所以不一样。无论做什么事情，应当要一心一意"。由此可见，佛家修行也是讲个"一"字，只不过这个"一"，似乎专注于眼下之事。

于是弟子们又有了新的困惑：主一之功是否就是专注呢？只要专注了就是在修行吗？陆澄就请教王阳明："主一之功，如读书则一心在读书上，接客则一心在接客上，可以为主一乎？"这相当于对佛学中这个例子的一个补充提问：难道吃饭一心在吃饭上，睡觉一心在睡觉，读书一心在读书上，这就是主一之功吗？这样去炼心，是不是就能格物致知，就能去人欲存天理呢？

这显然是有问题的，倘若专注就能够开悟，那么很多人可能学习时未必能专注，但是玩游戏可是专注得很。你看常常有一些网瘾少年在网吧里一待就是数日，甚至几个月都有。在他们的感知中，时间可是过得飞快，他们的专注力在此时可不是一般的高。还有沉溺于赌局中的赌徒，对赌局的专注程度绝对超过大部分盘腿打坐的修行人，难道这样就可以悟道？很显然是不可能的事情。

我们要分清楚沉溺和专注的区别，或者说专注与主一之功的区别。沉溺于某件事，看上去表现得似乎很专注，但事实上这种专注，是停留在身体层面的专注。你的眼耳鼻舌身意都聚焦在了满足某种快感方面，真实的本心却被扔到一边。这种情况下，无论你看上去有多专注，都对于明心见性没有任何帮助，反而会离本心越来越远。在这一点上，修行人常见的情况，可能是专注于口中念佛，然而却只是停留在口中。专注于抄写佛经，却停留在手中。专注于做善事、去放生，却只是停留在表面的行为上。那么这样的专注，也并不是主一之功，与沉溺在某事上区别不大。

主一之功和专注有什么区别呢？其实关键就在于专注要专注到"天理"上，否则"是所谓逐物，非主一也"——王阳明讲，"念念要存天理"，这才叫作主一。主一就是专主天理。

具体应当怎样来做呢？没有开悟的时候，天理长什么样，我们是只闻其名，未见其形。那么怎么去"念念要存天理"呢？如何存，怎么存？

关键还是在于观照，所谓念念存天理，其实就是要我们时时刻刻，都去关注自己的念头是否在未发之中。情绪有没有生起，生起了有没有发作出来。生起而没有发作，这就是守住了未发之中。而情绪生起了，且发作了，那么就要"发而中节"。用中庸之道去控制住它，这叫作不怕念起、就怕觉迟。有了觉悟，还能够控制住这个念头，这就是念念存了天理。

所以主一之功，并非要我们专注于外物，而是要专注于本心，观照心念情绪的变化。如此用功，久而久之，认知的水平一天比一天提高，最终就能够达到真正的知行合一的境界了。

042

提问是思考的延续，分享是意识的实践

心学是一门炼心修心的学问，在心学的传世经典《传习录》中，可谓是字字珠玑，精彩之处比比皆是。王门弟子们提出的各种疑问，往往就是我们学习中常见的困惑。而王阳明的谆谆善诱，就好像是亲自在为我们答疑解惑一般，每每让人有醍醐灌顶的感觉。

但是学问这个事情，是师傅领进门、修行在个人。毕竟在课堂上讲的内容没有什么不同，可是每个人的领悟力却有差异。于是同一句话，根器不同，收获也就不同。而这种领悟，是存在每个人自己的心头，倘若自己不说出来，或者没有在生活中实践，那么别人是不知道你究竟学到了什么程度。即便是王阳明教导弟子也是如此，倘若弟子不交流，不提问，其实老师也是很难确认你的水平的。尤其是修心炼心的功夫，又不能时不时地来一场考试，这也不现实。

所以在教导门人的过程中，王阳明就时常要弟子们好好用功，时不时自己给自己找一些问题出来。《传习录》中就说道，"诸公近见时少疑问，何也？人不用功，莫不自以为已知为学，只循而行之是矣"。王阳明有一段时间看到弟子们一天天地好像在用功，可是不怎么提问了，于是就启发大家说，你们最近没有什么疑问，为什么呢？如果不好好用功的话，不去认真钻研，没有真的做到格物致知，那么就会误认为自己好像对于道理都已经明明白白，于是就会停留在当下的认知中，不再精进。

可是要知道，即便是明心见性了，也要时时刻刻谨守本心。就好像是地上的灰尘，你很难看到灰尘落在地面，但是如果你不勤加打扫，灰尘就会在不知不觉中慢慢地积累，一日不扫便又有一层。所以要"时时勤拂拭，莫使惹尘埃"。

可见，如果没有真的用功，就不会有疑问。只有不断地思考，不断地实践，才会发现问题。倘若没有疑问，那么实际上就是你并没有真的去思考。

我们在学习中就会遇到这样的状况。听课的时候好像什么内容都听懂了，觉得非常有道理，有的同学还会认真地做笔记。但是实际应用的时候，忽然发现原来还是不懂，不要说是真正的领悟，就连在知识层面的理解都只能做到一知半解。

原因就是在学习的过程中，只是被动地接收了外界的信息，暂时将它存储到记忆之中。就好比老师今天讲了一个香蕉加一个香蕉等于两个香蕉，我们在本子上记下来这个等式。明天换了个场景，问一个苹果加一个苹果等于几？场景发生了变化，即便是原理未变，我们却已经不认识这个道理了。更不要说再换个问法：两个草莓减去一个草莓等于几，问题似乎已经面目全非了，可一加一等于二的道理并未改变，二减一等于一的推论却不会运用，这就是只学到了一个信息而已。

良好的学习方法，并不在于你的记忆力有多厉害。计算机的存储读取能力足够强大，但是我们都知道它并没有智慧。即便是人工智能，也只能是模拟人类做出的基本判断，不要说智慧，就连情绪都无法模拟出来。当然有的同学会说，老师讲的我一下子理解不了，所以先记下来，然后再去复习、思考。这种情况是没有问题的，问题是在实际的场景中，很多同学把知识记在了本子上之后，就好像是记在了心里，仿佛已经彻底理解了一样。然而真正运用的时候，哪怕是记在本子上的知识点也是全然不记得了。

这样的学习，并不是真的学习，只是一种记录，是一种看上去很勤奋的学习。实际上这样的学习方法是手上勤奋，大脑懒惰。还不如什么都不记，在老师讲课的时候，多思考，哪怕理解了一个知识点也都是有收获的。

所以学习精进，最好的方式，首先要做到敢问、会问、常问。有的同学不是没有思考，而是不大敢问。原因可能有很多，比如觉得不好意思。别人都没有问题，怎么就你问题多，是不是好像显得自己很笨，或者是多事？其实越是有问题的同学，越说明他很聪明。因为只有认真思考过，而且能发现问题，才会有问题。

我们不要觉得自己的问题好像很低级、很简单，就不敢去问。问题本身没有简单复杂、高级低级之分。不懂的就是不懂。有时候就是一层窗户纸的问题，你问出来，自己悟透了，这就是你自己的收获，不要有他执、我执在里面。

其次来说，有时候看上去很简单的问题，其实背后隐藏的就是巨大的真相。比如牛顿就问了一个看上去愚蠢的问题：苹果从树上坠落为什么会落到地面，而不是飞到天上去。爱因斯坦也问了一个简单的问题：光速是恒定的吗？须菩提则是向佛祖提问，应当如何降伏其心？尹喜问老子，何为道？黄帝问岐伯，人为什么会生病……

所以没有什么所谓的简单、肤浅的问题，任何一个问题都应当受到重视，得到尊重。而我们首先要做到的，就是敢于发问。即便你问的可能都是常识性的问题，但对于你而言，这就是你的认知盲点。任何人也不是全知全能的，一个人有盲点很正常。羞于发问、耻于发问的人，才是真正愚蠢的人。孔圣人都不耻下问，何况你向老师请教，这是上问，有什么不耻的？古人云，"达者为师"，不要被困在身份、年龄、职位等等这些外物上面。获得智慧，这才是真正属于自己的收获。

其次要会问。这不是说要让你必须找到问题的核心点，一针见血地提问。而是说我们在提问的过程中，要学会描述自己的问题。千万不要没头没尾地直接来一句：这样做对不对。最好能讲清楚你面对的是什么样的问题，你困惑的地方在哪里；或者说你提出的问题，希望得到什么样的回复。会问，还包括要懂得尊师重教——这是尊重知识，也是尊重自己。

我们看《金刚经》里，须菩提向佛祖请教的时候是怎么描述的："时长老须菩提，在大众中，即从座起，偏袒右肩，右膝着地，合掌恭敬，而向佛言"。须菩提就是佛陀的弟子，在恳请佛陀开示的时候，偏袒右肩，右膝着地，合掌恭敬……这都是在当时古印度文明中非常恭敬的礼仪。当然我们现代不需要这样叩拜行礼，但是最基础的礼貌和恭敬之心还是要有的。更何况尊师重道本来也是中华文明的传统美德，我们应当发扬光大。而一个社会、一个人的文明程度，很大程度也体现在对于知识的尊重。

最后则是常问。有问题，就代表你在思考、在实践。常常有问题，就表示你是常常在思考实践。最好的学习方式，第一就是在实践中给自己找问题。

第二则是顺着老师的思路去研究问题、发现问题。就好像是你看到了尘埃落在了地面，解决问题的方法就是清扫房间。如此不断发现问题，解决问题，那么你的功夫必然会一天天地精进，越来越通透。

学习中精进，还有一种更好的方法，就是分享。有时候我们可能提问、获得了解答后，似乎又明晰很多，但是我们没有办法时时刻刻去实践这些真理。而分享就是一种意识层面的实践。一方面要分享，必然会被迫重新思考一遍问题，在这个过程中就会发现新的问题。另一方面在分享的过程中，会接收到别人的反馈。你的听众也会有各种各样的问题，这也许恰恰就是你的盲区，会帮助你不断完善自己的知识理论体系。

所以最佳的学习方法，就是提问并且分享。提问是你思考的延续，分享则是意识中的实践。如果你期待自己能够快速地获得智慧，不妨从提问开始。

043

心学的真正意义，
是帮助我们找到生命的真谛

    心学看上去很简单，无非就是"知行合一"四个字而已。可是实践起来却很难，知难行易，认知的功夫就阻碍了大部分人的脚步。因为这里面似乎存在着一个悖论。按道理来说，只要你的认知到了慧知觉知这个程度，行为自然也就能够到达对应的高度。可是要想认知到达慧觉的境界，就要在日常行为中去格物致知，去谨守本心。就好像说如果你能够不生气，不以物喜不以己悲，那么你的境界就能慢慢地升华。可问题是，如果你已经可以喜怒不动于心，那还需要修心炼心吗？

    很多朋友也常谈到，你讲的心学、佛学，境界太高了，倘若都能做到，那就是圣人了。可既然是圣人，不就是从心所欲而不逾矩，还需要听你讲该做什么，不该做什么吗？讲到修心，谁都能明白大致是怎么回事，可是就是做不到。而要想做到，就要先彻底地解决认知的问题。

    红尘炼心，其实最难的就是这个悖论。王阳明的弟子陆澄也有此困惑，说"天理人欲知之未尽，如何用得克己功夫"。这和我们面临的问题如出一辙，什么是天理，人欲的界限又在哪里，天理和人欲的关系究竟如何去理解？

    这些道理我们都还没有学明白，那么怎么样去做功夫呢？这就好比是先有鸡还是先有蛋的问题。又好像是你刚刚踏入社会，却发现用人单位招聘的全都要求要有工作经验，可是你都没有工作，哪来的经验，而你没有经验，又哪来的工作？

    陆澄和我们也是有同样的疑问。修心炼心就能够开悟，开悟了就知道如何修心炼心了，那么没开悟之前，不知道如何修心炼心，又怎么去开悟。于是很多人就望洋兴叹，知道修心好，想要去炼出一颗强大的内心，然而却没有行动。于是一天天地发愁，怎么生活中有这么多的烦恼。有时候还莫名其妙心乱如麻，坐立不安。这个时候就想起来修心的好处了。可是等到环境发生变化，心态好像又平复一些的时候，什么知行合一、格物致知，又不知道扔到哪里去了。

所以王阳明就感慨说，"今人于已知之天理不肯存，已知之人欲不肯去，且只管愁不能尽知，只管闲讲，何益之有？"就是在说临渊羡鱼之人，看着水潭中的鱼眼馋，就是不行动，还天天发愁饿肚子。在今天仍然有很多这样的人，机会就在眼前，不但视而不见，还天天抱怨没有机会。又好像另一些人，每天都是惶惶不可终日，不是因为这件事心烦，就是因为那个人忧虑。你去看他的表情，终日里总是眉头紧锁，好像不知道什么时候就会陷入苦恼之中。

而我们如果去尝试和他沟通，你能听到的就只有抱怨。不是在抱怨环境不好，就是抱怨身边的人难以相处。可是当你告诉他，可以试着改变自己，或者去提升一下自己的能力，你就会发现他会皱着眉头摇摇头说，哪有这么简单；或者是叹口气说，你看大家都是这样，我怎么可能有改变？

这就好像是一个快要饿死的人，不知道通过劳动去换取食物，而是闭上眼睛躺在街头，一边忍受着胃中的饥饿，一边则是在脑海中幻想着美食，嘴里却还在感慨，"朱门酒肉臭，路有冻死骨"。可是当你把热腾腾的食物放到他面前，甚至喂到他口中，他却摇摇头，不肯下咽。甚至还歪着眼睛说，天底下哪有这样的好事？你无事献殷勤，非奸即盗！我也不可能有这么好的运气。于是翻个身继续饿着肚子。

所以佛陀说，佛渡有缘人。什么是有缘人？真正从内心愿意改变自己的人，这就是有缘人。口中说要改变，可是精神上没有任何变化，生活中仍然在忍受各种痛苦和烦恼，这并不是要改变。真正的改变，是要行动起来。

王阳明就一针见血地指出，你不知道怎么改变没有关系。如果你悟不到，那么就按照老师说的方法去做。譬如情绪来了，心中默念"红尘无处不炼心"，提醒自己不要生气，不要烦躁，要去思考这件事为什么会让自己愤怒，烦恼的根源是什么。

一开始想不明白没关系，就好像是行人走路一样，没有去过的地方，你也不知道是什么样子的。只有摸索着往前走，走一段就清楚一段。真的遇到了岔路口，不知道该往哪里前进了，有了疑问就要提问。就像问路一样，问明白了，就继续向前走。如此这般，才能够慢慢地离目标越来越近。不能说走都还没有走，就开始想象路途有多艰难，方向有多不确定，走到头是不是也和现在没啥区别。倘若是这样，那么无论时间过去多久，你也只是原地踏步，甚至会境况更加不堪。

所以，只要真的想要改变，那么立心就是我们的明灯。照着这个方向去，就不会有大问题。只要开始改变，就一定会有收获。王阳明就说：人若能坚持真正地下克己功夫，则对于此心天理的精深微妙，就会一天比一天清楚，对于心中私欲的细微之处，也会一天比一天更明了；如果不用克己功夫，那就是成天讲废话罢了，天理终归不会自我主动显现出来，私欲也终归不会自动察觉出来。

用白话说，只要你能遵循天理，真正地开始自我改变，而且能够持之以恒，那么对于天理人欲的认知，就会一天比一天明悟。对于什么是私欲，什么又是人心，也会理解得更加清晰。可是你要是成天逞口舌之快，那就是废话连篇，讲得天花乱坠也无济于事。道理不会自动浮现出来的，本心也不会主动去开悟的。

由此我们发现，最难的就在于开始改变。我们之所以还不愿意改变，要么就是你对改变有所误解——改变并不是说说而已，是要实证实修的，是要切切实实在生活中，在事情上去磨炼的。要么则是有的朋友对于修心炼心带来的好处认知不足。可能简单地认为，炼心修心，不过就是让一个人性格变得平和一些罢了，可是我现在情商也不低，人情世故也是能够拿捏自如，虽然偶尔也会心烦，但是这不是正常的吗？作一个一身正气的俗人，不是挺好吗？何必要自己为难自己呢？

心学讲，心外无物，吾心即宇宙。明悟本心，并不是存在一个强大的内心，在风雨来袭的时候，能够坚强地矗立不倒；而是要我们明悟生命的真谛，真正找到自己快乐的源泉。

幸福的本质并不是有钱有势、有车有房，而是无病无灾、无忧无虑。烦恼来临的时候，哪怕你家财万贯，也躲不过烦恼的侵袭。甚至有时候你所追求的东西，恰恰是给你带来压力、焦虑、苦恼的事情。

所以，短短一生，我们追求的到底是什么？生活中并不是不能追逐财富，而是不要在耗尽半生后，忽然发现原来生活的本来面目和你想象的并不一样。其实心学真正解决的是这个问题。它能够让我们勘破各种假象，最终找到生命的真谛。而这一切，就是从自我改变开始。

如果你对自己不满意，对生活还有期待，那么不妨从现在开始，认真地想想，你要改变吗？

044

下学而上达，格物而致知，先从冷静开始

常常有同学问我，在学习心学的时候，总感觉心学的道理好像特别高大上。有时候听着感觉好像云山雾罩一般，让人似懂非懂。是不是这里面有什么特别高深的方法，而老师没有说出来。因为听来听去，学习心学的方法，好像就是要格物致知。但是究竟如何格物致知，却又让人很难把握。是不是这里面就像是武侠小说中的修炼功法一般，先要练习一个基础法门，基础达到了以后，再去学习高阶功法？

其实很多同学都会有这样的疑问。尤其是一些同学比较谦虚，总是觉得自己很愚钝，老师说的话都听不太懂，是不是有个什么比较简单的捷径，可以迅速学以致用？王阳明的弟子陆澄，就曾经向老师请教：做学问做功夫，是不是有个什么上达和下学的功夫呢？老师你能不能教我一些上达的方法。

所谓"上达下学"，其实是从《论语》中而来。孔子言道，"不怨天、不尤人，下学而上达，知我者天乎"。意思是什么呢？孔子有一次感慨，世上懂我的人太少了。他的弟子就奇怪，为什么老师要这样说呢？孔子接着说道，没人懂我也没关系，我既不会抱怨天，也不会埋怨别人，只要专注于下学，自然就能够上而达天，天道自然就会明白我。

心学是儒学的升华，所以在心学的研究中，必然不会少了儒学的参与。而心学和孔孟之道一样，同样是圣人治学，必然也要能够上达于天，悟透天道。因此王阳明的弟子们在学习《论语》时，看到这一段文字，心中就有困惑：孔圣人所言的"下学而上达"，是否就说明学问不仅有个"下学"，还有"上达"的功夫呢？

这就和我们的疑问是一样的，很难开悟，是不是缺了个开悟的秘法？又或者很难知行合一。知难行易，是不是在认知的层面，有一个什么好的方法？

这是否就是所谓的上达的功夫？这样的功夫奥妙在哪里呢？老师是否能为我们解答一下。

同学们之所有这样的疑惑，很大一个方面的原因，是因为后世很多先生倘若没有实修实践的经验，稍微涉及一些细节的疑惑，就会敷衍道，这是"上达"的功夫，大家先不要去理会，把当下的功夫做好再说——"后儒教人，才涉精微，便谓'上达'"，王阳明解释道。

就好像我们在学习《易经》的时候，或者学习《黄帝内经》，讲到河图洛书、阴阳、五行生克，大部分的人是只知其然，而不知其所以然。于是只能告诉学生：你死记硬背就好，书读百遍其义自见。于是，学生懵懵懂懂，老师也稀里糊涂。反正技巧用着都对，但是至于为什么对，就很难说了。

不求甚解，有时候很必要。当你在循序渐进学习的时候，没必要了解的内容，的确应该忽略。比如你刚开始学习 1+1=2，没必要了解什么是实数、虚数，什么是有理数，什么是无理数。但是，我们背九九乘法口诀，那么至少要理解它的本质还是 1+1=2 的叠加而已，只是用了便捷的口诀帮助我们来记忆。所以如此看来，这些学问本质上没有什么高下之分，无非是学问不同程度的递进。

而心学、儒学，这样炼心修心、养浩然之气的学问更是如此。想要开悟，要理解天道所在，并不是分了一个什么上学下学。注意孔子讲的是"下学而上达"，这个"而"是个因果关系。上达是因为下学实现的，并不是先后关系，不是先去下学，然后再去上达。

那么这个"下学"和"上达"，在儒学中又具体指代什么呢？王阳明解释说，凡是眼睛能看到，耳朵能听到，口中能讲出来的，心中可以想象的，都可以看作下学。这其实就是我们讲过的，有形的、能感知到的，这都是形而下学。相反，无形的、感知不到的、无法想象的，就是形而上学。比如佛学常说的不可思议之境界，心学讲的"吾心即宇宙，心外无物"，都可以看作形而上学。

要达到形而上的境界，究竟应当如何做呢？这并不是有一个一分为二的方法，并不是先要做一个形而下的功夫，然后再换一种形而上的方法。王阳明举例子说：好比是我们种树，你天天施肥浇水，修剪枝芽，这些就是实打实的功夫。树木吸收水分，产生光合作用，一天天地生长，这就是形而上的东西。你能直接去作用干扰吗？显然不能。而树木的成长，其实就是因为我们做了形而下的一些功夫。因此它们是一种因果关系，并非一分为二的方法。

就如同我们修心炼心，你能说直接让本心立即大放光明，照见五蕴皆空吗？很显然是无法办到的。所以我们要从日常行为的点滴做起，悟性高的可以自律，悟性低的就以戒为师。比如，不管是在道观还是寺院，刚刚遁入空门的弟子们，日常工作都是要去扫地、挑水、种菜，去做这些简单而又基础的杂役，这其实就是一种修行。看上去好像和修行一点关系都没有，可是正是通过这些日复一日的劳动，逐渐地磨炼了一个人的心性。

戒律也是如此，比如戒嗔、戒怒。一开始想不明白，就先从忍耐开始做起。忍得久了慢慢地就变成了习惯。成了习惯之后，能够冷静下来了，然后再去感受这个"未发之中"，就容易得多了。戒荤戒杀，慢慢地口欲变得淡了。习惯了清淡的生活，忽然就明白了口舌之欲是一种虚妄的幻觉而已，于是就又勘破了一层觉悟。

所以，修心炼心，想要让自己的境界成长为一棵参天大树，就是在这些看上去不起眼的事情上，多下一些形而下的功夫，那么上达自然就会浑然天成。

心学讲的"格物致知"，其实和"下学而上达"，几乎是同一个意思。格物就是下学，致知，就是上达。格物致知，可以说是格物而致知。格物的方法，就是在这些基本的事情上一点点地琢磨。

比如我们说红尘无处不炼心，随时随地都可以做格物的功夫。

当你开始有情绪了，一开始很难做到冷静，于是这个情绪就控制不住发作出去了。但是我们可以先在心中存一个控制情绪的念头。慢慢地能控制住了，但是这个时候可能还是在忍耐，还不够冷静。等什么时候你习惯了忍耐，就有冷静的机会。人不冷静的情况下，是无法理智思考的。所以没有冷静，就根本谈不上格物。格物是需要理智思考的。当你慢慢地能够在情绪来临的时候，冷静思考，这才是真正地开始格物。而不断格物的过程中，可能一开始我们还不太会去思考。但是久而久之，只要以立心立志的标准为自己指导方向，逐渐就能做到格物致知了。

所以我们看格物而致知，下学而上达，就是在这些看上去不起眼的场景中，慢慢完成的。如果你还不会格物，那么从现在开始，可以先让自己在情绪发作的时候冷静下来，然后开始尝试着思考一下，究竟为什么会有这样的情绪。能够做到这一点，其实已经是改变的开始。

045

道无粗精，人之所见才有深浅

我们在学习的时候，不管是学习心学，还是任何一门陌生的学问，多多少少都会有一些拖延症。可能心里常常会想，今天的状态似乎并不是太好，要么就是好像忽然冒出很多琐事，让你无法集中精神；要么就是学习的环境并不是自己喜欢的状态；又或者是感觉心情不佳，没有那个心境去读书。此外，很多时候我们还会在潜意识里感觉，即将要学习的内容，是如此的复杂，就算今天少学一点点，对于整个学习计划，似乎影响也不大。

拖延症的心态，大致就是如此。如果用格物的方法来思考，深究其中的根源，我们就会发现，还有一个深层次的原因在阻碍我们进步。这就是在大多数人心中，隐藏着同一个下意识的想法：学习知识，倘若能够一步到位、一下子就领悟到其中的精髓就好了。于是可能在刚开始学习的时候，我们还能打起几分精神来，可是用不了几天的工夫，就会觉得乏味、枯燥，坚持不下去，丢到了一边。

就好像是学习乐器，我们看着演奏者们举重若轻地演奏出美妙的旋律，于是也想成为那样的人。可是当你拿起乐器，从基本的技巧开始练习，每天枯燥地爬格子，和想象中的完全不一样。这种折磨，会让大多数人败下阵来。可是不管学习什么学问，都是要从基础开始。总是在一开始就失去了耐心，久而久之，我们对所有学问，就会渐渐地心生恐惧，认为自己无法坚持下去，或者觉得自己根本不可能克服这种困难。更进一步，因为没有成功过，更没有见过成功的样子，甚至会导致直接怀疑努力的意义。这才是拖延症背后真正的根源。

悟道更是如此。明悟本心，这是需要实证实修的。再高明的老师，也无法代替你去感悟。所以修心这件事情，就显得远比精学一门学问要困难得多。

相比较而言，起码纸面上的学问终究有个可以琢磨的过程，而开悟是一种什么境界，却只可意会不可言传。所以愿意修心的人很多，真正实践的人少，开悟的人更是凤毛麟角。

就是因为修心的好处，大家似乎都能隐隐明悟，可是达到开悟的人却是寥寥无几，成功的案例这么少，信心就很难生出来。信心不足，对于修心后的状态将信将疑，那么又如何有动力去炼心呢？就好像大家都有意愿去改变自己，可是却心中困惑，难道按照这样的方法做，就能改变自己吗？自己是否真的能做到呢？即便做到了，就真的会如同老师描述的那样，可以做到致良知，知行合一了吗？生活是否也会真的变得称心如意？

其实只要我们开始向着正确的方向前进，就是悟道的开始。王阳明说，"道无精粗，人之所见有精粗"。大道本身并没有一个粗陋精细之分。道就是道，之所以会有高低精粗之分，是因为悟道的人的见解有粗有精。但这并不能说明谁好谁坏，谁高谁低。

悟道，就好像是乍一进到黑漆漆的房间，两眼什么都看不见。但是至少此时已经进了房内。慢慢眼睛适应过来，能看到的东西也就越来越多。等到条件成熟，还可以点亮一盏灯来详细参悟。这个房间就像是道，就如同本心。它本来就在那里，没有什么变化。变化的是我们对它的认知。你能看到的越多，感受到的细节越多，那么对于道的理解也就越多。但是首先你要做到的，是进入这间房间。

就好比我们天天说要去悟道，首先你要能够克服自己内心的疑惑和恐惧。只要向着立心立志的方向行动，那么其实就是已经进入了这个房间。而不是还没有开始行动，就质疑自己、否定自己。那么即便是房内装满了宝藏，也和你没有任何关系。

悟道，勘悟本心，本就是一个循序渐进的过程。只有首先找对了方向，真正迈出这一步，才会越来越精进。《道德经》中所讲的上士闻道与下士闻道，其实区别就在于上士会毫不犹豫地踏入房内，然后慢慢摸索。而中士则是站在门口左顾右盼，一会儿想进去，一会儿又觉得惴惴不安，总是在门口徘徊。即便是勉强进了门，还没等眼睛适应过来，没看清楚什么情况，就开始后悔，觉得也不过如此，旋即便退出了房间。下士则是根本就不相信房内有什么宝藏，还嘲笑进去的人是如此愚昧。却不知大道就在眼前，只是需要你耐着性子一点点摸索，才会让它现出踪迹来。

而一旦进入这个房间，要想勘破更多迷雾，让本心更加的纯粹，这就要用到儒家的功夫"惟精惟一"了。这是儒家十六字心法："人心惟危，道心惟微，惟精惟一，允执厥中"之中的四个字。可见"惟精惟一"是儒家核心的心法之一。

那么究竟要怎样惟精惟一呢？因为"人心惟危"，人的心是极其不稳定的——这里的心不是本心，而是指人心，它很容易受到后天的眼耳鼻舌身意的影响，所以一有风吹草动，就很容易随波逐流。道心则是见于微小之处。所以想要出离人心，悟透本心，就要"惟精惟一"。落到具体生活中，应当如何做功夫呢？

惟一，这个一，就是指本心，即是天道。《传习录》中常常说，在格物的时候，要处处存一个天理，这其实就是"惟一"的功夫。悟道本来就是一个循序渐进的事情，不可能一上来我们就立刻明心见性，所以要从粗中着手，先存下一个善念的种子，再去践行立心立志的行为。譬如像佛家的净土宗，也许很多人并没有真正地理解什么是佛，修成正果以后究竟是什么样子。可是通过口诵佛号的方式，先从实际的行动开始。这也是"惟一"的功夫。

而"惟精"，则是在惟一的方向上精益求精，不断地去把功夫做得越来越透彻、越来越精细，这样大道才会越来越明确。又好像是画家在画画，一定是先画一个框架出来，然后把轮廓确定，再一点点地完善细节，于是一幅有血有肉的作品，就慢慢地呈现出来了。

悟道也是如此，"道无精粗，人之所见有精粗"。而道，则会随着人惟精惟一的功夫，慢慢地由粗而细。王阳明解释惟精惟一，说"'惟一'是'惟精'主意，'惟精'是'惟一'功夫，非'惟精'之外复有'惟一'也"，也正是这个意思。

若要悟道，必然是由粗入细，由浅及深，抱着惟一的决心，以惟精的态度去打磨自己的道心。那么你终究能够悟透本心，明心见性。

046

动静相宜，才是静中得慧的关键

很多朋友在开始尝试修心的时候，往往是从抄写经文开始，譬如《心经》《道德经》等等。还有的朋友则是试图通过站桩练气，来让自己周身的气脉畅行无阻。还有一些常见的方式，如静坐冥想，这些看上去很简单的方法来入手。

但是无论是什么方法，其实根本都在于一个"静"字。让自己的内心渐渐先平静下来。心中一静，反而平时感受不到的各种忧思杂虑纷纷涌上心头，也只有在这个时候，你才会开始真正地审视自己的内心。就好像是平时看上去空旷无物的空气，唯有在光影的映射之下，才能看到飘舞在空中的灰尘竟然是无处不在。

所以我们常说，要去倾听内心的声音。前提是要让自己静下来，你才能听到杂音。而本心的声音仍然淹没在这些杂音之中，当你有能力分辨杂音时，才能够祛除杂音，这时候本心的声音才能真正地显现出来。

在儒家经典《大学》中，开篇就讲道："知止而后有定；定而后能静；静而后能安；安而后能虑；虑而后能得。物有本末，事有终始。知所先后，则近道矣。"就是说，我们只有先知道什么事情可以做，什么事情不能做，然后慢慢地才能有定力。用孟子的话讲，就是要"富贵不能淫，贫贱不能移，威武不能屈"，用《易经》的思想解释，就是要持中守正。不管是好还是坏，都要有定力，不能因为有利益的诱惑，就可以丧失原则，没有底线；也不能因为有所畏惧，就踟蹰不前。

只有有了这个定力，才能真正地进入静的境界。否则我们表面上看是八风吹不动，那只是因为没有事。事情一来，各种诱惑、压力摆在面前，心怎么可能不乱。只有生出了定力，才能如如不动，坐看风卷残云，云淡风轻。

所以要想真正地得到静，就必须有定。要有定力，那么就必须有"止"。也就是能够控制自己的行为和思想。用心学的话说，就是要守住"未发之中"。从这个角度来看，抄写经文、站桩、冥想，虽然看上去是想要得到一个"静"的心境，但是其实是在帮我们悟"止"的功夫。尤其是在刚开始抄经的时候，即便身边是青灯古佛相伴，可是仍然会止不住各种思虑随着经文流淌。站桩虽然身体定住了，心里面却还是心猿意马。更不要说冥想，简直就是打开了另一个世界，越想要静，就越是心乱如麻。

等到渐渐有了一些功夫，或者说通过这样的方法，形成了习惯，内心好像真的可以慢慢沉静下来了。在抄经、站桩、打坐冥想的时候，能够心无旁骛，甚至是完全沉浸于其中，两耳不闻窗外事，仿佛真的就是静了。其实这还只是一个"止"，像是乐章中的一个休止符一样，仅仅是暂时的休止而已，离开悟还远，更不要说就由此能够获得智慧。

知止而后有定，定而后能静。要从止的状态，进一步经过考验是否生出了定力。当然并不是一下子就能够完全如如不动的"定"，人悟道是由粗及精，一开始先能够和自己的坏习惯做斗争，这也是定。慢慢地在大是大非面前，在各种选择面前都有了定力，境界也就提升了。有了定力，内心才会真正地清静。

我们想一想人为什么不清静。《道德经》中说"五色令人目盲；五音令人耳聋；五味令人口爽；驰骋畋猎，令人心发狂；难得之货，令人行妨"。声色犬马、珍馐美味、奇淫巧技都是乱人心的事情，唯有心中有定力，才能不被外界的各种诱惑左右。所以儒家说"人心惟危"，人心是极其不稳定的，稍微有点风吹草动，就会东摇西摆，左摇右晃。

但是内心静了，就能够开悟了吗？很多朋友尝试过，不管是抄经也好，还是站桩、冥想了很久之后，止和定都有了，也能够做到内心平静，心无杂念。可是一旦出了这个状态，就立刻恢复原样，虽然感受到自己的心态是比之前平和很多，但本质上并没有实现境界上的跃迁。即没有开悟，也没有真的八风吹不动。这又作何解呢？

《大学》说"知止而后有定；定而后能静；静而后能安；安而后能虑；虑而后能得"，静之后，要能安，安之后还要能虑，然后才会有所得。而我们修心的时候，往往只追求了这个静，却忽略了安和虑。

这怎么理解呢？在《传习录》中对这个问题也做了深入的讨论，王阳明说"定者心之本体"，但是要注意的是，这里的定和静，是"是静定也，决非不睹不闻，无思无为之谓，必常知常存，常主于理之谓也"。静中之定，是指内心不会随波逐流，稳如泰山。而不是不去想，不去看，不去听。有了这个定力，即便在任何时候随意去看、去想、去听，也不会有任何动摇，这才叫作定。

倘若如同枯木死灰一样，只有无穷无尽的静，却没有动在其中，那么智慧是无从生出的。本心虽然没有了杂念去干扰，却也好像陷入沉睡之中，发挥不了它的作用。就好像一面镜子，如果镜子表面全是污垢，自然无法照见世界，可是如果你把它打扫干净了，却又收入囊中，藏了起来，它同样是无法发挥作用的。

如若不理解这个道理，我们在打坐、冥想的过程中，就容易炼成死禅、枯禅。表面上好像老僧入定，一打坐就是几个小时，甚至是几天。可是再一看他的境界，可能也就是比普通人多了几分养气的功夫，离开悟还差着十万八千里。

要想在静中生出智慧来，必然要有所虑。虑，就是思虑，也是我们常说的要学会去观察我们的心念。尤其是在一开始的时候，学习打坐冥想，一定要切记，冥想中的静思，才是关键。首先，打坐只是一个形式，千万不要把打坐当成了本，去熬腿、熬时间，这就是本末倒置。其次既然是冥想静思，想和思才是最关键用功的地方。

就像是心学中常引用的"喜怒哀乐之未发，谓之中"，要常守未发之中。那么怎么守，就是要去观察自己的心念。这个观照就好像是正午的太阳，直射大地，让一切阴暗都无所遁形。又好像冥冥之中的一只眼睛，警惕地扫视内心的心念，只要有异动，就会立刻觉察。所以《传习录》中也说"夫常知常存、常主于理，明是动也，已发也"。因此真正的静，是静中有动，动中常静。

静中的动，就是能够明察秋毫的观照的功夫，这是本心的智慧所在。而动中有静，则是因为本心长存，不增不减，不净不垢。只有明确了这个道理，我们无论是抄经，还是站桩冥想，才不会变成死禅枯禅，才能够在静中生慧，虑有所得。

所谓物有本末，事有终始。知所先后，则近道矣。搞清楚了事情的前因后果，理解了本末终始，这样才能逐渐地接近真正的道，最终开悟，明心见性。

047

意必固我，成功大多数是忍出来的

在《论语》中，有一个小故事，是讲孔子有一次和门人弟子们聊天，孔老夫子就问弟子，如果给你们一个机遇，大家有什么志向，希望能做些什么事情呢？弟子子路心直口快，抢先就回答道：倘若给我一个机会，不出三年，我就能把一个国家治理得井井有条，让士兵们骁勇善战，百姓知书达礼。

孔子听完，微微一笑，点了点头，然后让慷慨陈词的子路坐下，又让冉有谈一谈他的想法。冉有相比于子路，就要谦逊很多，他说道：给我一个小地方来治理的话，用个三年五载，至少可以让老百姓解决温饱问题，至于说这个国家的仁义礼智信，那就要等君子来施行了。

轮到公西华，则是更为谦虚。他斟酌道：我不敢保证能做到如何如之何，但是至少我愿意学习，在国家大事中，我愿意身着礼服，做一个小小司仪。

在这几位弟子发言的时候，一旁的曾点却在抚琴，一副怡然自得的样子。等公西华发言完毕，曾点一看轮到自己了，于是放下古琴，站起来说：我和这三位同学的志向都不太一样。孔子点点头，示意曾点继续说下去。曾点就说：我的理想是，在暮春三月，换下臃肿的冬装，着上春装，约上好友，带着童子，在沂水洗去冬日的旧颜，迎着和煦的春风，一路欢歌而归。

孔子听了曾点的发言，不由感慨道，我与曾点的想法如此相似，正应如此。

看到这里，我们不由会生出很多困惑：子路和冉有都是希望能够在政治方面一展拳脚，而公西华则是要执掌礼乐，看上去多少还比较实用。可是曾点的想法，却令人感觉很不靠谱。用我们今天的话说，这就是不思进取，直接躺平。可是为什么孔圣人却单独赞赏了曾点呢？

这也是王阳明的弟子陆澄的疑惑。原文是"孔门言志，由、求任政事，公西赤任礼乐，多少实用。及曾晳说来，却似耍的事，圣人却许他，是意如何？"

这确实是一个问题。君子要安身立命，不正应当有所抱负，有所作为吗？不管是做官还是从军，经商还是务工，多少都看上去还算是正经事。可是没听说过把春游当成志向来讲的，这岂不是一副纨绔子弟的样子吗？更让人无法理解的，是孔圣人居然还非常认可。这其中隐含了什么道理呢？

我们来看王阳明是如何解答的。"三子是有意必，有意必便偏著一边，能此未必能彼"。意必，是儒家的一个术语。孔子讲过，君子应当有四绝，分别是"勿意、勿必、勿固、勿我"。勿意，意思是作人不要凭主观意念去妄加揣测，一切以客观事实为准；勿必则是说凡事没有绝对，一切都是在不断变化发展的；勿固则是告诉我们，凡事不要拘泥于形式，不要流于形式，更不要把自己局限在框架中，要懂得灵活变通；勿我，也就是不要自以为是，不可目空一切，收起傲慢之心，同样也不要妄自菲薄，自我贬低。所以有一句成语就是意必固我，就是提醒我们，不要犯这样的错误。

回过头来看王阳明的点评，三子是有意必，也就是说子路、冉有、公西华其实都在不知不觉中，以主观想象去揣测自己的能力，而且理直气壮地给出了必然的答案。在孔子看来，其实已经犯了错误。《论语》中就有记录后续的故事。等到其他人都离去后，曾点也是不太明白孔子的意思，于是问孔子，先生为何对于子路他们的答案不认可呢？

孔子就说，治理国家需要懂礼。看子路的样子，慷慨激昂，已经失了礼法；而冉有说，给他个小地方去施政，可是小地方其实和一个国家没有什么区别，何来大小呢？至于公西华，认为自己只能做小事，可是国家礼仪祭祀，这哪里是小事？所以从这个角度来看，这三人果然已经是有了"意必"的嫌疑。有了意必，就必然有所偏颇。换句话说，这是在原有的事情上，增加了人欲的干扰，那么必然就会和事情本来发展的方向，有所偏离。

这又如何理解呢？意、必、固、我，是人心之中的弱点，蒙蔽了本心，遮住了天理。这些弱点有夸大的时候，也会有不足的时候，二者往往是在不经意间就会完成转化。如果不去顺应天理，那么偏左或是偏右，则都不是中正之道。比如我们在立志的时候，可能会胸怀壮志。这固然是好的，人应当有志向。但是倘若不切实际，眼高手低，那么就容易空立志。而如果执着于不大可能的目标，力不从心的时候，人们往往就会背离初衷，做出一些违背本心的事情。

就比如说我们可能会暗暗下决心，不说一定要成为什么首富，但是可以通过努力实现财务自由。这似乎是一个比较正常的目标。可是，一方面要结合自己的能力、资源，去制定明确的实现方案；另一方面则是要明白，财务自由是你的方向，但不能时时刻刻成为你的标准。否则我们很容易在利益的诱惑之下，要么铤而走险，要么一头扎进陷阱中，无法自拔。

在这个层面，很多朋友就容易迷失自我。我们怎样才能既能够制定一个明确的目标，去改善自己的生活也好，或者是实现自我价值也好，为之自强奋斗不息；还能够在实现目标的过程中，保持内心的清明，不忘初心，顺应天理？

答案其实很简单——当你树立起自己的目标后，一定要有明确的实现方案。接下来就去忘记自己的目标，或者仅仅把它当成你的灯塔，当成人生路上的北极星。你只要知道目标在那里就好，而真正要去做的，则是踏踏实实地走好每一步。

如果我们总是执着于自己的目标，那么当有机会可以走捷径的时候，你必然会以目标作为评判善恶的标准，毫不犹豫地为了实现目的，放弃自己的原则。很多时候，我们走的弯路，犯的错误，就是在一些选择面前，用错了衡量的标准。

就像子路，倘若真的给了他一个国家来治理，如果执着于兵强马壮，那么在权衡利弊的时候，就容易劳民伤财。又好比我们如果一味地追逐财富，那么假使能用良心换利益，可以损人利己的话，也必然是会毫不犹豫地做出选择。可是世界不是一成不变的，社会也是在发展，今天看上去的利，说不准就是明天的害。有多少人就是贪图一时的小利，却葬送了自己的未来。

所以儒家说，"素其位而行，不愿乎其外。素夷狄，行乎夷狄。素患难，行乎患难。无入而不自得矣"。要踏踏实实地着眼于当下，不要得陇望蜀，也不要浮躁。当下在做什么，就安心做什么。

随遇而安，可不是佛系躺平。而是要心中有浩然正气，君子之志，境遇时机不成熟的时候，能够忍耐，可以安于本分，静待机缘的到来。只要尽人事、听天命就好。势能是一点点积累起来的。天时地利人和，要凑到一起才能有所作为。

因此孔子才会赞赏曾点，正是因为曾点就抱着这样的心态，静候时机，却又不矫揉造作。由此我们也可以明白，人生的目标只是一个方向，千万不要把它当作标准。

去向自己的目标前行的时候，意、必、固、我，是阻碍我们前行的障碍。不妨随遇而安。因为成功，其实大多数时候是忍出来的。

048

情绪不是洪水猛兽，毁不灭性就能格物致知

我们常常容易陷入一个误区，那就是一谈到修心炼心，或者是说要守住"未发之中"，就好像是在暗示：要么必须远离红尘，要么就得处处隐忍。最好情绪还能没有任何波动，如同行尸走肉一般。这也是很多朋友对于修心方面的误解。

倘若好端端的一个正常人，修成这样——无欲无求也就罢了，没有七情六欲，没有喜怒哀乐，那生命还有什么意义呢？如果真的变成这样，那么必然是修偏了，修歪了，修得走火入魔了。

那么问题就来了，《中庸》不是告诉我们，"喜怒哀乐之未发，谓之中"，而心学炼心不就是要守住这个"未发之中"吗？然而没有了喜怒哀乐，不就等同于丧失了七情六欲，变成了麻木不仁的样子吗？这到底应当如何去理解呢？

在《传习录》中，就有这么一件事。王阳明有一段时间升任南京鸿胪寺寺卿，于是门下很多弟子追随老师，也是寄居在鸿胪寺衙门内。忽然有一天，弟子陆澄收到一封家书，原来是他的儿子病危不治。陆澄见信后顿时悲痛欲绝，茶不思饭不想，无法忍受心中之痛。

王阳明看在眼中，知道这个弟子很痛苦。但是又不忍看他一直陷入这种情绪中，于是就找机会开示陆澄道，"我们平时说要修心炼心，这个时候越是难过，其实就越是炼心的时机。所谓红尘无处不炼心。喜怒哀乐，都是人之常情。尤其是丧子之痛，这是很正常的反应。但是我们不能一味地沉浸在这个情绪之中。要知道本心也是有感知的。所以悲痛是正常的，但是一旦过度，那么就是'有所忧患不得其正'，就会失去中正的本心。"一般说来，喜怒哀乐、七情六欲一旦发作出来，多少都会过度，一旦过度，就不是心之本体。所以

我们要注意控制这个度。

从王阳明开导陆澄的言语中，我们可以得知，七情六欲其实也是本心的一部分，并没有完全与之剥离。这是因为吾心即宇宙，心外无物。那么对外界的感知，产生正常的反射，这是本心正常的表现。我们不要担心，好像一有情绪，就破坏了境界；一旦有了七情六欲，似乎就不是修行人了。搞得修行就必须修成仙气飘飘，不食人间烟火，这才是世外高人的样子。

其实《道德经》中早就说过，真的到了那个境界，应当是和光同尘的样子。表面上看与普通人没有半点区别，放在人群中你都不会过多关注。这样看来，有情绪也是正常的。那么既然都是有情绪、有七情六欲，开悟的人和普通人又有什么区别呢？

其中的区别就在于圣人是"毁不灭性"。这怎么理解呢？所谓毁不灭性，就是说即便再悲痛，但也不会失去本心。再具体一点来说，像陆澄忽临丧子之痛，不难受是不可能的。毕竟是自己的亲生骨肉，如果不悲痛那岂不是没有人性。但是痛归痛，不能失去理智，也不能长久地停留在那个痛苦的感觉之中，无法自拔。更不要说随着时间的流逝，反而这种情绪就像酒精一样，不断酝酿发酵，愈演愈烈。这就已经失了本心了。

本心清明，自有感知。对于这样的事情，其实更多的并非情绪的发作，而是自然而然对于外界所发生的事情正常的一种反应。但是这种反应如果不加制止，就会不受控制地蔓延到人心深处。人心受到眼耳鼻舌身意的刺激，不断产生新的念头，情绪也就一发不可收拾。

所以心学告诉我们，有情绪，这是本心的感知，是自然的反应。就好比尽孝心，这是对于父母恩情的一种自然的本心流露；爱家人，也是对于亲人情感的一种本心流露；我们不要把情绪看成洪水猛兽，好像一有情绪，就破坏了自己的境界。心不静了，情绪上来了，好不容易濡养出的心平气和，又被打乱了。大可不必如此。

真正的境界，并不是要我们去拒绝七情六欲的发作。很多时候也拒绝不了，佛家也有怒目金刚，情绪本来就是情感的一种外显，而情感本身又是本心自性的一种流露。所以我们要做的，并不是要拒绝它，更不是要做到铁石心肠。而是顺其自然，但又不能推波助澜。

顺其自然，就是本心感知到了情感，那么就自然地发出来。看到了感动的人或事，心中有感而发，这是正常的表现；见到了作恶的行为，心中有反感，乃至见义勇为，这都是本心正常的感知，没有什么对错。区别就在于，本心的感知化作情绪发出来的时候，我们要能够觉察到这是一种情绪。

而我们也常说，本心如明镜。既然如此，事情来的时候，本心感知到了事情，并且反射出自己的觉知，这是正常的反应。可是如果事情已经过去了，那么就不要留它。

情绪之所以很多时候难以控制，首先就是因为当它发作的时候，我们根本来不及察觉。就如同火山喷发一般，好像是压抑了很久，忽然就喷薄而出。你都还没有反应，事情已经发生了。这就是为什么我们会在愤怒的时候，做出一些不理智的事情，说出不理智的话。同样，别的情绪也是如此，乐极生悲的故事我们也听过不少，由爱生恨、妒火中烧也是常见的情绪。

其次当情绪发作的时候，如果我们没有及时地察觉，它就会在我们自己的幻觉中不断酝酿发酵。更麻烦的是，往往这种幻觉会持续很久。比如我们会看到好像已经平息的一场纠纷，却在几天后又惹出相互报复的局面。明明是好友、闺蜜，却能够在反目成仇之后，竭尽所能地相互拆台。

这些其实就是情绪还在酝酿。不要说被察觉，就连减缓的趋势都没有。因此我们说，有情绪是正常的，情绪本身就是本心的一种感知。而不加控制的情绪，或者说不断酝酿的情绪，这就脱离了本心的自性。

就好像是蝴蝶效应一般，一只蝴蝶扇动翅膀，这是很正常的动作。可是如果我们没有察觉它可能带来的问题，任由其发展，那么也许就会演化成一场风暴。

因此不要认为有情绪就等于没有开悟，也不要惧怕情绪会影响境界。只要我们能在它发作的时候就关注到它，并及时地控制住情绪，这其实才是真正的格物致知。

049

人心逐物，世上本无事，庸人自扰之

很多朋友学习心学，可能是因为平日里不知为什么，内心总是感觉心乱如麻。有的朋友则是感觉心中常常是七上八下，明明没有什么事，却总是惶惶不可终日。还有的朋友总是会莫名其妙地烦恼，平平淡淡的生活中，好像潜伏着巨大的痛苦。于是求诸于心学，希望心学能够还给我们一个平静的内心。毕竟心灵上的痛苦和烦恼，才是真正的烦恼。

心之所以会烦躁、会郁闷、会压抑、会悬在虚空，其实都是因为人心和本心如同脱钩的列车，车头独自在前方驰骋，可是车身却失去了牵引，于是自顾自地沿着轨道，用惯性向前驶去。如果遇到了岔路，还会误入歧途。当惯性消失后，又会停在原地，不知道该向何方。

人心惟危。一不小心，人心就像是脱缰的野马，难以驯服。因为外界的声色犬马、酒色财气，都好像是有着巨大的磁力，吸引着人心迷失在红尘之中。所以陆澄就问王阳明："心要逐物，如何则可？"这里的心，不是本心，而是人心。人心是在表面的，在最外面一层，它左右着我们平日里的言行举止。倘若没有降服人心，那么本心自然也很难显露。

就像禅宗的偈语，"身是菩提树，心是明镜台，时时勤拂拭，莫使惹尘埃"。空气中的尘埃是无处不在，红尘中的诱惑同样如同灰尘一般，随处可见。本心蒙尘，就会化作普通的人心。而人心沾惹的尘埃越多，我们看到的世界也就会越扭曲。可问题是，大多数时候，我们会认为那个蒙了灰、看到的模模糊糊的世界才是真实的。况且这种灰尘还有很大的吸引力，一有机会就如同附骨之疽一般，牢牢地贴在我们心中。

不是红尘有众多诱惑，而是人心惟危，人心太不稳定。既然这样，我们应当如何去抵御这种诱惑呢——这就是陆澄的问题。毕竟大多数时候，我们其实很难感受到本心的真实想法，普通人能感知到的，往往只有身体的知觉。最可悲的是，我们为之奋斗一生的目标，我们向往的生活，其实最终的目的，就是去喂饱这个身体的知觉。

比如财富是很多人向往的目标。可是拥有了财富之后，生活会变成什么样子？大多数人会选择享受生活——财富带来的居住环境的变化，带来绝佳的美食，带来心理上的自我满足，等等。而其实，即便拥有了财富，如果你的本心被深深地埋没，那么你的快乐，你的幸福感，也只不过是身体暂时的受到刺激，产生的一点点的化学变化而已。

更何况这个世界，没有什么东西是可以不付出代价就能够得到的。如果可以拥有巨额的财富、高人一等的权力、名动一方的荣誉，可是这背后的代价，你是否也愿意同步接受呢？所以说，世界是一直在变化的。在这种变化中，各种诱惑会以不同的形式，装扮成不同的样子，在不同的时空中出现。我们只要稍不注意，人心就会被诱惑被俘获，本心的明镜之上，也会再蒙上一层灰尘。

这就是陆澄在修心时，真真切切感受到的困惑。王阳明非常理解弟子的情况，于是举例说明，"人君端拱清穆，六卿分职，天下乃治。心统五官，亦要如此"。什么意思呢？君王管理群臣，按照部门职责来划分各自的事物，只要各司其职，天下就能够长治久安。而人心要统摄五官六感，也是一样的道理。

为什么要统摄五官，是因为五官六感：眼、耳、鼻、舌、身、意，这正是人心感知世界的触手。举个不恰当的例子，他们就好像是红尘世界中的吸尘器，把外界的各种灰尘统统吸到了本心之上。所以必然要去统摄这五官六感。只有控制住了源头，才有可能让本心清明。

如何去控制源头呢？我们不可能不用五官去感知世界。事实上我们是分分钟都离不开它们。那么如何做到一心不乱，同时还能够红尘炼心？就如同君主管理各个部门一样，当需要财政大臣出马，那么财政部门就要担当其责；需要军队，那么兵部就要出动；毕竟一个国家事无巨细，最终都是要各个部门有效协调，才能让事情井井有条。倘若身为君主，却事必躬亲，哪个部门都想亲自插手去做，那么必然会天下大乱。

这如同我们的心与五官六感。眼睛看到颜色，我们知道这是什么颜色就好，心不要出动去瞎指挥；耳朵听到声音，一来一回正常反馈就好，心也不要停留在上面。否则就会出现心乱如麻的情况：眼睛看到了美景，于是心中一动，贪图美景的享受，私欲就会生出来；耳朵听到似是而非的内容，心一旦跑出来，附着在这件事上，就常常是说者无意，听者有心，麻烦事也就生出来了。如果这些情况，再加上意识的参与，就好像是酝酿中的风暴，已经失去了控制，必然会发展成一场飓风。

禅宗中就常常说，修行其实很简单，睡觉就是睡觉，吃饭就是吃饭，喝水就是喝水。而不要睡觉脑子里还在琢磨，白天是不是谁故意给我穿小鞋，明天我要怎么报复；吃饭还想着这个菜怎么这么难吃，过两天一定要吃顿火锅补一补。

不要认为这都是小事，其实人的烦恼就是在这些细微之处开始滋生。人心之所以会为眼耳鼻舌身意所干扰，为外界的诱惑所困，正是在这不知不觉中生根发芽，最终结成因果。

所以说人心逐物。其实要解决这个问题也很简单，就是少一点胡思乱想。不要总是自己给自己写剧本，内心不要乱加戏。明明还没有发生的事情，就不要去思考它的可能性，已经发生的事情，过去也就过去了。

其实我们不妨自我反省一下，有多少曾经你认为一筹莫展的事情，到最后是柳暗花明；又有多少你为之焦虑不安的问题，结果随着时间的发展，才发现原来不过是杞人忧天。

问题在于，内心的不安、焦虑、烦躁等各种情绪，其实就是源自这些毫无意义的思虑。由此可见，"世上本无事，庸人自扰之"，说的是一点也没有错。既然本来没有什么事，不妨让我们的心歇一歇，这样烦恼自然也会少很多了。

050

修身齐家必先格物致知，格物就是要正心

我们常说君子要"修身、齐家、治国、平天下"，如此才能够实现自己的人生价值。而这样的理念，绵延几千年，深刻地影响着中华民族。这其实是出自儒家经典《礼记·大学》。原文是，"古之欲明明德于天下者，先治其国；欲治其国者，先齐其家；欲齐其家者，先修其身；欲修其身者，先正其心；欲正其心者，先诚其意；欲诚其意者，先致其知；致知在格物"。

这里的明明德，是儒家三纲之一，其实都是《大学》之中的思想。《大学》一开篇，就说"大学之道，在明明德，在亲民，在止于至善"。也就是说学问之大者，关键在于要弘扬光明正大的品德，持中守正，在于以人为本，更在于能够觉察本心。

在这个问题上，王阳明就和朱熹有了明显的分歧。北宋以来的朱熹注解版本，认为《大学》这里的"在亲民"，应当写作是"在新民"。理由是后文有提及"作新民"，因此这里应当是笔误。

这个问题其实很严重。要知道《大学》是儒家学派的基石之作，倘若理解从根上出了问题，那么必然导致理论会整体出现瑕疵，甚至是根本性的错误。所以王阳明驳斥朱熹的观念，说"作新民"的新，是指自新的意思，与新民完全是两个概念。

况且《大学》接下来的概念，完全和新民没有关系，却是处处在讲亲民。比如"君子贤其贤而亲其亲，小人乐其乐而利其利""如保赤子"、民之所好好之，民之所恶恶之，此之谓民之父母"，这些都是亲近的意思，怎么能理解成"新"呢？

这个问题看上去好像和我们无关，然而正是儒家的亲民思想，传承到今天，我们不过换了一个名词：以人为本。这个理念也深入我们社会的上上下下。

所以文化之根不能忽视。

接下来《大学》又讲第一个总纲，"明明德"应当如何去做。也就是应当如何弘扬正大光明的德与道——"修身、齐家、治国、平天下"。不过儒家的学问更加深入，在修身之前，还有很多步骤，"欲修其身者，先正其心；欲正其心者，先诚其意；欲诚其意者，先致其知；致知在格物"。换成正确的顺序，就是格物、致知、诚意、正心，然后才是修身。

于是我们就明白了，心学的格物致知，其实是所有"明明德"最根本的基础。换言之，如果没有格物致知，心意不诚，那么心就很难正。心不正，意不诚，说什么修身齐家，那都是虚的。即便是努力想要做一个一身正气、正大光明的人，也很难能达到"明明德"的境界。不要说去弘扬光明，能够独善其身就已经算是有所成就了。

格物又应当如何来格呢？首先我们要明确，什么是物，什么又是格。所谓"物者，事也，凡意之所发必有其事，意所在之事谓之物"。这里解释得很清楚，物就是事，只要意动，那么就必然有事。也就是说，只要脑中的意念一动，那么纷纷扰扰的事情就会出现。有的是直接通过行为变成了实实在在的事情，有的则是就在脑海中，不断酝酿发酵成情绪，这也叫作物。

而格物，"格者，正也，正其不正以归于正之谓也。"就是要让物归于本位，也就是正位。那么关键问题就出现了。首先来看格物致知并没有否定意念之动是错误的，更没有说念头不能出现。而是明明白白地讲，有了念头，就是物。这个物既可以是心中的念头，也可以是现实生活中的柴米油盐。无论它以哪种形态出现，不管是太过还是不及，只要它不在正位，那么就应当好好格上一格。就如我们前文所讲，情绪本来就是本心的感知，但是倘若太过，那么就失去了中正。这时候就已然偏离本心，需要格物致知了。

其次，究竟什么是正，什么又是不正呢？倘若没有一个标准，我们就很难去判断，自己的想法或是行为，究竟是太过还是不及。更何况没有明心见性的情况下，我们又怎么能知道本心应当如何参悟呢？这个时候，其实立心的重要性，就会发挥出作用。

就好比船舶出海，水下有各种礁石，有的地方还会暗流涌动。而要去打鱼，那么就要大致地知道渔场在哪里。立心的作用，就好比给了你一张海图，你虽然看不到水下的情况，也不知道渔场到底有没有鱼，可是跟着海图走，至少不会身陷险境，也不会无的放矢。但你的目标究竟在水中的什么位置，这就需要进一步地去勘探。

格物也是如此。我们可能不知道自己的选择是对是错，不知道该用什么样的心态面对自己的世界，更不知道以这样的心态持续下去，自己的人生会有什么样的改变。但是心学首先告诉我们，如果你的选择是对的，心态摆正了姿态，那么坚持下去，你就能够战胜恐惧，摆脱烦恼，克服焦虑。乃至终究会有一天，你能够看透人生中的种种迷雾，透过生活的表象，找到自己内心所在。而要做到这一切，只需要我们从一开始，坚定地按照立心的标准去衡量自己的言行举止，用立志的方法为自己指明方向。

这就是心学的魅力。在我们还未开悟时，用我们能听得懂的语言，告诉我们应当如何修心炼心。立心的方法，并不是直接告诉我们什么是正。这是一种境界，只有参悟透了，才明白本心是什么。

既然这个境界无法直接用语言来描述，那么反其道而行之。我们只要知道什么不对，哪些事情不是本心应当做的，本心正确的范围边界在哪里。同样也可以找到本心所在。

这就如王阳明所言，道是由粗及精。知道了边界，再去一点点地让内心越来越正。无论从事情上还是念头上，都逐渐地逼近最真实的本心。那么格物终究可以致知，而我们的人生也一定会为之改观。

051

涵养中也有私欲，只是因为志未坚

我们常常会看到这样的现象：有的朋友说是要好好调整一下自己的心态，于是开始学习书法，或是去打打太极拳。还有的老师是天天讲养生，讲人要凝神静气。大多数情况下，我们会看到这些朋友的确慢慢地变得平和很多，为人处世也不那么浮躁了。可是真的遇到事情，你会发现，可能他平时的平和，只是用忍耐换来的表象。一旦忍无可忍，就会如同火山爆发一般，一发不可收拾。

问题出在哪里呢？为什么专注于修心养气，却无法真的让自己清静自在，还是会受到情绪的影响。王阳明的弟子就替我们问出了这个问题。弟子薛侃请教老师："专涵养而不务讲求，将人欲作理。则如之何？"意思是说，如果做功夫的时候，只专注去修炼自己内心的涵养，作一个谦谦君子，这样似乎是将私欲当成了天理，应该如何是好呢？

为什么说专注于修德，提升自己的涵养，却容易掺杂私欲呢？其实很多时候，这就是修心非常容易犯的错误。我们看得道之人，和光同尘，对待万事万物都非常谦和，遇到事情也是不急不躁，身边的人相处起来是如沐春风，自己的事情也是安排得井井有条。于是这就成了我们的榜样，似乎修心做功夫，成为这样的人才是最好的目标。

于是人们就很容易照猫画虎：高人心平气和，那么我们也不能生气；高人宅心仁厚，那么我们也应该多一些宽容。可是问题就出在这里，修心做功夫，是要革除私欲。圣人的一举一动，都从天理出发，没有半点私欲夹杂其中。不像是我们，表面上好像学了个八九分相像，可是本质上却差了十万八千里。

比如同样是心平气和，如果只是在家中闲坐，自然是没有什么事情，气定神闲也是一种自然的状态。可是一旦遇到了事情，我们的内心就会生出愤怒来。而练习不生气的方法，却与圣人有千差万别的区别。我们的做法是，心中想着我不能生气，我要忍耐，我不能拉低自己的身份，我不和你计较。尤其是遇到不讲理、没有素质的人，心中更是会想，我这样有身份、有脸面的人，怎么能不顾颜面和他去吵架呢？其实这时候心中的私欲已经呼之欲出，已经藏了一个傲慢的私心，藏了一个高高在上的分别之心。

再比如宽容、谦虚的态度——大多数情况下，当事情发生之时，你感受到了委屈，或者觉得受到了屈辱。有时候可能是相反的感觉，心中生出了自满、得意的心思。但是对外却要表现出宽容谦虚的样子。仔细想一想，其实这背后还是藏了私心在其中。

你认为你在宽容对方，言下之意就是内心存了一个高下之分。又或者你的宽容是做给别人看的，无非是想要获得旁观者的赞叹，这其中藏了一个炫耀的私心。这和谦虚的表现异曲同工。心中可能并不是真的觉得自己还不够完美，而是做作谦虚的样子，来表现出自己谦谦有礼，这同样有一个炫耀的私心在其中。

这就是薛侃所说，专修于涵养，却把私欲当成了天理。表面上看自己的行为似乎已经到了一定的境界，其实全是私欲在背后主导。那么这样修心做功夫，问题当然会在某个时刻爆发出来。

圣人的涵养，并非伪装出来的。他可以不生气，是因为在他的心中，没有什么高低贵贱之分，人们都是平等的。而万事万物都是心中所现，吾心即宇宙——心之宽广，无所不容，何况一点所谓的小小的误会或是矛盾。就好像是成年人看小孩子拌嘴，成年人会和孩子争玩具吗，更不会介意一个孩子说了什么。

因此做功夫，如果心中的意志不够坚定，那么往往就容易浮于表面。平日里八风吹不动，关键时刻就乱了阵脚。所以王阳明就告诫薛侃，之所以有涵养却容易被私欲左右，说到底，还是修心的决心不够。所谓"志未切"，立志、志向不够坚定。

既然我们想要提升自己的涵养，那么就说明想要成为一个真君子，想让自己的生活清静自在。那么在平时做工夫的时候，就要时时刻刻提醒自己，不要自欺欺人。功夫是实打实做出来的，而不是用来表演的。

这就像是很多人，天天喊着自己生活不如意，但是真的让他去努力，甚至手把手去教，还是有很多人不愿意付出。这就是"志未切"，志向不够坚定。什么财富自由、改变命运之类的话，也不过是自欺欺人而已。倘若真的想要实现自己的目标，那么最直接的表现，就是立刻付诸行动。而不是左顾右盼，瞻前顾后，最后还是躺在原地，过着一成不变的生活，却继续叫嚣着要改变命运。

修心做功夫也是同样的道理。这不是嘴上随便说说的，更不是演给谁看的。又好比是种地，田里的粮食是不会一夜之间变出来的，也需要你去耕地、播种、施肥，平日里要去尽心照顾，才能最终有所收获。

如果没有在平日里去磨炼自己的内心，放不下心中的私欲，那么哪怕是做出一个有涵养的样子，也无济于事。本心的境界不会有半点提升，相反可能还会加重你对于私欲的执着。

所以说，为什么炼心叫作功夫？你的心思用到了哪里，哪里就会出成果。而这个成果是一点点磨出来的。既然我们已经开始在修自身的涵养了，这已然就是一个开始。那么不妨决心再坚定一些。

如王阳明所言："志切，目视耳听皆在此，安有认不真的道理！是非之心，人皆有之，不假外求。讲求亦只是体当自心所见，不成去心外别有个见。"

只要志向坚定，那么眼中所见，耳中所闻，都会在这个上面，就不会浮于表面，怎么会不认真呢。是非之心，人皆有之。即便有了这些是是非非，可是只要向内求，抛开私欲，以本心去格物，自然就会渐入佳境。

052

本心归位天君泰然，
触景生情因为没有斩草除根

　　有人说，人这一辈子，可能也就是少年时期算得上是快乐，等到长大成人，烦恼也就随之而来。这么说也不完全正确，少年自然有少年人的烦恼，成年有成年人的压力。只是相对于成年人，少年时期的烦恼似乎看上去不值一提，无足挂齿而已。

　　其实只要我们来到这个世界，烦恼就随之而来。哪怕是个嗷嗷待哺的婴儿，饥饿就是他最大的烦恼。只是随着年龄的增长，我们接受世界的影响越多，就会有更多的事情扰动我们的内心。就像是少年，虽然没有了饥饿的烦恼，可是枯燥的学习，考试的压力，甚至同龄人的优越感，都会是新的烦恼的来源。待到成年后走向社会，生存的压力扑面而来，社会的变化让人应接不暇。一边是不那么轻松的工作，另一边又是灯红酒绿的诱惑，将人的内心割裂得无比碎落。

　　更糟糕的是，人生的命运大多数时候都隐藏在时代的光影之下，若隐若现。于是我们只能随波逐流。在尘埃落定之前，永远也不知未来到底何去何从。大多数人的世界就是如此浑浑噩噩。也许真的努力过、奋斗过，但是没有找到自己的本心，只是随着本能随波逐流，终其一生也不过是在虚度光阴而已。

　　所以，我们常常会有这样的感觉：终日里不知道在忙些什么，有事情的话也就罢了，没有事情的时候，好像也是一天到晚闲不下来。就算是身体停下来，躺在床上还不知道在想什么，要是偶尔真的能静下来，都是很难得的一件事。

　　就像是古人的一首诗，"终日昏昏醉梦间，忽闻春尽强登山。因过竹院逢僧话，偷得浮生半日闲"。每天昏昏沉沉，如同喝醉做梦一样，可能昨天发生的事情都已经想不起来了。人生都是半梦半醒一般，眼瞅着春天要过去了，这才想起来去山里走一走，换换空气，放松一下大脑。结果在山中的竹园中，邂逅了一位僧人，大概这位高僧也是点拨了诗人几句，令诗人内心宁静下来，这才有一种"偷得浮生半日闲"的感觉。

我们现在忙忙碌碌，不是在工作中，就是为了子女的教育伤脑筋。能偷得浮生半日闲，简直就是像发福利一样，可遇不可求。可是不管是什么情况，心若是闲不下来，人就会觉得身心疲惫。很多人暗暗在感叹，生活怎么这么累，累的其实是心，身体的累根本就不是问题，心累才会消磨我们的意志。

用王阳明弟子的话说，"寻常意思多忙，有事固忙，无事亦忙，何也？"——平时有事情的时候，心感觉很忙，这也就罢了，可是没事的时候，为什么心里还是很乱，脑子里乱哄哄的，这是什么原因呢？

不要说能够让心一直处在安定的状态，就算倘若能在闲暇的时候，心中的杂念不要那么多，不要烦恼，这就已经是很多人追求的境界了。那么为什么我们在空闲的时候脑子也很乱，心也很烦呢？甚至有时候在家中闲坐，或者是躺在床上，也会莫名其妙地涌上一阵烦恼，这简直不科学。究竟问题出在哪里呢？

王阳明解惑道："天地气机，元无一息之停，然有个主宰，故不先不后，不急不缓。虽千变万化，而主宰常定，人得此而生。若主宰定时，与天运一般不息，虽酬酢万变，常是从容自在，所谓'天君泰然，百体从令'。"

这是什么意思呢？心学是与儒家一脉相承的学问，而王阳明所处的时代，儒家的很多理念与道家思想和佛家思想融会贯通。何况《易经》就是儒家的必修课程，所以在《传习录》中，很多时候我们能看到道家的理念。在这里其实就有道家的气机的思想。

王阳明借着道家的理论解释道，天地万物，都是由先天一炁演化而成，万事万物在气机的推动之下没有一刻是停止的。这其实和佛家的"无常"是一个意思，宇宙万物都在变化之中，唯有我们的本心——这里说是"主宰"，是不先不后、不急不缓、不净不垢、不增不减的。也就是说本心是常处在一个"定"的状态中。如果人能够回归本心，那么自然就会从容自在。"天君泰然，百体从令"，天君就是本心。本心归位，就像是君临天下一般，四肢百骸，眼耳鼻舌身意都能够被统摄。这时候意识就不会乱跑了，心也就不会乱了。

这是王阳明从另一个角度来诠释心为什么会乱。就是因为本心没有归位。用《道德经》的话来说，就是"天得一以清，地得一以宁，神得一以灵，谷得一以盈，万物得一以生"。本心归位，万物自然就各归其位。

那么，为什么我们就算闲来无事坐在那里，也会不由自主地胡思乱想呢？因为看上去我们是安安静静地坐在那里，好像很平静。其实人的念头何其复杂，表面上没有想什么，脑海中念头已经如电光火石一般，生生灭灭不知道过去了多少，只是你根本就来不及察觉。佛家说，一念之间有九十个刹那，一刹那之间有九百个生灭。也就是说，弹指一挥间，我们的心头已经不知道过去了多少妄念。而这些妄念如同小河一般最终汇聚成大河，你才能够感知到妄念的存在。

就像是潜意识一样，事情还没发生，你的潜意识就隐隐有种预感，这件事将会发展到什么程度。其实这并不是预感，而是有无数刹那之间的念头的生灭，在你毫无察觉的时候，已经完成了判断。烦恼的生起，就是在这些不知不觉的妄念中，逐渐成长。慢慢的像潮水一般，漫上心头。等你感到烦恼，其实已经迟了。

而烦恼之所以能够生起，就是因为心中私欲，如同种子一样，早就埋在了心底，只等一个恰当的契机，破土而出。比如令你念念不忘的屈辱——可能你并没有时时回想起来。但是在相同的场景，甚至是相似的天气、相同的时间，也许都是一个下雨天，又或者都是某个周末的夜晚，甚至是相近的气味，也会让你不知不觉触景生情。然而心中生出来的只是当时的某种情绪，让你感到莫名其妙。烦恼就是这样出现的。

所以只有回归本心，用心学的方法格物致知，铲除烦恼的种子，断掉它的根，不给它生长的机会，这样才能断绝烦恼。否则，即便你能够自我安慰，自己会调整心态，烦恼也会如同野草一般，只要没有斩草除根，就必然会春风吹又生。

本心归位，我们就能在每一次情绪出现时，清清楚楚地感知到它。在它要发作，还在过渡的时候，就可以够及时地消灭它。烦恼没有了根源，这就是从容自在，也就是"天君泰然，百体从令"真正的意义。

053

君子慎独，有戒惧之心，方能善始善终

心学是修心之学，也可以说是君子之学。孔夫子按照人的品德与认知，将人分为了五种类型："人有五仪，有庸人，有士人，有君子，有贤人，有圣人。"这个世界上大多数都是庸庸碌碌的庸人，正因如此，烦恼和缺憾也是人生中的一种常态。读书固然能让我们的知识长进，但是唯有修心，才能让我们的认知升华。不过圣人贤人的境界是如此之高，寻常人难以企及。所以我们想要达到圣贤的高度，可能望尘莫及。但是通过修心炼心，勉强达到谦谦君子的水平，这个境界应该还是可以触碰到的。

而心学就是指导我们在红尘中炼心，在俗事上格物，从一个庸人，转身为一个君子。既然要作君子，那么就应当以君子的标准去要求自我。要表里如一，作一个真君子而不是伪君子。《中庸》里就讲道，"莫见乎隐，莫显乎微，故君子慎其独也"。也就是说，无论人前人后，哪怕是自己独自一人，也应当表现如一，这才是君子所为。

这一点其实很重要。因为往往我们就是在独处时，内心才是最放松的，本性才会一览无余，毫不藏私。越是这种时候，你的所思所想，就越体现了你内心深处的真实想法。倘若在这样的场景下，你还能保持清明，坚守本心，那么这才是真正的君子，才是为"致良知、至诚至善"种下的善因种子。

除了要慎独，君子还应当有戒惧之心。也就是我们在立心中所讲，心存敬畏。要知道什么事情可以做，什么事情不能做，为人处世要有原则和底线。

关于这一点，就有人请教王阳明："戒惧是己所不知时功夫，慎独是己所独知时功夫。此说如何？"这个问题是在问，敬畏之心是指针对于我们自己不知道结果的前提下，自然而然对于因果生起的敬畏。而慎独，则是在自己独处的时候，自我反省、自我约束的功夫。

这二者有什么区别呢？一个是对于未知的事情所下的功夫，另一个是对于自己已知的本心做的格物。所谓戒惧，就是当我们面对选择时，不能将利益作为衡量标准，也不能将你的目标作为标准。而是要遵循本心之中的天理，要懂得敬畏因果，要以至善之心去看待这件事，如此才能善始善终。这就好比财经理财，常常会提到的中产收入陷阱——因为收入的逐渐提升，虽然人们手中的存款多了，能支配的财富也更加充裕，但是焦虑却随着资产的增加，而更加严重。

为什么会焦虑，其实就是因为人们对于未来的不确定，对更多财富的渴望，以及生活质量提升带来的额外支出，导致生活成本上升的压力。倘若一个人无法化解这种焦虑，就不能说人生真正获得了成功，因为幸福感才是成功的标志。一个国家如果不解决这个问题，那么这个社会就无法真正步入稳定繁荣的状态。

戒惧——心有敬畏之心，长存至善至诚之心，我们就不会被眼前的表象击败。我们才能有定力，去按自己的计划，过自己的生活。比如现在常说的内卷一词，其实很多焦虑就是自我营造出来的，是环境，也是自己的内心发生了内卷而形成的焦虑。教育的过度营销，不就是内卷的结果吗。而之所以会产生内卷，就是因为当形势一旦发生变化，我们就会自乱阵脚，容易从众：别人家的孩子上了补习班，自己家孩子如果不跟上，好像就会落后。周围的邻居都给孩子报了兴趣班，自家孩子肯定也要好好培养。

焦虑就是由此而来。倘若我们换一个心态，用戒惧的标准去看待身边的事情，你就会忽然发现，自己本心所追求的，并不复杂。而眼前看到的热闹非凡的景象，也不过像是一场闹剧，高潮一过大家就各自散场。就好像三十年前，流行"学好数理化，走遍天下都不怕"，二十年前计算机专业成了最火热的高考目标，十年前金融就是王者，可到了现在呢？

所以戒惧之心，就是帮助我们生出定力来，不要倒在眼前的蝇头小利上，更不要人云亦云，随波逐流。我们换个角度说，为什么绝大多数人都是庸人。是因为大众的价值观是一致的，我们大部普通人在做出判断时，标准是一样的。如果事事都从众，那么你很难从庸人中脱颖而出。既然要作君子，君子应当卓尔不群，和而不同。至少我们可以学习曾国藩，把握一个原则："众争之地勿往，久利之事勿做"。

慎独，则是我们要更进一步去提升自己的修养。人前人后，都表里如一，如此才能厚德载物。很多公众人物，一旦功成名就，就很容易被爆出负面新闻。这并不是说某个人品质有多恶劣。如果抛开公众人物的身份，其实人性都差不多，并没有什么本质的区别。但是作为公众人物，要明白名利本身就是巨大的腐蚀剂。倘若一个人没有戒惧之心，那么必然把持不住。虽然有名有利，表现出来的品德还不如普通人。而之所以会被曝光，恰恰也是因为公众人物，是会被人们用放大镜观察的。

所以君子慎独。倘若能够始终表里如一，不要去刻意设计什么人设。品德正派，厚德载物，自然可以如常青树一样，屹立不倒。

关于戒惧与慎独，王阳明告诉我们，二者"只是一个功夫。无事时固是独知，有事时亦是独知。人若不知于此独知之地用力，只在人所共知处用功，便是作伪"。无论有事没事，不管是人前还是人后，关键你心中所思所想，其实还是只有你自己明白。你伪装也好，真诚也好，最终是你自己实实在在的功夫，做不了假。

尤其是在修心这件事情上，你有没有定力，会不会焦虑，是不是虚伪，这些只有你自己知道，这就叫作"独知"。要去炼心，恰恰就要在这个独知之上用功，万万不可自欺欺人。就像是公众人物给自己设计了一个完美的人设，可再完美的谎言，也敌不过岁月的考验。更何况很多时候的考验，是在无声无息之中完成，然后结成因果。它会在某一个时刻，悄然绽放出来。

所以要作一个君子，就应当有戒惧之心。慎独，方能善始善终。

054

真理也要去思考，行善未必是修行

前些年，成功学在国内非常有市场，其演讲的火爆程度，不亚于民国时期大师们的讲座。而如同打鸡血一样的现场情绪，往往很容易将听众成功洗脑。听过的学员不知道最终有几个成功的，但是这些成功学大师们却个个赚个盆满钵满。

为什么成功学如此火爆呢？一方面，它抓住了人们急功近利的想法，每个人都想走捷径、甚至不劳而获就能够成为人生赢家；另一方面，则是很多似是而非的道理，或者是伪装成真理的心灵鸡汤，让人难辨真假。

人性中，人们总是愿意接受自己内心中预设的答案。倘若心中认为，成功是有捷径可走的，那么你就一定会按图索骥，直到遇到以此为饵的陷阱。

人们往往还有一个共性，就是喜欢拿来主义。最好自己不用想，就能明白真理。宁可犯了错误再后悔，也不愿多思考一下这个知识的真伪。尤其是听到一些用华丽辞藻堆砌的所谓名言金句，或者是偷换概念的心灵鸡汤，便堂而皇之地拿来就用。这就好像是猎人为了狩猎，必然要去下诱饵。而猎物却不会思考，为什么这里有一只受伤的鸡等着自己捕猎。又好像是西游记中的唐僧，一心向善，看到老弱病残，就想救死扶伤，可是却从来不考虑为什么深山老林中，荒无人烟之地，会有衣冠楚楚的良家百姓。

然而当真理真的摆在眼前的时候，我们却又心生种种猜疑。往往第一个念头是不信任，就算有一些半信半疑，也会自我否定。比如说否定经典中的道理。还没有了解就妄自判断：佛学道学都是迷信，儒家思想也不过是迂腐的封建社会奴役百姓的谎言而已。其实我们不妨反思一下，这些判断是从何而来？倘若没有真的深入研究过，是不是就是一种妄念。

很多时候，阻碍我们认知的，其实就是这些妄念。认知分为无知、盲知、自知、慧知、觉知。这里的知，就是你内心的认知。无知就是将自己的眼睛耳朵遮蔽起来，听不进去一点道理，却能看到、听到他想要的信息。这样的"知"对于自己来说最可怕，可是骗子们却最喜欢。这个世界很多人就是靠收智商税发家致富的。被收割的韭菜们非但不认为自己是韭菜，还会认为是自己长得不够茁壮，这才被薅了羊毛。

所以我们要明白，真知，一定是要经过自己思考和实践之后得到的。总是不假思索地决定，或是把自己的主动权，贸然托付给一些道听途说的消息，要么喝下几碗掺着砒霜的鸡汤，你的人生怎么会安然无恙呢？

真知，一定指导的是正确的行为。而这些实践，也必定会佐证真知的正确性。倘若你按照这个道理去行动，结果却是一地鸡毛，那么它必然也不能成为真理。所谓"真知即所以为行，不行不足谓之知"。倘若认知这个前提出了错误，行为也必定会有所偏颇。

那么是否可以通过实践反过来去磨炼自己的本心呢？心学讲，知行并举。知与行是同时发生的，你的认知是什么，你就必然会有什么样的行为。比如你认为要通过实践去修证内心，这本来没有什么不对，但是如果我们心中先存在了一个分别，认为是先有实践，再有认知，那么这个理解从根本上就错了。

我们期望通过实践去修证内心，其实本来这就是一个认知。这个认知就是"实践可以炼心"。而不是我们心中没有任何想法就去修行，那么这样的行为与盲目、无知的苦行僧有什么区别。印度有很多苦行僧，认为只要苦修就能悟道。于是把自己搞得人不像人，鬼不像鬼。这种不是真正的修行炼心，只是心中有一个执念而已。

又好比有的人认为，从善即是修行。只要一直做善事，那么必然能够往生极乐世界，至少能给自己带来一些福报。但是没有正确的指导思想，根本无法分辨善恶，只能做一些自认为的善行。像是没有约束地放生，非但不是行善，有时候比一些恶行的果报都要大。

再比如儒家亦是如此。儒家崇尚忠孝，因为这是心学中所讲的天理使然。但是倘若你没有觉知、慧知，同样容易矫枉过正。譬如在《二十四孝》中，很多故事即便是以真正的儒学角度来看，也有些离经叛道。只不过儒学在古时候地位太过特殊，无法明说罢了。

所以这就是王阳明所言，"若真谓行即是知，恐其专求本心，遂遗物理，必有暗而不达之处"。如果把实践当成了真知、真理，那么就很容易将实践背后的执着，当成了格物。那么真正该去格的物，反而容易被我们忽略。

既然心学讲要知行合一，而且是知行并举，那么当然就不分先后，有了知就必然会有行。在"行"之中，反过来也就同时可以获得"知"。只是这个知，不可执着，更不能人云亦云。不然就会像苦行僧、像一些酸儒腐儒那样的老学究，不知变通，把鸡汤奉若真理。

古人说"讲得一事，即行一事。行得一事，即知一事，所谓真知矣。徒讲而不行，则遇事终有眩惑"。所以知与行，必然是明白了一点，就做一点。在做的过程中，又发现自己的不足，那么继续改正、精进，如此才是知行合一最好的方法。如果只说不做，那么遇到事情还是不明白。可是只做不想，又容易执着于某种错误的认知中。

这就好像说，"有善有恶意之动，知善知恶是良知"——你开始对善与恶有了分别心，这是因为心中的意在动。可是心动之后，究竟是善是恶，却常常不辨是非。这是因为良知并没有发挥作用，还纠结在"意之动"中。换句话说，虽然你好像是听到、看到了好与坏，但是事情的本质到底是好是坏，有没有违背自己的本心，你却没有认真思考过。那么知行合一，这个知，就还停留在无知、盲知的境界。可想而知，你的行为又能高明到哪里呢。

因此不要简单地认为自己做的就一定是好事，心中所想的就一定是善念。就像很多原生家庭中的父母常常以爱之名，却给孩子带来了多少压力和童年阴影。但是在这些父母眼中，自己绝对是善行。而类似这样的事情，其实在我们身边随处可见。

所以，即便我们是在行善，也不妨好好审视一下自己，这真的是善事吗？看到表面上不能理解的恶，不妨也多想一步，观察一下背后到底是善还是恶。也许换一个思路，你的认知就会不知不觉中慢慢提升。

055

修心炼心，本心何在

我们总是在修心炼心，都希望可以修炼出一颗强大的内心。外能抵御工作上的压力，化解生活中的烦恼；内可以充盈自己，让自己获得快乐和幸福。讲了很多如何修心的道理，可是心到底在哪里呢？心学中的心，是大脑的意识吗？还是一种不可描述的感觉？

很多同学往往容易忽略这个显而易见的问题。我们常常有这种感觉：当你失落的时候，感到心中空落落的，好像缺了点什么；在你悲痛欲绝的时候，会用伤心欲绝来形容，痛的正是心口的位置；而当你感到焦虑、彷徨的时候，你又会感到自己的心无处安放。

很奇怪，明明我们知道，心脏不过就是一个器官，并没有思考的作用，大脑才是意识的中枢，可是为什么情绪上涌的时候，感觉最明显的偏偏就是这个位置？难道说，心脏中才真正藏着我们的意识吗？《黄帝内经》中说"五脏所藏：心藏神，肺藏魄，肝藏魂，脾藏意，肾藏志"，这里的神，是不是就是我们的意识、灵魂，甚至是本心所在呢？

所以我们要修的心到底在哪里？心脏中的神真的就是本心吗？

首先，心脏肯定不是本心所在。放到古代可能比较难验证，但是现代医学，心脏移植手术已经不是什么新鲜事，倘若心脏是本心所在，那么换了心脏岂不是将人的本心都换掉了？虽然也有证据显示，移植心脏的病人，性格和喜好的确有所变化，但是根本上并没有什么区别。因此心脏显然不是我们的本心所在。

要去克服种种心头的情绪，我们首先就要明确，自己的本心到底在哪里。只有明确了本心的位置，我们才能明白什么是天理，什么才叫作至诚。譬如王阳明的弟子就曾经发出这样的疑问：天理、本心到底是一个东西还是两件事情。这个本心到底在哪里，天理又在哪里。就拿孝心这件事情来说，孝顺应当是天理，而人有孝心这就是本心的体现。这么来看，好像本心和天理是两件事情。

于是王阳明耐心解释道，这样去理解的话，其实就是将心与理分开来看，那么就会认为理在外。而如果孝道这个天理是在父母身上，是不是父母不在了，天理就消失了呢？又或者说，只要父母在，就应当孝顺。可是有多少不肖子孙，父母健在，却做着不忠不孝之事？可见尽孝这个理，并不在父母之身，而应当与本心同在。

又比如看到有孩子落入水中，你心中生起恻隐之心。难道说这个恻隐之心是在孩子身上吗？孩子没有落水，就没有这个恻隐之心了？心是一直都在的，只是幼儿落水的事情，激发出了本心的恻隐之心而已。

既然心就在自己身上，不在心脏，那么心是因为眼耳鼻舌身而存在吗？毕竟我们看到幼童落水，心中就会有恻隐之心；听到闲言碎语，心中又会生出烦恼；闻到尝到美食美酒，也会心神荡漾。如此看来，是不是本心就藏在这眼耳鼻舌身之后呢？

倘若如此，那么是否一位聋哑人，情绪就会比普通人少很多呢？一位盲人，看不到幼童落水，就没有了恻隐之心呢？如果哪天你感冒了，鼻子不通气，舌头有些迟钝了，你的烦恼就会因此而消散吗？显然也不是这个道理。

那么大脑的意识，是不是我们本心所在呢？毕竟眼耳鼻舌身、色香声味触，好像到最后都是要交给大脑去处理，尔后我们才会得到正确的信息，形成我们的意识。如果这个道理成立的话，那么在逻辑上推论，只要你四肢健全，眼耳鼻舌身都是健康良好的，那么就不应当出现精神失常的情况。

又或者可以反过来讲，倘若身有残疾，或者是罹患疾病，眼耳鼻舌身，有任何一个器官出现问题，难道就会变成一个不正常的人吗？事实上恰恰相反，很多人是身残志坚，做出的贡献甚至比一些健全人还要多，德行也令人敬重。由此可见，你的大脑中的意识，也并非你的本心所在。

那么本心究竟在哪里呢？我们常说，你要用心去看这个世界，要用心去聆听自己灵魂的声音，用心去感受大自然的拥抱，用心去破除红尘中的妄念。无论你是一个残疾人还是一个健全人，不管你是少年儿郎，还是耄耋老者，当你真的用心这样去做，你会发现大家并没有什么不同，感受到的世界不分彼此，不论高下，只有领悟的深浅，却没有认知的偏见。

本心具足，它原本就是能看、能听、能感受、能思考的。事实上从根本而言，它与你的眼睛、耳朵、鼻子、嘴巴可以都没有关系，也可以不受你大脑的控制。当你感受本心的时候，这个时候的你，才是真实的你。所以本心不在眼耳鼻舌身意，不在你的心脏，更不在外。

既然不在外，是否在我们的身体里呢？如果在我们的身体里面，那么就意味着，倘若我们没有通过眼耳鼻舌身意去获取到外界的信息，那么就无法感知到外面的世界。换句话说，这才是真的唯心主义——只要看不到摸不着，感知不到的，那么它就不存在。而心能够看、能够听、能够感受，如果本心就在身体里面，是不是我们就可以自己用本心来看一看身体有什么问题，那还需要医生做什么？这么看来，心好像也不在内。

那么本心到底在哪里呢？

可以说本心无处不在。这样解释我们很难理解，但是可以通过简单地打个比方，来理解一下本心和眼耳鼻舌身意的关系。它们之间就好比一套监控体系，眼耳鼻舌身意，就好像是监控体系的各种探头：有摄像头，有探测烟雾的，有感知温度的等，五花八门。

而这些探头的作用，只是在收集信息而已。收集到的信息，最终汇总到电脑的计算中心，推算出各种数据。这就好像是我们的大脑的工作原理。可是真正发挥作用的，是坐在电脑面前的人。这就好像是我们的本心。

倘若探头坏了，传递的数据出现了错误，那么计算中心给出的结果自然也会有偏差。而操作人员倘若看不出问题来，自然就会做出错误的判断。这就好像我们太过依赖眼耳鼻舌的话，太相信眼中所见，耳中所听，就必然会产生错误的认知，本心也很难发挥出作用。

格物致知，其实就相当于在不断地检查这套设备的探测器哪里出了问题。有问题就矫正它。通过不断地矫正、修复这些探测器，慢慢的，计算中心的数据也会越来越准确。而操作人员，相当于我们的本心，也会越来越清明。直到有一天，你只要一看数据，就知道哪里出了问题，那就是开悟的状态。

这样来理解，我们就会明白，为什么说心不在外，也不在内，而是无处不在，无所不容。因为本心和你的身体，本来就不在一个维度。可是没有开悟之前，我们却又要依靠这个躯壳，去感悟本心。这也就是"时时勤拂拭，莫使惹尘埃"的原因了。

056

红尘世界，才是炼心最好的道场

心学说，"知行合一，格物致知"，就要在事情上炼。在"独知"的时候，独自面对自己心灵的时候炼。所谓"红尘无处不炼心"，唯有这样，才可以逐渐地找到迷失的本心，让自己内心达到慧知、觉知的程度。

可是一说起红尘炼心，很多朋友心中就会有各种困惑，脑海中可能第一个浮现出来的形象，就是心如死灰、看破红尘的人。就算不是出家，也要青灯古佛相伴。要么想象的就是那些隐遁在深山老林之中，神龙见首不见尾的高人。仿佛如此才算是修行人，否则身在红尘，怎么可能不惹尘埃呢？

更何况，既然身在红尘，那必然有数不清的牵挂，有家庭、有妻儿老小，交着房贷车贷，每天违心地应付领导同事，有时候则是要陪着客户，透支自己的健康。别说什么为何不能红尘炼心，只是因为很多事情也是身不由己。肩上的担子如此之重，怎么可能一走了之。更不可能做一个混吃等死的懒人，成天口中念着阿弥陀佛。心是静了，可是日子就不好过了。

所以，我们普通人似乎也只能多听听道理，学会在情绪不好的时候，能够开导开导自己，这就不错了。不图什么成佛成圣，但求一个问心无愧也就罢了。

这可能是大多数朋友心中的想法，也是我们很多朋友在下决心改变的时候心中的一个障碍。修心炼心，是不是一定要到深山老林去找一个幽静的地方，吃斋念佛、焚香打坐呢？还是说六根清净，就必须远离红尘，六尘不染就要超凡脱俗？

修心炼心讲究一个静字，那么格物致知，心境昌平，是否就应当放下所有欲望，不能再有任何执着？既然如此，努力工作还有什么意义，反正都是身外之物。甚至更激进一点，家人也不过是因缘际会的一时因果而已，要不要执着这种关系呢？这样看来，好像修行人应该是个个都无所事事、铁石心肠才对。可是这样的修行，又有什么意义呢？

这个问题困扰了很多朋友。从佛家角度来看，这算是一种无明障。无明就是没有光明，本心的光明智慧受到阻碍，因此称为无明障。

我们修心炼心，是要求一个静字。但是静不是目标，更不是结果，这只是一种方式。想象一下，本心就如同是一杯纯净水，把它放在红尘世界这个大染缸中，自然会浑浊不堪，变成浑水。若要让本心恢复清明，就要借用一个"静"字，让其中的杂质沉淀下去。我们要的是本心的清澈，本心的智慧，而不是要的这个静的方式。

但是如果你的心境不够稳定，就相当于浑水刚刚沉淀下来，又被搅动，杂质又开始在水中漂浮，于是本心重新被红尘遮住，清明不复存在。所以我们其实真正需要的功夫，并不是静，而是一个"定"字。就好比你将灰尘都变成了铁屑，那么不管水如何被搅动，铁屑也漂浮不起来，水仍然会保持一种清明的状态，这才是真正要做的功夫。

我们在红尘中炼心修心，就是把灰尘炼成铁屑的过程。而逃避到深山老林，或是不得已遁入空门的人，就好比是把这杯水，想办法拿到了一个相对干净的环境，让它少沾惹一些尘埃。可是有人的地方就有江湖，即便是在空无一人的荒山野岭，你的心却仍然停留在闹市，那就是自欺欺人地修行了。

如果将目标搞错，那么结果必然会出错。我们常常产生的误区，就是认为修行人是追求一个静字。事实上很多修行者也是这样认为，于是才有了大家的误解，认为修心就必须静。而这个静却又被理解成了环境的静，从而带来的心平气和。当然，修行一开始的时候，可能是通过对环境的调节，先进入表面上心平气和的状态。但是这形成不了定，只有事情发生的时候，心念动的时候，还能静下来，这才叫作定。

所以说要在事情上炼心。而讲到这里，我们会发现修心炼心并没有阻止我们正常的工作生活，并没有让你抛家舍业，可是为什么我们会有这样的误解呢？

一方面是大家对于"静"的理解有误，另一方面则是修心背后涉及的是人欲。很多人认为：只要你去赚钱，这就是欲望。你一个修行者，在这里做法布施，怎么能谈钱呢？谈钱多俗啊，这就已经不是修行人了。还有的人说，既然你在修心，六根清净、六尘不染，那就应该不要结婚生子，不要去在意家庭的羁绊，要去出家才对。

既然都说是"六根清净，六尘不染"，换言之并不是完全没有六根六尘。我们既然生活在这个世界上，怎么可能不呼吸不喝水。所谓清静、不染，并非是完全没有干扰，而是红尘无法动摇你的心，什么杂质都漂不起来，什么灰尘都染不进来，这才叫作六根清净。

人欲只要是由天理而发的，那么就是正常的。换句话说，不偏不倚地需求，这就是正常的。甚至于只要是心存天理，那么表面上看着过分的人欲，也在情理之中。比如你赚钱是为了正常的生活，而不是想有了钱去享受，这就是正常的人欲。如果你赚钱是为了公益事业，或者是尽忠尽孝、尽职尽责，没有一个私心在其中，这就是天理昭然。私欲不存，本心自然定如泰山。

同样的道理，努力工作是为了让家人生活有保障，让父母老有所依，让子女能衣食无忧，让爱人可以改善生活。这样的目的，对父母来说，这就是孝心；对子女，这是责任；对于爱人来说，这是爱意；这些都是本心天理中的意之动。当然，我们普通人在生活中不免还会夹杂着对于名誉的渴望、对自己享受生活的需求、还有一些攀比心等，这些其实就是天理中的私欲，这才是我们需要去格物的地方。

而在追求这些目标的过程中，我们往往容易将目标放大，或者错将目标当成了行事的标准。比如对于子女教育的过度关注，对于爱人的有求必应，生活的标准不断拉升，这些其实就是因为其中的私欲。导致你真正在实践的时候，又会遇到很多障碍，这些也正是烦恼的源头。

所以红尘无处不炼心。这个花花世界，才是最好的修心炼心的道场。

057

大道真影就在眼前，无须舍近求远

《道德经》中有句话说，"大道至简"。真正的道理，应当是最简单、最朴实无华的。心学中也说，"道之大端易于明白，良知良能，愚夫愚妇与圣人同"。大道其实最为简单，而人们心中的良知良能，即便是愚钝的夫妇，也与圣人别无二致。

譬如"知行合一"，红尘无处不炼心——无论你的学历高低，阅历多少，一听就能明白。当然也许每个人在理解上会有些许偏差，但是其背后根本的道理，或者说对于大道模糊的认识，并没有什么方向性的问题。佛学中也常说，活在当下，过去心不可得，未来心不可得。所用的语言同样是通俗易懂，言简意赅。

可是，为什么听上去通俗易懂的道理，真正实践起来却又困难重重呢？是我们理解错误，还是什么原因，阻碍了我们明悟大道呢？

其实简单通俗的道理，往往并不是大道的本义。毕竟"道可道，非常道，名可名，非常名"，佛家也说这个境界是不可说，不可思议。流传在世的道理，更像是大道的一个影子，若隐若现，好像透露了天机，又好像什么也没有说。但是至少它给我们指明了一个正确的方向。

圣人和普通人的区别，就在于圣人会意志坚定地按照这个方向不断精进。而普通人则是很容易在半途中被其他的事情干扰，或者是被诱惑到歧途之上。所以佛家有句话说，"学佛一年，佛在眼前，学佛三年，佛在天边"。刚开始学习佛法的时候，好像一下子打开了另一个世界的大门，看什么都是新奇，觉得什么都有道理。于是觉得自己只要下定决心，就必然能明心见性。

可是在实证修行中，就会渐渐忘了初心，对于曾经的认知产生了怀疑；或者是不够坚定，当眼前的诱惑和心中的期待相比，往往就会在不知不觉中说服自己，被当前的声色犬马、酒色财气俘获。于是在这样的过程中，慢慢又回到了红尘中。最后才蓦然发现，修行炼心，已经变成了一种额外的负担。最开始的初心，早就不知道被扔到了哪个角落。

还有的人，初心倒是没有忘，一心想要明体开悟，可是苦于没有明师，于是茫茫然四处上下求索。可是脱离了实证实修的文字功夫，就容易差之毫厘，谬以千里。就像是知行合一这样的道理，仅仅一个知字的理解，如果停留在表面的知道、认知，那么就会变成知易行难，这岂不是离大道越来越远。

又好比说，随着考古的发现，我们会看到很多典籍，在传承中多多少少都会有一些勘误。这是因为古代的典籍，都是通过竹简篆刻，或是文人誊抄转录而成，既然是人为的功夫，就必然会有所遗漏。

倘若是出于研究历史的要求，比如某个人名、地名的记载，年代、封号的描述，这些必须严谨。但是个别的错别字，甚至是多字、少字，其实并不影响全文的本义。如果你不去理解圣贤根本的道理，而是非要在这个文字上纠结，甚至危言耸听，什么一字之差，全文的意思都变了，这样就是不顾本义、断章取义。

《孟子》就说，"道在迩而求诸远，事在易而求诸难"。大道就在眼前，就在当下，可是人们却舍近求远，舍本逐末；事情本来很简单，却要把它弄得很复杂。这就是人们做功夫的通病。但是人们之所以容易走入这样的误区，其实是因为大道往往隐藏在朴实无华的事情之中，然而人们却不愿相信。

就像是为什么现在很多商品，包装都异常精美。因为人们往往有一种心理暗示，包装都如此高大上，那么产品的价值必然不会低。生活中讲究仪式感，其实很多营销也是如此，普普通通的一顿午餐，倘若经过了复杂的礼仪再去享用，你就会认为它真实的价值不一般。倘若高档的西餐，把不必要繁缛礼节都去掉，它的价值在你心中，也会大打折扣。

而大道有时候也是如此，普普通通的事情，你如果真的悟到了，它就在眼下。吃饭、睡觉之中，就蕴含着最根本的道理。可是我们却选择忽视，一定要认为必须是什么高僧、道长，或者是隐世的高人，甚至是传世的世家子弟，才真正掌握了大道。其实想一想，这些外在的身份，名声，不就是和那些包装一样吗。包装好坏，和商品的质量，其实本质上没有直接关系，但是我们却选择相信自己的眼睛，而忽略了本心的感知。这就是为什么说"道在迩而求诸远，事在易而求诸难"。

又像是走在一条宽阔的大道上，我们心中明白，最终这条道路必然会通向我们的目的地。可是当你走了很久还没有到达，甚至好像沿途的风景都没有变化的时候，不免心中有些打鼓。如果在这个时候，忽然出现一个岔路口，在一旁还有路标，写着"此处是捷径"，或者是"前方一公里有客栈"。那么意志不坚定的人，很容易就会被带离大道，走入歧途。

所以修心炼心，意志一定要坚定。不要总想着去隐居修行，或者是遁入空门。大道真影就在眼前，只要我们能够把握住它的轮廓，不忘初心，就能一直精进下去。倘若是今天看到一点道理，我们就认为这是真理，于是学习琢磨；明天听到一些感悟，又如获至宝，去钻研一番，那么你就会离大道越来越远。

就好像是天下的方与圆，大大小小何其多，可是你能都去研究透彻吗？做功夫的态度，应当是找到这个方与圆的尺与规。有了标尺，自然就能尽知天下之方，有了圆规，也就必然能够掌握天下之圆。

方与圆就是大道真影，而手中的尺规，才是真正的大道本身。做学问练功夫，切记不可追逐表面的东西，一定要在本源上下功夫，这样才能接近大道。而本源的功夫，其实往往就在身边，就在眼前。这就是红尘无处不炼心的道理。

058

百年三万六千天，不在愁中即病中

什么样的人生算得上是成功？是财务自由，还是家庭和睦、儿孙满堂？是戎马一生、纵横睥睨天下的英豪，还是风流倜傥、舞文弄墨的骚客？都说人生短暂，为什么不活得精彩一些。所以每个人的少年时，也许都曾梦想过仗剑走天涯。

然而人生的梦想会渐渐地变化。随着年龄的增长，人们对成功的定义，也会更加现实。毕竟，平凡才是生活的主流。但不管是怎样的期待，我们都会希望能够拥有一个健康长寿、心平气和的人生。百年三万六千天，不在愁中即病中——人生百年，其实细细想来，也不过三万六千天，可是人这一辈子，绝大多数时候，不是在愁苦中，就是在各种病痛里，有时候病痛还带着愁苦，让人倍受折磨。

所以，能出离这样的状态，不要被烦恼和病痛折磨，其实就是一种成功。什么名利上的成就、财务自由，都是需要天时地利人和，缺一不可。可是健康和清静，这却是我们向内就可以求得的。于是我们向中医寻求养生的方法，向儒、释、道寻求心安的道理。却不知，这原来都是一回事。

养生告诉我们，要清心寡欲、心平气和，竟然与心学的建议是如出一辙。这是什么道理呢？《黄帝内经》揭示了其中的奥秘——在《内经》的开篇黄帝就提出了疑问："余闻上古之人，春秋皆度百岁，而动作不衰；今时之人，年半百而动作皆衰者，时世异耶？人将失之耶？"。意思是，我听说上古的人们，寿命都能超过百岁，而且还不见老态。可是到了现在，人们才年过半百，就老态龙钟，到底是环境变了，还是人变了？

岐伯就回答：上古的人们，都能明白大道本真，效法阴阳五行的变化，遵循河洛数理的规则。饮食有节制，起居有规律，能够劳逸结合，所以神形俱佳，如此就能够过百岁而寿终正寝。今天的人却不以为然，把饮酒当作乐趣，生活不规律，这样人的精气神就会耗散得很快。因此圣人教导我们，要清心寡欲，恬淡虚无，这样才能够守住自己的精气神，长此以往的话，病邪又怎么会来呢。所以要清心寡欲——"是以志闲而少欲，心安而不惧，形劳而不倦，气从以顺，各从其欲，皆得所愿"。内心清静了，身体里的气就顺了，欲望少了，烦恼自然也会减少，生活作息也就正常了，身体也得到了调理。

但是很多人不知道的是，内心不安，不仅仅会导致身体内的气不顺，更会伤到五脏六腑。甚至可以说，人的一生所罹患的病灶，有七成都是由内而发。《内经》说"夫百病之始生也，皆于风雨寒暑，清湿喜怒。喜怒不节则伤脏，风雨则伤上，清湿则伤下"。人生百病，都是因为受了风吹雨淋，受到了寒暑清湿之气侵入；或者是因为喜怒哀乐，伤到了内脏。然而风吹雨淋好防范，可是喜怒哀乐却是让人防不胜防。因此，绝大多数的病症，其实都是源于情绪的波动。

在《内经》中讲到，"怒伤肝、喜伤心、忧伤肺、思伤脾、恐伤肾"。当然，并非只要有情绪，就会伤身。我们讲过，本心也有情绪，只是这样的情绪是一种本心的觉知，而非私欲在其中。只有过度的情绪，才会真正地伤身。但是大多数人的情绪，一旦发出，基本都会过度，就会在不知不觉中已经伤到了自己。由此《内经》才说，要清心寡欲。

但是清心寡欲，是真的修心炼心吗？能否做到《内经》讲的"心安而不惧，形劳而不倦，气从以顺，各从其欲，皆得所愿"？如何才能在生活中清心寡欲呢？

《传习录》中就对于这个话题进行了探究，王阳明嘱咐道，"养生以清心寡欲为要。夫清心寡欲，作圣之功毕矣。然欲寡则心自清，清心非舍弃人事而独居求静之谓也，盖欲使此心纯乎天理而无一毫人欲之私耳"。

养生虽然说以清心寡欲最为重要，可是如果真的能做到清心寡欲，那就是圣人的功夫了。要知道人欲寡淡，那么本心自然而然就会清明。但是清心，可不是要找个地方遁世隐居，而是要让本心明悟，不要掺杂一丝一毫的私欲在其中。这样才是真的清心寡欲。

这么看来，养生其实和修心炼心并不矛盾，甚至说，如果本心能够致良知，能够常常得到清静，那么不管是什么病痛，也都会逐渐消失，至少不会有新的毛病出现。可是如果只是图一个内心清静，心平气和，而没有格物致知，不在事情上炼，这样即便是闲在家中坐，也会愁上心头来。

很多烦恼难道是一定遇到了什么事才会冒出来么？大多数的烦恼，虽然也能找到根源，可是有时候即便这个根源已经不在了，我们仍然会烦恼。譬如，有多少人会因为年少时挫败的经历而念念不忘？有多少人会因为求而不得的恋情痛苦万分？即便是时间已经过去很久，可是每每回忆起来，仍然让人无法释怀。甚至有时候，哪怕是因为燥热的天气，连绵的阴雨，也会让人莫名其妙地心生焦躁。

所以，这样的情绪，犹如黑夜中的潮水，悄无声息地就会漫上心头，这是躲在深山老林中就能避开的吗？心中的烦恼，虽然会因为环境的变化，略有调整。但是如果病根不除，烦恼就会像野草一样，只要条件合适，就会漫山遍野地疯长。所谓"灭于东而生于西，引犬上堂而逐之"。刚把东面的火灭掉，西面又着了起来。又像是自己开门放了一条恶犬进屋，又立刻去把它逐出门外。门是自己开的，犬也是自己放进来的，到头来又要把它驱赶出门。

那么野草的根到底是什么呢？格物要格什么呢？人欲中的私欲，就是这野草的根，格物也正是要格这个私欲。私欲不除，就好像家中大门常开，恶犬就会不请自来。可是如何发现私欲，这才是入门的功夫。

恶念生起之时，我们很容易辨别其中的私欲——损人利己，这一看就知道是私欲作祟。可是善念中的私欲，却伪装得很好。比如看上去是包容和迁就，可能潜伏着虚荣心在其中。更不要说闲思杂虑中的私欲，我们甚至都来不及发现，它就已经一闪而过。所以圣人说，君子要有戒惧之心，要慎独。

红尘炼心、格物致知，要从辨别私欲开始。清心寡欲，寡欲其实是清心的结果，而养生，又是寡欲的结果。由此看来，万事万物，不过还是在一个心上。

059

学无高低却有深浅，
博文多见未必是好学之举

思考一个问题：什么才算是学问？什么又是道？

单论学问，可能大家的回答会是五花八门。知道如何能够不用一根钉子，就做出一间木屋，这算不算是学问？可以赤手空拳，在险象环生的荒野中安稳生存，算不算是学问？甚至知道哪里有促销，什么时候购物最划算，这又算不算是学问呢？

三百六十行，行行出状元。只要是在某个方面比别人更加专业，了解到的信息更多，当然都可以看作是学问。孔子还说，"三人行，必有我师焉"。可见即便是圣人，也不是事事知晓的。那么我们是否要去学习这些学问呢？

首先，且不说学习这些内容有没有意义，单就这样的学问来说，可以说是无穷无尽，数不胜数。倘若我们事事都好奇，对什么都想去了解一二，那是学不完的。庄子就说，"吾生也有涯，而知也无涯。以有涯随无涯，殆已"。我们的生命是有限的，而知识是无限的，倘若你用有限的生命，去追逐无穷尽的知识，那么必然会浪费自己的生命。

其次，虽然学问不分什么三六九等，但是却应该学以致用。譬如屠龙之技，即便你学得炉火纯青，可是天下却没有什么龙让你去屠，那学来又有什么意义呢？当然这世间如屠龙之技的学问是少之又少，大多数人也不会如此无聊，学一些没有用的东西。

然而实际生活中，我们却常常在学一些无用的屠龙之技。只是这些无用的知识，往往包裹着有用的外衣，让你无从分辨。比如所谓的成功学，还有各种毒鸡汤，甚至有时候职场老人的所谓经验之谈，可以说都是一些无用的知识。还不如一些什么生活中的冷知识之类，至少能增长一些你的见闻。

学问除了要学以致用，要去学习有用的、有意义的知识，学问还分深浅。大道至简，可是大道却隐藏在生活的方方面面，如果你不去深入理解，那么学问也仅是学问。如果学得浅了，可能只能算是一个知识，甚至就是个信息而已。

比如学习厨艺，如果你不去做厨师，那么至少可以让生活多一些烟火气，这也是学以致用。然而，如果你深入去了解、学习，就会发现即便是厨艺这样看上去平平无奇的事情，也是博大精深。而倘若你了解得足够深入，就会发现，原来厨艺中也有阴阳五行，也有君臣佐使。与中医的原理如出一辙，易经的理念竟然也贯穿其中，于是知识就变成了学问，而学问则进入了大道的范畴。

所以我们说，学问虽然不分三六九等，但是要学以致用，而且要有深浅。可是这个学以致用，我们有时候就不容易理解。什么才是学以致用呢？就像是生活中的冷知识，大多数的内容，可以说仅是用来增加一些谈资，博人一笑而已。这样算不算是用呢？当然也算，这是小用。毕竟我们的生活不能像机器人一样，毫无乐趣。

还有生活中的常识，这也是小用，但却不能不知。譬如最基本的地理知识，科学常识，公序良俗等，这些都是生活中常用的知识。如果你不懂，就会闹出笑话，或者在不知不觉中，就会落入陷阱。我们看国外就有很多反智的人群，迄今为止还相信天圆地方，认为地球是宇宙的中心。这就是缺乏常识。而没有常识，我们就很容易轻信别人的谎言。自己的价值观、世界观也很容易左摇右摆。所以虽然说是小用，但是也不可不知。

中等用途的学问，是那些可以让我们赖以谋生的知识、技能。无论你是设计师，还是修理工，在自己的领域，所掌握的知识，就是中等学问。大多数的技能、学科知识、应用知识都可以归纳到这一类中。

那么，什么是最深刻的学问呢？我们暂且不论它是高等还是低等，而是"学之大者，谓之大学"。"学之深者，谓之道"。《大学》中介绍过，"大学之道，在明明德，在亲民，在止于至善"。这些学问不仅能让我们安身立命，更能够指导我们认清生命的真谛。换句话说，这是用更高维度的视角，去审视我们的世界。

但是在生活中，我们实际的情况，却是缺乏常识，很容易沉溺在一些无用的知识、甚至是负面的知识中。对于让自己安身立命的技能，也是不求甚解，更不要说去悟什么"学之大者，学之深者"了。

这不仅仅是我们所遇到的现实，圣人也看到了这个问题。比如说孔子有个弟子，叫作子张，就常常好高骛远，不去深入感悟大道，而是把博闻多见当成了学问。可是博闻多见，反过来又会滋长他内心中的困惑和傲慢，反而轻视了本心的修行。所以孔子认为这就是病，唯有以一以贯之，才能治这种博闻广记的毛病。

博闻广记本身并不是什么问题，问题在于把各种见闻强记于心，只是记住了里面的内容，却没有深入理解背后的道理，更没有去深究其中的道。而是当作开阔眼界的方法，或者是与人思辨时的依据，那样就是浮在了表面，只是中等用途，甚至是小用之学。王阳明也有一个弟子叫作孟源，他也是喜欢博闻广记。可是见闻一多，就非常喜欢表现自己，很容易自以为是，刚愎自用。所以王阳明一看他又要自我表现，就呵斥道，"尔病又发"。

所以并不是博闻广记就好，如果不能从中间汲取中等用途，寻找道的线索，那么无用的知识积累得越多，只会让你消耗精力，滋生出更多的私欲。

知行合一中的知，是认知，是觉知。人的生命精力有限，如果不能把有限的精力，用到参悟本心上面，那么你的人生就会在浑浑噩噩中，在恐惧、烦恼、焦虑、悲伤、抑郁中，惶惶不可终日。即便是衣食无忧，甚至是花天酒地，醉生梦死，可是你的灵魂，却会随着时间的流逝，变得越来越苍白。最终在生命的尽头，会面对更大的恐惧和无助。

要提升自己的知，达到智慧的程度，甚至是觉醒的境界，就应当规划好自己学习的方向。小用不可少，却不可博，中等之用要精通，而学之大者，则是要悟，要终身格物而致知，不可有一刻松懈。

所以我们不妨反省一下自己，看一看你每天的时间都用到了哪里，也许从现在开始，可以重新规划一下你的学习计划，整理一下你的书架了。

060

本心是动是静，何时而动何时不动

中国的传统文化中，守中是一个非常重要的思想。无论是儒家，还是道家，都非常讲究持中守正。如果去研读《易经》，可以看到通篇都在讲一个中正二字。《中庸》里更是明确地谈到，什么是中，什么是正。所谓"喜怒哀乐之未发，谓之中；发而皆中节，谓之和。中也者，天下之大本也；和也者，天下之达道也。致中和，天地位焉，万物育焉。"

在心学中，也是非常强调要守未发之中。情绪将发还没有发出来的时候，这个状态就叫作中。为什么要守住这个中呢？这是因为情绪是源自本心和人心对外界刺激的一种反应。要守住这个未发之中，并不是说一定不要让它发作出来，而是时时刻刻能够觉察到情绪将要发作的念头。

我们讲过，有情绪不可怕，正常发出来也不可怕，可怕的是无节制地发作，甚至是毫无察觉地发作。就好像是一座火药库，如果有一根燃烧中的引线，这看上去就非常危险。但是如果能及时发现，只需要掐断这根引线，那么危险自然就会戛然而止。

我们日常的情绪就像这座火药库，倘若你沉溺于声色犬马，酒醉金迷，心中私欲掩盖了智慧，那么就好比这座火药库积累了重重的雷管炸药，只要点燃，情绪就会如同山崩地裂一般爆发出来，毫无理智可言。而守未发之中，是要掐断引线；格物致知，则是在不断地撤掉这些危险的易爆品。

引线就好像是我们通过眼耳鼻舌身意，对外界各种感知的反馈，所听所想，所见所闻，都有可能引起我们的情绪。想要彻底地革除这根引线，是非常难的，就好比你打开收音机，就必然会收听到无线电的信号，哪怕是没有电台广播，也会有毫无意义的噪声。

所以，既然在这个躯壳里，就很难隔绝外界的刺激。我们能做的，只有及时发现燃烧的引线，去掐灭它，并且想办法搬空这座火药库，如果火药库空了，那么就算是有引线也不必担心了。这时候的境界，就是从心所欲而不逾矩。本心进入常定的状态，外面的什么刺激都不会影响到本心分毫。

问题又来了，我们不是说本心本来就不增不减、不净不垢，本来就是不动不静的，又是动静相宜，怎么又会被扰动呢？那么这样说来，未发之中，情绪未发的时候本心是静的吗？发出来的时候本心又是动的吗？如果这里有了一个动静之分，那么不是就与本心的不动不静、动静相宜有了矛盾，这样就说不通了。还是说有事情的时候才动，无事的时候就是静呢？这实在是很难理解。

"此心'未发'之体，其在'已发'之前乎？其在'已发'之中而为之主乎？其无前后、内外而浑然之体者乎？今谓心之动静者，其主有事无事而言乎？其主寂然、感通而言乎？其主循理、从欲而言乎？"这是陆原静请教王阳明的问题。

这的确是个问题。因为我们倘若还未觉察到本心，还没有修行到一定程度，只能从道理上去理解这个本心究竟为何物，就会陷入文字、逻辑层面的思辨。而局限于自己的认知和常识，往往很难突破常理之中的揣度。

譬如就说这个本心，究竟是什么呢？是大脑的产物，还是传说中的灵魂，又或者说是道家的三魂七魄，还是儒家说的浩然正气？很难一言一概之，不管是灵魂、魂魄，还是浩然正气，其实都是一个方便的说法，我们即便说得再详细，也无法真正地描述清楚。

就好像让你说出一道你最喜欢的美食，你就算穷尽辞海，也无法准确描述出来美食的味道，唯有吃到它的人才知道个中滋味。即便如此，个人的感官不同，味道带来的体验也是不尽相同。江南的美食，可能放在四川，就会被认为寡淡无味，四川的麻辣，对于江南人就是一种伤害。所以本心，一定要自己去悟，才能真正明白其中的道理。

如果用一个比喻来讲，就好比一条鱼，游弋在鱼缸之中，如果你在鱼缸中撒了许多盐，鱼一定会知道，如果温度太低，鱼也会有反应。这个鱼缸中的水，就好像是我们的本心，而其中游弋的鱼，就像是人心。水在鱼的体内还是体外？它对于鱼来说，不在外，不在内，无处不在，无所不在。而水中盐分上升，不光是鱼知道，水也知道；温度下降了，水和鱼都会有感知。

可是你说水是动的还是静的？它既是动也是静。对于鱼来说，他就是一个不动的状态，永远都在那里，不增不减。但是它又是动的，因为鱼要游动，那么水必然也会相对被搅动，但是搅动过的水，慢慢地就会恢复如初。

当然这个比喻并不是非常贴切，毕竟本心是有觉知的，永远的不净不垢，不增不减，而鱼缸的水还是会有增有减，有净有垢，但是通过这样的比喻，我们可以尝试理解本心和人心的关系，而不要把比喻当成本来的样子。

就好比六祖惠能曾被质疑，说你大字不识一个，怎么能够去说法论道呢？惠能就回答道，大道与文字无关，真理就好像是天空中的明月，而文字只是指着月亮的手指，手指可以指出明月所在，但手指并非明月。我们万万不可将文字上的道理，当成了真正的真理。倘若文字语言是道理的话，那么仓颉造字之前，难道没有圣贤吗？

所以不管是未发之中，还是已发而中节，就本心自身来说，都是寂然不动的，但是却会因为外界的刺激，自发地生出反馈，就好比宁静的湖泊，没有一丝涟漪的湖面，看上去是纹丝不动，可是它却能照见天空的一切，这个照的过程，本来也是一种动。

天空中飞过一队鸿雁，它就会照见鸿雁，天空中什么也没有，照见的空寂，也是一种观照，本身也是一种动。未发之中，就相当于湖面反射到了大雁飞过的痕迹，这样的反射就是动，而大雁如果划过湖面，就会激荡起层层涟漪，这就是已发的状态。大雁不作停留，继续飞走，湖面慢慢恢复平静，不会自己再荡起涟漪，这就叫作已发而中节之。

这样的过程，就如同本心不动不静，动静相宜，不增不减，不净不垢，寂然长存。但这并不是究竟的理解，真实的状态，还需要我们自己在实证实修中慢慢体会。

061

错把人心当本心，梦中假我作真我

人之初，究竟是善还是恶？这是一个争论了几千年的话题。南宋学者王应麟认为，"人之初，性本善，性相近，习相远"。人应当是天生善良，本性相同的，只是习性差异很大，通过后天的教导，才能保持良善的本性，否则就会被社会渐渐地污染。

有的人则认为人之初，性本恶。比如有的小孩子还懵懵懂懂，就已经会虐待小动物，或者极度自私，欺凌弱小。佛家则认为，人之初并无善恶，但是却有习气。这个习气是前世因果循环，与生俱来的。有的习气好，就表现得忠厚仁义，有的习气不好，就会作恶多端。因此人之初，其实是带着因果而来的。

心学和佛家有些类似，认为人的本心都是一样的，只是在后天的环境中，眼耳鼻舌身意接受到的各种信息，逐渐让本心受到蒙蔽，因此人性就慢慢表现得各不相同。《三字经》里的"人之初，性本善，性相近，习相远"，就是这个道理。这里面的性，并非我们讲的性格，而是本心的自性。

进一步思考，聪明睿智，是人的本质还是后天的学习成果？仁义礼智信是人的天性吗？喜怒哀乐是人的性情吗？陆原静写信请教王阳明："聪明睿知，果质乎？仁义礼智果性乎？喜怒哀乐果情乎？私欲客气果一物乎？二物乎？"

倘若聪明睿智是人的本质，那么为什么有的人聪明，有的人愚钝。如果是因为后天学习的成果，那么为什么即便有的人非常努力，但是学习成绩却赶不上轻松学习的学霸？难道聪慧就是天生的吗？既然是天生的，又何来开悟一说？为什么说一开悟就能够无师自通。五百罗汉的周利盘特尊者，开悟之前愚钝之极，连一句"阿弥陀佛"都记不清楚，开悟后却能为人讲经说法，这又是什么道理？

再说仁义礼智信，这是人的天性吗？为什么圣贤就能具备这些德行，而很多普通人就没有呢？又像是古代有很多名士，比如张良、董仲舒、诸葛亮这样的人士，他们也具备了这些品德，而且功勋卓著，为什么不算是圣人，而只能说是英才呢？他们与圣人又有什么区别？

在王阳明看来，"性"是唯一的。并非聪明睿智有一个对应的本性，仁义礼智信又对应另一个性。而人的自性，就是本心的特性。本心的自性，在外表现的就是仁义礼智信，就是聪明睿智。只是自性并非直接表现在外的，而是藏在了我们的躯壳之下。躯壳的眼耳鼻舌身意，会引发我们的私欲。人一旦有了私欲，就会将本心包裹起来，私欲越重，本心被蒙蔽得就越深。

像张良、诸葛亮这样的名士，他们之所以能想常人之不想，为常人之不为，本来也是因为他们天资卓越。但是他们的精力更多地消耗在了打拼江山、治理国家之上。倘若他们能够更进一步，彻底地悟透本心，那么自然也会如圣贤一般无二。

这里面有一个道理，我们每个人其实论聪明才智，似乎有高下深浅之分。于是很多人感到自己知识匮乏的时候，很容易陷入知识焦虑。又有的朋友则是看不清人生的方向，总会走着走着就感到一片迷茫，不知道未来怎样，也不知道自己该如何选择。

然而我们的本心，其实都是一样的，每个人自己就是一个宝藏，本心的智慧才是我们真正应当去挖掘的。外在的知识，学习的再多，也总有一个限度。更何况很多知识其实就是无效信息。我们不去发掘自己的潜能，却要向外去求索，这就是缘木求鱼，刻舟求剑。

本心的自性，就有仁义礼智信，就有智慧。私欲再重的人，也会在某个时刻遮盖不住本心，让我们能够感受到它的存在。就像是再愚钝的人，也会有灵光一现的时候。而我们要做的，就是通过格物致知的方法，让这个灵光不要一闪而过，而是处处都能发挥作用。这样人生还有什么迷茫，还有什么事情是我们看不透、想不通的？

王阳明说："常人多为物欲牵蔽，不能循得良知。"良知即是本性，既有良善的天性，又有智慧之光。只是百姓大多为物欲所羁绊，所以很难看到自己的本心。而这种物欲也不是简简单单说放下就可以放下的。

私欲的萌生有主动也有被动的，人就好像是在泥沼中的鱼一般，生活在这样的环境中，身不由己、不得不吞咽泥沼中的泥水。更是因为身在泥沼，看不到外面的江河湖海。有的人甚至已经习惯了这样的环境，还以此为乐，浑然不知泥沼的水也在慢慢干涸。

智慧就在本心，不必向外求。外界的知识固然可以让你增长见识，但是最终的开悟，还是要去磨炼自己的本心。开悟最大的障碍，佛家说在一个"我"字，心学说在一个"私"字。角度不同，含义一样。无我自然无私，能无私也自然是放下了心中的一个我字。但是放下私欲，必须是发自本心地去放下，万万不可刻意地去想：我应该无私。倘若有这样的想法，其实背后还是有一个"有的就必须舍"的利益交换的私心。只有彻底明悟了无我，这时候的无私，才是真正的无私。

所以要格去私欲，首先就要格去"我执"的念头。可以说，有了我执的念头，各种私欲就有了生根发芽的土壤。从心学的角度来看，所谓我执，就是错把人心当本心。本心的我才是真我，而我们却把人心的需求当成了真我的需求。

就好像是做梦，梦中可以功成名就，可以腰缠万贯，可以有各种各样你想象中的成功。可是梦醒了，就是一场空。然而我们却总把梦当成了真，去追求一些身外之物。都不用说到生命尽头，可能短短十来年，甚至就是几年的工夫，你就会发现曾经追求的很多东西，在生活面前，在自己的内心之中，原来并不是那么重要。

时代也在变化，人们的价值观也会发生巨大的改变。比如三十年前，房产好像并不是人们生活的重心，而这二十年，又有多少人奋斗的目标就是城里的一套房。可是再过十年，人们的目标，必然会有新的发展。反观在我们的生命历程中，二三十年虽然不短，却也并不是生活的全部。

所以我们常说，要倾听自己内心的声音。其实是让你找到真我，了解那个藏在人心背后的本心，它到底需要什么。而遵循本心，就是遵循天理，就是致良知。心学其实很简单，多听听自己的声音，顺从自己的本心，不要人云亦云，不要随波逐流。那么你就会很快找到真正的你。

062

你追求的快乐，其实正是痛苦的来源

人生百年三万六千天，不在愁中即病中。难怪佛陀形容芸芸众生，都在苦海中浮沉。我们辛劳一生，不论是一事无成，还是留下一大片家业，在生命的起点和终点都没有什么分别，生不带来，死不带去。所以如何让这短短百年，活得更加有质量，这也许才是我们人生应当追求的目标。

有质量的人生，是财务自由，还是声名显赫？是尽享天伦之乐，还是自由走天涯？是穷尽一生的丰富多彩，还是恬淡自如的碌碌无为？也许每个人的答案都不一样，但是不管是什么样的人生观，没有人会认为生活在烦恼中，便是有质量的人生。我们都希望自己无论是做什么，在哪里，都能够开开心心，快快乐乐地过完这一生。可是快乐到底是什么呢？

倘若让你去回忆人生中最快乐的时光，那绝对不是你颐指气使地指点江山，也不会是事业登顶的无限风光，也许会是你看到自己的孩子呱呱坠地的瞬间，也许是和初恋的第一次牵手，又或者是你久病初愈的轻松。所以，当我们冷静下来，眼前不再有红尘中的浮躁，你重新审视自己人生的时候，你会发现，原来快乐的意义和我们想象的并不一样。

有时候人生观其实就是建立在你是如何理解快乐的基础之上。毕竟大部分的时候，我们去拼搏、去努力，为之奋斗的事业，其实本质上都是为了取悦自己。然而倘若你取悦的方向，甚至是对象发生了错误，那么最终你会发现，你的努力毫无意义，有时候还会带来更多的痛苦。

所以圣人教导我们，应该去寻找圣贤的快乐。圣贤的快乐有什么与众不同吗？他们难道没有开心快乐的时刻吗？如果有，那又和我们普通人有什么区别？如果本质上没有区别，那么我们有什么必要去向圣贤学习，只需要去寻找自己的快乐就可以了，何必要去修心炼心呢？

陆原静也是非常的不解，于是就上面的困惑请教王阳明，原文是："昔周茂叔每令伯淳寻仲尼、颜子乐处。敢问是乐也，与七情之乐同乎？否乎？若同，则常人之一遂所欲，皆能乐矣，何必圣贤？若别有真乐，则圣贤之遇大忧、大怒、大惊、大惧之事，此乐亦在否乎？且君子之心，常存戒惧，是盖终身之忧也，恶得乐？澄平生多闷，未尝见真乐之趣，今切愿寻之。"周茂叔指的就是周敦颐。曾经周敦颐也常常要求弟子程颢寻找孔子、颜回的乐趣。

无怪乎陆原静有此一问，这的确是个问题。毕竟我们都没有见过圣贤，只是知道他们智慧超群，日子过得是清心寡欲，有的还生活窘迫，像是庄子动不动就要向邻居借钱。可是人生在世，难道不应该有所作为？就算是要让自己开心快乐，也未见得一定要修心炼心。如果圣贤的快乐和普通人没什么区别，那我们宁可过着这样烦恼和快乐并存的生活，反正烦恼也赶不走，大家也都差不多，何必还要让自己更累呢？

有这样想法的人，并不在少数。因为人们很难理解，为什么要去修心，没有了烦恼，是否也就没有了欲望，那么生活还有什么乐趣可言？

可是生活中的乐趣，往往十分短暂。不仅如此，大部分普通人的乐趣，其实也恰恰是烦恼的根源。譬如我们可能会因为在团队的竞赛中，获得了荣誉感到高兴；也有可能是工作努力，而获得了丰厚的报酬由此心满意足；还有时候，因为位高权重，而受到别人的尊敬，于是心中不免有几分得意。

然而获得荣誉，却并不是常态。当你看到别人超越你的时候，随之而来的，就是羡慕甚至是嫉妒；工作努力能够获得丰厚的酬劳，可是有一天分配不公的时候，或者手头拮据、失去工作的时候，巨大的落差、生活的压力就会牢牢锁定你；再位高权重，也终究会有人走茶凉的一天，天下没有不散的筵席，习惯了高朋满座的热闹，是否能适应门可罗雀的落寞？

所以我们的快乐，其实是建立在比较、索取、对于名利的渴望之上。当这些私欲得到片刻的满足之后，虚假的快乐就会出现。可是私欲不会总是能够被满足。即便能够有片刻的满足，可是私欲就会像是嗜血的怪兽，随着满足感而不断膨胀。欲壑难填，如果放任私欲的成长，那么它就像是无敌的深渊一般，永远无法满足。

我们的快乐，其实是一种被动的快乐，一种身不由己的虚假的快乐。就像是被关入囚笼的囚犯，对于失去自由的囚犯，每天短暂的放风时刻，也许就是他们最快乐的时候。可是习惯了囚禁，他们却已经全然忘了，原本他们就是自由的。

真正的快乐，不应当是被满足后的快乐，而是一种无忧无虑的清静。心头上没有任何挂碍，没有任何压力，不存在什么烦恼，也不会受到惊扰，更不会有什么焦虑。为什么成年人总是感觉生活得很累，是工作需要消耗很多体力吗？显然不是，很多体力劳动者的精神状态，很多时候比一个天天加班的白领要好得多。事实上，我们累的只是心而已。

心无处安放，就会感到慌张；不知道方向，就会焦虑彷徨；没有保护，恐惧和无力感就会时时相伴；而这一切，也许就是因为在一开始，我们对于快乐的理解出了偏差，我们用尽全力去追求的快乐，哪里知道，这恰恰是痛苦的根源。

佛家常说，西方世界是极乐净土，没有什么烦恼和痛苦。极乐世界其实就在心中，心中是净土，又何必要等到往生。儒学说，革除私欲就是至诚之心。用心学的话来说，没有私欲，烦恼和痛苦就没有了滋生的土壤——这就是圣贤的快乐。圣贤的乐，并不是我们理解的七情六欲中的乐，而是出离了烦恼和痛苦，剩下的只有本心的宁静。

这就是修心炼心的好处。可以让我们的人生真正地得到快乐，时时刻刻都是一种轻松自在的感觉。难道这样的人生，不是你想要的吗？

063

无欲则刚，至诚才能够勘破红尘

致良知，就要用格物致知的功夫。而格物致知，则须有一个至诚的心。《传习录》时时都在讲，格物无非就是要至诚。古时候的文章，往往是一字一意，和今天的习惯很不相同。因此我们很容易望文生义，认为良知就是良心，又或者会将至诚当作要诚实，诚恳。

这样的理解就会让人生出很多困惑。比如有良心就可以参悟本心吗？那么善良的人很多，各个都开悟了吗？为人要诚实，难道说诚实诚恳就能格物致知？可是古人又说"害人之心不可有，防人之心不可无"，"马善被人骑，人善被人欺"。现实生活中，善良诚实的人，往往给人一种老实可欺的感觉，如果这样就能悟道，那么岂不是要吃很多亏？

再者说，圣人并非唯唯诺诺的老好人。王阳明做起官来，可是一点也不拖泥带水，不管是杀山贼，还是平叛乱，表现的都是有勇有谋，并没有迂腐死板。更不是和敌人坦诚相见，而是智计百出，又怎么能算得上是诚实呢？

这个问题非常现实，倘若辨别不清什么是"致良知"，何为"至诚"的话，就必然会陷入矛盾之中。在《传习录》中，就有这么一段精彩的问答。弟子欧阳崇一写信请教道，人情机诈百出，御之以不疑，往往为所欺，觉则自入于逆、臆。夫逆诈，即诈也；臆不信，即非信也；为人欺，又非觉也。不逆，不臆而常先觉，其惟良知莹彻乎？然而出入毫忽之间，背觉合诈者多矣。

信中毫不避讳，直接指出人情机诈百出。红尘中的人心，诡诈多变，防不胜防，倘若用诚信去格物，那么必然会受到挫折。而如果先做揣测，遇到事情先去想是不是有陷阱，人与人之间的信任都没有了，这又怎么能说是至诚呢？

那么究竟什么是至诚呢？《孟子》说，"是故，诚者，天之道也；思诚者，人之道也。至诚而不动者，未之有也；不诚，未有能动者也"，《中庸》里讲："唯天下至诚，为能经纶天下之大经，立天下之大本，知天地之化育。"这里的诚，并非诚信，也并不是诚心，更不是所谓的诚实、忠诚之意。而是一种纯正，不掺杂任何私欲杂念的一种态度。孟子的意思是说，心无杂念，不净不垢的这种状态，就是天道。而人能够追求这样的境界，就是人的道。《中庸》的意思则是说，只有心中没有私欲，保持一个纯净的本心，才能够执掌天下，长久不衰，通晓天地的奥秘。

所以至诚，并非要我们处处都诚实、诚信。归根到底，是指一个毫无私欲、不自欺的状态。只有在这样的状态下，我们才能致良知，通达自己的本心。

红尘中人心固然是机诈百出，然而如果像圣人一样，时时都能有一个至诚之心，本心毫无私欲在其中，那么不管有什么阴谋诡计，也无法伤害到这样的人分毫。有句话讲，无欲则刚。不管是什么陷阱，万变不离其宗，无非是建立在你的私欲上的诱惑。

如果你要逐利，它就会以利益的方式出现；你要逐名，它就会伪装成名誉的样子；你厌倦了脚踏实地的稳扎稳打，它就会告诉你应当如何不劳而获。其实很多的骗局，在事后看来是如此的不堪一击，然而正是因为私欲蒙蔽了我们的眼睛，让本来显而易见的事情，就是看不透，想不通。

就像是常见的金融诈骗。有句话说得好，你图他的高回报，他只图你的本金。高额回报，是超出常识的认知，明显是违背了基本规律，就用最简单的逻辑判断，假如真的有远超过正规金融机构的回报率，那么何必还要外人来操作，自己人去正规银行贷款，转手套利就可以了，这样的模式根本就没有规模限制，不存在资金不足的情况。然而骗局只是简单地包装了一个外衣，我们就会在紧张的气氛中，暂时地失去理智。这就是渴望利益的私欲在作祟。

又好像炒股买房的专家、成功学的大师，都是如此。明显违背客观规律的事情，为什么还是有很多人趋之若鹜？在私欲的掩盖下，一切不合理都变成了合理。即便是短暂的似乎真的可以获取利益，那也是因为大环境如此。当风口一过，潮水退去，才能看清楚谁在裸泳。

格物致知，倘若不能至诚，私欲就会和我们的理智成反比。私欲越大，理智越少。知行合一的知，有五重认知，私欲过重的时候，我们就会失去定力。没有定力的人生，你的价值观就会停留在盲知，甚至是无知的状态，就会人云亦云，根本没有自我分辨真伪的能力。这样的人生极其被动。大环境好的时候，还能吃一吃社会的红利，可是环境稍有变化，就容易被割了韭菜。

疫情早期贩卖口罩的人群，股市上总是抢到峰顶的股民，虚拟货币被套牢的币民，甚至是在资本鼓吹之下盲目创业的中产，在教育竞争中不堪重负的家长，都是在私欲的驱赶之下，越陷越深，越走越累，完全忘了生活的本来面目。

人生为什么没有一帆风顺？生活为什么总是起起伏伏？情绪像是失控的汽车，完全不受控制。这些都是因为我们在当下做选择的时候，失去了理智，忘记了初心。私欲夹杂在选择中，无形为你心中的天平额外增加了砝码。本来不偏不倚的本心，顺着私欲的方向迷失了自我。如同夜晚在伸手不见五指、崎岖的山路间行走，不摔跤就算是幸运了。

所以，圣人为什么能够看破本质？就是因为圣贤有着至诚的心境，始终是致良知的状态。不管是什么事情来了，本心都岿然不动，正所谓"富贵不能淫，贫贱不能移，威武不能屈"。达到这样的境界，哪里还需要管什么人心机诈百出？对方的什么阴谋诡计，对你也是无可奈何。

而心不为之所动，就能看透事情的本质。即便一时看不明白，但是时间终究会洗掉一切伪装。所以理智的人生，才能看破红尘中的诱惑，才能在岔路口毫不犹豫地找到正确的方向。而至诚之心，就是让我们保持清醒的方法。

064

情绪稳定很难扮演，格物致知是正道

我们都想扮演一个情绪稳定的成年人，都想给自己营造一个成熟稳重的人设。然而一个"扮演"二字，就已经毫不客气地将我们的内心出卖，明明白白地告诉自己，这并非我本来面目，不过是一时的权宜之计而已。

为什么要情绪稳定？是因为这样的状态好处良多。朋友们会觉得你容易相处，人缘自然就好。领导、同事会觉得你经得住考验，能抗压，这就是能力的一种体现。家人会因为你的情绪稳定，少了很多争吵。

情绪稳定，似乎就等同于大智若愚的智者。可是只有我们自己明白，要扮演好一个情绪稳定的成年人，就好像是用尽全力拽住一匹脱缰的野马，表面波澜不惊，内心早已惊涛骇浪。

真正的情绪稳定，并不是扮演而来。这不应当是一种人设，而是在勘悟本心后，对于情绪的明悟表现出来的自然而然的状态。情绪为什么会不稳定？明明自己想要平静，但是树欲静而风不止。想好好说话、和气生财，但是不知道为什么，对方的态度就是那么招人厌烦。想要保持一个心平气和的心态，安静地度过一个周末，然而没完没了的事情，让人不由得不烦躁。心情本来很好，可是一想起来什么房贷车贷，想起来马上要交的房租，心情瞬间也不那么美好了。甚至即使坐着发呆，也会莫名其妙地感到一阵心烦，于是不知不觉中，就迁怒于身边的人。

一个角色即便扮演得再久，也终究不是角色本身。而伪装成情绪稳定，却需要消耗大量的心力。为什么职场人生会让人感到心累，就是因为我们都在努力地维护自己虚假的人设。天生就会扮演情绪稳定的人，大多都是默默无闻、唯唯诺诺的老好人。我们常常看到，情绪稳定的老实人，要么会在某一刻爆发，要么会在某个不起眼的瞬间崩溃。

情绪不能去扮演，想要它稳定，我们需要理解它为什么会起伏。七情六欲，喜怒哀思愁，似乎每一种情绪，都在背后表达着不同的心理诉求。如果深究起来，千头万绪。情绪是因为思虑过多，想得多了才产生的吗？

似乎有一定的道理。可是机器人的人工智能，要考虑的问题和人类相比，完全不在一个数量级上，也并没有听说机器人产生了情绪。事实上，如何让人工智能产生情绪，是一个无解的答案。由此可见，思虑过重，未必是情绪产生的原因。

人工智能和普通人的思维有什么不同呢？表面上看，人工智能是完全的逻辑思维，而人却有感性思维。所以感性思维就是情绪的源头吗？事实上只要是人，就不可能没有感性思维，否则真的就和机器人没有什么区别了。况且我们看到，圣贤也是很有人情味的，并非铁石心肠。

所以情绪的根源，究竟在哪里？

机器人之所以产生不了情绪，是因为它没有自我意识，对于我的概念无法认知。这是人工智能和人类最本质的区别。情绪和智商没有关系，初生的婴儿也会有情绪，甚至是动物也会被恐惧、愤怒支配。当动物感受到"我"受到威胁的时候，就会恐惧，就会逃逸。所以，即便是最愚钝的动物，只要有了自我的认知，就会产生最基本的情绪。

可见归根到底，情绪的根源就在于心中存了一个"我"的意识。情绪不稳定，我们就像是天上飞着的风筝一样，似乎是御风而行，自由自在，可是其实还有一根线牢牢地牵着我们的心，身不由己。情绪带给我们最大的烦恼，正是这个身不由己的感觉。你无法控制它的出现，甚至很多时候根本无法意识到它已经出现，而且正在发作。

这其实是一件很可怕的事情。就好像是酗酒之后的大醉，意识懵懵懂懂，手脚不听使唤，记忆短暂丧失。酒精的麻醉，我们还能去克制它、可以想办法戒酒。可是情绪的发作，就好像一个看不到的对手。想要控制它，都无从下手，反而是被它牢牢地把控。

我们现在明白，自我的认知、"我"的意识，就是情绪的根源。但是控制情绪，并不是完全要把"我"的这个认知革除掉。倘若没有了"我"的认知，那就真的和机器人没有差别了。要无我，无私，并不是不认可"我"的存在，而是要把根植在"我"的这个意识上的私欲革除干净。"我"仍然是我,"我"却没有私欲。这才是格物致知的清醒认知。

致良知,就是在万事万物之中,听从本心的安排,而不是屈从于私欲的支配。本心的"我",才是真我。格物致知,革除私欲,无我的"我",是要去除建立在私欲之上的假我。就像是戏台上的生旦净末丑,演得再逼真,角色始终是假的。舞台上的嬉笑怒骂,也都是在演戏。脱掉戏服,洗去粉墨,这时候的你才是真正的你。

所以情绪稳定,这是成熟开悟的结果,而不是精心设计、扮演出来的人设。虽然说人生如戏,戏如人生,但是内心深处的情绪究竟如何,并不是扮演给别人看的,而是自己实实在在的感受。很多人说,我们都是生活的奴隶,其实准确地说,我们都是私欲的奴隶。生活上的各种追求,不过是为了满足自己的私欲。而满足私欲,也仅仅能获得短暂的快乐。

就像是马戏团里的动物,一开始是被迫表演节目。当它形成了习惯,渐渐对于这样的生活麻木不仁而卖力地表演,只是为了驯兽员手中的一点奖励。私欲就像是驯兽员手中的皮鞭,一开始令人无力反抗,然而到最后皮鞭不是落在身上,而是落在心里,无形地驱赶着我们在人生的舞台上表演。

所以,要追求真正的自由,要发自内心的稳定,就要革除私欲。而革除私欲,就是要格物致知。一切都在致良知,私欲自然就无所遁形。有了正确的目标,再去格物就易如反掌了。

065

以爱之名的无私，
恰恰是让人无法承受的自私

　　私欲，是痛苦的根源。其实它也是你表面上快乐的来源。所以私欲就像是容易让人上瘾的酒精，你喜欢微醺带来的轻松感，但是酗酒也会让你头痛欲裂，身不由己。小饮怡情，大饮伤身。情绪和私欲也是如此。在可控的范围内，或者说在正常的需求中，有一些情绪和欲望都是可以接受的。而偏离了中道，就会过犹不及，变成了痛苦滋生的土壤。

　　可以说，万恶之源皆是源于此。道理很容易懂，但是实践起来，效果却是千差万别。因为私欲很擅长隐藏自己。俗话说，明枪易躲暗箭难防。藏在暗中的敌人，是最难以捉摸的。倘若私欲就像是下象棋一样，亮明车马炮，大家大战三百回合，那么革除私欲将是一件何其简单的事情。然而事实却是，私欲就像是空气里的灰尘一样，无处不在，但是却难以捉摸。

　　柴米油盐中有私欲，闲思杂虑中有私欲，宽容谦虚中也可以藏着私欲。甚至是我们以为的无私无我中，同样在背后隐藏着私欲。既然是私欲，那么必然是发自"我"心之上，是为了"我"服务。那么为什么说无私无我，反而会有私欲呢？这不是相互矛盾么？

　　无私，当然是因为无我才会无私。然而在现实生活中，我们常常看到的所谓无我，并非真的无我，只是那个"我"藏得比较深而已。比如在感情中，有时候会有一方单方面完全彻底地付出。甚至可以说不计代价——只要你需要，我就可以上九天揽月，下五洋捉鳖；我可以没有任何尊严，没有任何要求。自己的收入可以无条件地全部用在对方身上，把自己认为最好的全都给到另一个人。

这样的表现应该说是完全的无私，没有自我。然而结果是怎样呢？倘若是两情相悦，也许还算是圆满。可是如果是一厢情愿，那这样的无私，不但不会有什么好结果，还会给对方一种压迫感——明明不是自己喜欢的人，虽然对方对自己这么好，完全无可挑剔，可是就是没有感觉。相处下去，自己不舒服，也不会有结果，可是如果不相处，又好像辜负了对方的深情。

压力就源于此。对方看上去的无私，实际上背后藏着巨大的私心——这个私心就是期待另一半能够与之长久相伴。但是在自己看来，我对你没有任何要求，就是简简单单的单方面付出而已。可是这样的行为，其实就是一种压迫：把自己的私欲，用一种无形的方式释放出来。

除了感情，很多家长在亲情上也是如此。虽然说可怜天下父母心，没有几个父母不是望子成龙、望女成凤的，可是常常有家长可以说是把所有的精力和慈爱都倾注到了孩子身上。自己上班工作再忙，生活的压力再大，也不能亏待了孩子。可以省吃俭用，但是孩子的学校一定要好。只要有可能，该去上的补习班是一个都不能少，绝对不能让孩子输在起跑线上。人生不易，不能让孩子走了弯路，最好能按照规划好的理想的路线走下去，这样一生无忧，家长也就能放下心来。

父母的这种关怀，不掺杂什么利益，也不图回报，怎么能说这里面有私心呢？按理来说，这才是真正的无私，才是无我的境界。然而仔细想来，父母对于子女的关怀，这原本是良知的一种体现，就如同子女孝顺父母的本心一样，同样也是良知。

然而，这种良知一旦过度，就会演变成私欲。全心全意地照顾孩子，这是良知，但是要求孩子向着规划好的方向成长——其实背后隐藏的，就是父母想要实现自己愿望的私欲。可是你的愿望，你认为的美好，未必是孩子想要的未来。那么自己的一厢情愿，正是藏在后面的私欲在作祟。

以爱之名的无私，恰恰是让人无法承受的自私。所以私欲就是这样善于伪装。无我无私，并不是仅仅在物欲之上的无我无私。以爱之名的人，往往在物质方面对自己毫无要求。然而他们对于精神层面、或者说内心深处的追求，却有着格外的执着。执着于自己心愿的达成——即便这个心愿，最终的结果可能和他无关，但是心愿本身就是一种私欲。麻烦的是，披着无私的外衣，以爱之名的自私，更是让人难以防范。

物欲上的私心，我们很容易看到。可是当一个人对于物欲完全不在乎的时候，这样的假象就会掩盖他真实的私欲。这时候就要看他是否在精神层面上有什么诉求，是不是为了满足自己的欲望。物欲之外的需求，通常就表现在贪图虚名、或是权力之上。就像是金庸笔下的华山派掌门，君子剑岳不群。表面是谦谦君子，卓尔不群，对于财富名声都毫不在乎，然而背后却藏着对于权力的莫大渴望。

君子当存戒惧之心。既然无私之下的私欲最难发觉，那我们更应当去想办法找到它。旁观者清，当局者迷。去看别人的时候，我们都能看得明明白白，清清楚楚，可是轮到自己，就会觉得一切都是那么的理所当然。往往换个角度就难以理解：为什么对孩子好，对爱人付出，反而还会变成了私心？对于这样的观点，无论如何都是很难接受，更不要说是格物致知，致良知了。

分辨是不是私欲，其实也很简单，只要看你是否对这件事执着。比如对爱人无条件地付出，那么你是否有相对应的要求。不管这个要求是希望对方和你在一起，还是期望对方过得更好，只要不符合你的预期，你就会有难过、焦虑的心态。放不下，忘不掉。这其实就是私欲。

同样，对于孩子的关怀：倘若孩子学习成绩不好，各种表现落后于其他同学，又或者孩子没有去读你安排好的专业，你是否会愤怒，会焦虑，会失落？如果有，那么同样这就是私欲带来的影响。而很有可能，正是因为这种看似无私的自私，最终带给孩子的并不是那么美好的童年回忆。

无私的模样，可以去关怀，去付出，但是不要有任何要求。每个人都有自己的路，人生也不会按照你的规划发展。我们连自己的生活都还没有活明白，怎么去安排别人的人生呢。所以尽人事，听天命就好。倘若你的认知，停留在无知盲知的境界，那么你怎么能确定，你为对方铺好的路就是正确的方向呢？

与其这样，不如先好好提升自己的认知，也许这才是最好的榜样。感情也是如此，亲密的情感，是彼此吸引，而不是一厢情愿的感动。

腹有诗书气自华，认知的提升，自然会带来智慧的飞跃。这才是最吸引人的地方。所以，心外无物，又何必向外求？

066

善恶无绝对，并非无标准，正能量即为善

心学里的四句教："无善无恶心之体，有善有恶意之动，知善知恶是良知，为善去恶是格物"。关于善与恶的理解，不同的人有不同的认知。然而心学则是告诉我们，世界本无善恶，区分善恶的唯一标准，就是我们的意之动。

于是有的朋友就会认为，既然如此，那么就不应当存在绝对的善和绝对的恶。因为所处的立场不同，你认为的恶，也许在我这里就是善。岳飞的死对头金兀术，在我们眼中，他是不同戴天的仇敌，但是在金国就是声名赫赫的大英雄。你的无心之举，在别人眼中也许就是不可饶恕的错误；而你觉得无法理解的恶行，可能换个角度，就是另外一种善行。

杀人为恶，可是王阳明剿灭山贼，平叛宁王谋反，却也是菩萨心肠，霹雳手段。屠夫每日以杀生为生，难道就是罪不可恕？而口中常念慈悲为怀的人，做的就一定是善行吗？

善恶是否没有标准呢？倘若如此，善恶是否就由我们的本心来定夺呢？然而善恶难道真的没有绝对的标准吗？假使这样，为什么儒家要推崇孝道，为什么还要讲仁义礼智信？而善恶如果有标准的话，又是以什么为标准？倘若分不清何为善何为恶，那么又如何去为善去恶格物致知呢？

"有善有恶意之动"，本来本心无一物，但是既然身在红尘中，就不可能不沾惹红尘。而我们的眼耳鼻舌身意，无时无刻不在红尘世界的濡养之中，怎么可能不受影响？所以当有声色犬马、珍馐美味的时候，意识就必然随之而动。

意之动则即生善恶。每个人，甚至是每个生灵的五官六感多少都会有所差异。所处的环境也是不尽相同，由此产生的意识自然也就不同。所以"意之动"的"意"不同，善恶也就会千差万别。如果站在这个角度来看，善恶

似乎并没有标准。

但是如果真的没有标准，那么我们怎么去格物？今天你认为这是恶的事情，于是去为善去恶格物。可是没有标准的情况下，你如何知道这究竟是善还是恶呢？就像是王阳明在面对山贼的时候，杀还是不杀呢？杀人究竟是善还是恶呢？如何来评判善恶？

又好比我们在日常生活中，受到了委屈或者是屈辱，到底该不该生气呢？生气爆发出来是善还是恶呢？如果路边遇到了拦路抢劫，我们是该出手还是不出手呢？看到别人讨论问题，三观不正，我们该说还是不该说呢？如果善恶没有标准，好像无论从哪个角度来看，都有几分道理。甚至看到老鼠苍蝇，该不该杀，我们也会纠结半天。

心学四句教中讲"知善知恶是良知，为善去恶是格物"，其实答案就在其中。既然知善知恶是良知，所以评判是否为善恶，我们要用良知来作为标准。

知善知恶是良知，良知能明确何为善恶。但是要注意，这里的良知并不是良心。当然良心其实也是良知的一种体现，但是从本质来说，良知是本心的良心。而平时我们所讲的良心，其实是指人心的良心。二者的区别在于，良知是本心自有的觉知中的一种品质。而人心的良心，则是在眼耳鼻舌身意的干扰下，本心偶尔透出的一种知觉。就像是被灰尘遮住灯罩的灯，在某个角度，有时候也能看到其中射出的一束光线。

而之所以我们对善恶总是分辨不清，很重要的原因，就是错把人心当本心。我们总是用人心来判断，什么为善，什么为恶。可人心是在眼耳鼻舌身意之下作用的结果，意识本来就已经参与其中，如果用人心去给善恶打分，就好像又做裁判又当运动员，怎么可能有清晰的判断呢。

在本心的观照之下，万事万物都是平等的。像是佛家说众生平等，道德经讲"天地不仁，以万物为刍狗"。本心的良知，也是有感觉的。在这样的认知基础上，良知就会表现出很多特性，比如无我无私的表现。因为在本心的认知中，众生即我，我即众生，没有什么区别。既然如此，你就是我，我就是你，何来自私的想法呢。而本心若脱离了眼耳鼻舌身意的干扰，就不会生出什么私欲来，所以在外的良知，必然是大公无私的样子。

但是实际生活中，我们并没有去除眼耳鼻舌身意五官六感的影响。如果认知没有达到慧知觉知的境界，本心不免会受到外界的干扰和蒙蔽，良知无法完全地透出。于是对于善恶好坏之分，多少都会有所偏差。那么在现有的境界中，应如何去格物致知呢？

心学说，只要用至诚之心，就能够格物致知。至诚就是要尽可能地革除私欲，如同赤子之心。初生的婴儿除了有最基本的生存欲望之外，别无其他后天的私欲。如果时刻能保持如婴儿般这种心境，那么离致良知也就不远了。

格物致知，致知就是要致良知，也就是用良知的标准去为善去恶。我们再回头品味心学的四句教，"无善无恶心之体，有善有恶意之动，知善知恶是良知，为善去恶是格物"，是否又有另一番感悟。原来致良知、格物致知的方法和道理，这四句话早已经讲得明明白白了。哪里还需要再去读那么多的书，学那么多的道理。只需要恪守本心，让良知作为我们选择判断善恶的标准就可以了。

只是良知究竟为何物？没有领悟到本心之前，一切都好像是虚无缥缈。毕竟这种意境是需要自我参悟的。就像是问月亮在哪里，用手指指向那个方向，但手指终究不是月亮。那么我们应当如何去感知何为善、何为恶呢？

如果用简单的方法判断，我们常感受到的正能量，其实就是良知的一个标准。有时候我们会看到一些人或事，莫名其妙地就戳中了你的泪点。或者一个陌生人给了你莫大的感动。细究起来，都是因为他们的行为展现出来的是人性的光辉，是无我无私的壮举。也许就是一个普普通通的陌生人，但为什么能够感动身边的人，人性的光辉又是什么？这正是致良知的表现。

所以良知虽然藏在了人心的背后，但是我们却可以时时刻刻感受到它的存在。它就在你被感动的每一个瞬间。这是我们需要的正能量。仁义礼智信，也不过是正能量的另一种描述。

如果我们在当下的阶段，无法明辨什么是善什么是恶，那么很简单——格物致知，可以将正能量、将无我无私作为标准。暂时不要去纠结形式上的善恶之辩，姑且先按照这样的标准去实践即可。

持中守正，无我无私，那么久而久之，自然会悟出本心真义。

067

你我皆可成圣，谨从信念开始

《大学》中讲："知止而后有定，定而后能静，静而后能安，安而后能虑，虑而后能得。物有本末，事有终始。知所先后，则近道矣"。由此可见，修心悟道的过程，就在于止、定、静、安、虑，而后就能够有所得。

然而修心中大多数的困难，恰恰就在于第一步，如何能够"知止而后有定"。这关键还是落在一个"知"上，有了知才会有定。知行合一，如果能够明白为什么要去止，如何去止，那么做到止就很容易。止，包含了很多层意义。但根本上，就是围绕眼耳鼻舌身意，去分别让它们心无旁骛，不要见色起意，见利忘义。

儒家讲，要"非礼勿视，非礼勿听，非礼勿言，非礼勿动"，《道德经》则说"视之不见名曰夷，听之不闻名曰希，抟之不得名曰微"，佛家更是说要"持戒，戒而生定，定而生慧"，因此佛家会有专门修持戒定慧的功夫。虽然言语不同，但是表达的意思是一样的——都是让我们要用本心，主动地控制眼耳鼻舌身意，不要让它们被外界的表象所引导。

行为上的动，我们可以通过意识想办法克制。只是这种克制，如果认知不足，那么就会异常辛苦。比如，吸烟有害健康，很多人都在尝试戒烟，可是有的人戒起烟来就很难受，而有的人则是轻轻松松，毫无障碍。又好比麻辣火锅，在川渝当地人人都甘之若饴。但是对于口味清淡的南方人，就会视之如砒霜一般，敬而远之。这就是口味上的认知不同，带来的意识也会不同。

通过意识的克制，其实就是在认知还未到慧知、觉知的程度时，用戒律来规范自己的行为。慧根不够，就以戒为师。戒律的好处就是，不管你懂不懂，按照这个方法去做就不会有什么大错。就好像是学生考试，并不是所有的学生，都明白了公式和定律背后的真正含义，但是这并不妨碍有些学生可以考高分。只要能熟练地运用其中的方法，那么就可以先入门。待到功夫深的时候，机缘成熟，忽然有一天，也许就是一句话，或者是一个场景，厚积薄发，忽然就领悟到其中的道理，这就是顿悟的方法。其实也是有一个渐修的基础在。

可是即便如此，要想从戒律开始修心，也需要下很大的决心。《大学》中讲，"知止而后定"，先要能知，而后才是能止。这其实是最难的一步。知难行易，倘若能从本心上去认知，后面的止、定、静、安、虑，其实根本就不是问题。

渐修后顿悟，也要从修开始。就好像是不管你是徒步，还是乘飞机，要到达目的地，首先要做的是行动起来。千里之行始于足下，不行动，永远不可能开悟、获得智慧。而要有所行动，你要先生出想要去这个目的地的想法。倘若连这个想法都没有，那后面又从何而动，缘何而止，就会成为一句空谈。

佛陀说，苦海无边回头是岸。但是你尚未意识到自己在苦海之中，又如何回头是岸呢？要想认清楚自己是否在苦海中，首先要有一个"信"字。这个"信"包括相信、信心，是由心底而发的一种信念。但是要生出这种信念出来，又并不是一件轻松的事情。

人们总是相信自己愿意相信的事情。就像是妄想症患者，总是怀疑有人在陷害自己，或者有个什么神秘组织在暗中窥伺，不知道什么时候就会给自己雷霆一击。在正常人眼中，只要运用常识和基本的逻辑判断的，就能很容易想明白，这是一种妄想。

然而在现实生活中，很多人同样生活在妄想中，却毫无察觉。从本质上来说，这种妄想和精神病人并没有什么区别。精神病人之所以会妄想，或者说在别人眼中表现异常，是因为他们的眼耳鼻舌身意，与正常人不太一样。有的人会忽然感觉到疼痛，有的人眼中的世界是光怪陆离的，有的人常常出现幻听，还有的人总是会闻到一些莫名其妙的气味。

但是对于他们来说，这就是自然而然的五官六感带来的知觉，并没有什么不妥之处。于是这样的知觉带来了对应的认知。好比说，一台机器的信号接收器发生了故障，于是机器的计算就出现了错误。但是真正做出判断的，却是坐在计算机背后的人。机器的信号接收器，是真的错误吗？也许它只是接收到了其他的信息。

就好比人和动物的感知是大不相同的，倘若蝴蝶会说话，它所看到的世界，必然和人类是大相径庭的，难道我们就认为蝴蝶也有精神病吗？

所以人们所愿意相信的事情，其实并不一定是世界的真相。王阳明说，人人心中都有一个圣人，佛陀讲，众生皆可成佛。但为什么大多数人还是庸庸碌碌、都是你我这样的凡人呢？就是在于我们过于相信自己，太依赖于眼耳鼻舌身意地感知了。

真正的认知，应当是不依赖于眼耳鼻舌身意。而我们身在红尘中，怎么可能脱离躯壳的感知呢？即便是圣贤，也并没有完全隔离身体的知觉。而在这样的环境下，还能产生坚定的信念，是一件很困难的事情。这就需要我们运用最基础的逻辑，做出最简单的尝试，去探寻一下，圣贤到底说了什么。

即便我们不懂圣贤讲的道理，但是最起码要有一个基本的认知，那就是要实事求是，没有调查就没有发言权。不要把个体的认知当成是普遍的规律。比如很多人不相信中医，认为中医是在古代愚昧无知的背景下，老百姓实在是没有办法，于是找了一些植物动物稀奇古怪的东西来治病。治好了是运气，治不好也是正常。所以由此得出推论，中医是不靠谱的文化糟粕。

还有像是关于儒释道的认知：看到有人烧香拜佛，就认为佛学不过是古代封建统治的工具而已，看到道家有占卜，就觉得必然是封建迷信，读到四书五经，就一定是迂腐陈旧、冥顽不灵的旧思想。然而实际上大部分人，可能对于这些文化经典，根本一篇都没有去读过，都是道听途说、主观臆断而已。

难怪圣人说"仁者见之谓之仁，智者见之谓之智，百姓日用而不知，故君子之道鲜矣"。你相信什么，就会看到什么。所以大道就在身边，可是老百姓却视而不见、听而不闻，甚至是大笑之。难怪君子之道是鲜有人知。

如果我们还半信半疑，或者是感到迷茫，那么至少我们可以读一读经典。倘若经典也不愿意读，最起码要向圣贤学习，以圣贤为榜样。

认知不足的时候，能够脚踏实地去修证的人，反而比一些自作聪明的人要更容易开悟。

068

修定亦可修知，不自欺，便是至诚致良知

修心炼心，讲究一个静字。所以不管是佛家还是道家，都提倡从打坐开始。民间还有很多辅助的方法，比如打太极拳，站桩，抄写经书，练习书法等，都是试图让自己心平气和，从而达到心境上的平静。儒家也说"定而后能静，静而后能安"，道家还专门有一篇《太上老君说常清静经》，也是说如何能够由静入手。这给我们一个错觉，好像修心开悟，就等同于静。

静，是一个方法，一种手段，并不是开悟本身，更不是本心所在。悟道，是为了明心见性，而不是为了静。倘若只要安静下来，心平气和就可以悟道，那么石像石雕早就应该成佛成圣了，生长了千年的古树那更是了不得。

所以修心，可以从静入手，但是要时刻明白一个道理：静心只是一个手段，不是目的。佛陀常常比喻苦海无边回头是岸，佛法就是渡过苦海的一叶扁舟。真的到达彼岸，那么就不需要小舟了，佛法也可舍去。同样的道理，每个人的资质不同，境遇不同，心中的障碍也各不相同，并不是每个人都适合同一个方法，因此我们不要执着于静心。

然而除了静心，还有什么方法可以开悟呢？

我们始终要牢记，不管是什么方法，最终的目的，还是明心见性。譬如心学的"为善去恶是格物，格物而致良知"，也是为了回到最初的"无善无恶心之体"。静心，是因为大多数的人，身陷红尘难以自拔，红尘中的声色犬马，酒色财气，要比油污更容易沾惹到我们的内心，比油污更难以清除。而普通人往往又不愿相信，眼前的花花世界不过是镜中水月。因此通过静心的方法，可以让人自我感知红尘世界的虚妄。

静心通常也和持戒相伴。如果说静心是家庭作业，那么持戒就是私塾先生手中的戒尺，无时不刻不在鞭策着你勤勉努力，用功不辍。但是持戒并不

是件容易的事情，倘若你都不愿意进入私塾，那先生的戒尺就根本落不到你身上。

所以持戒静心，并不是包治百病的良药，并非只能用于心中虔诚想要得到智慧，但是又懵懵懂懂无从下手的人群。像老子、孔子、孟子、王阳明这样的圣人，并没有持戒，却仍然可以开悟。这又是如何做到的呢，普通人是否也可以学习圣人的修行方法？

持戒炼心，其实是比较被动的修心。真正到了一定境界，是不需要持戒的，因为各种私欲自然而然就会消失，并不是我们想象中圣贤好像忍得很辛苦。难道是因为圣贤天生的意志力就很强？是不是只有毅力非常坚强的人，才有机会开悟？

并不是这样。开悟也可以通过格物的方法去致良知，而不仅仅是要先有至诚之心，尔后再去致良知，格物致知。我们讲过，修心最困难的，就是一开始的信念。没有信念的时候，就只能老老实实地以戒为师，尝试用意志去克制自己的欲望。通过格物穷理的方法，则是树立真知正见最好的途径。

为什么家长对子女的教育很焦虑，这是因为站在成年人的角度来看，非常清晰教育的意义是什么。倘若人生能够重来，恐怕大多数的成年人都能够奋发图强，做一个学霸。但是孩子们不清楚努力学习意味着什么，于是只能被家庭作业和成绩的压力所驱动。

修心也是如此，大多数人搞不清楚为什么要修心，修心之后到底有什么好处。就如同懵懂无知的孩子，不明白高考真正的意义是什么。格物穷理，其实就是帮助我们在没有建立坚定的信念之前，去自己寻找这个答案。

为什么修心？修心真的能开悟吗？格物致知，如何去致良知？本心究竟在哪里？甚至本心是否真的存在？本心是灵魂还是什么东西？为什么说本心被红尘蒙蔽？

想必很多想要开悟的朋友，心中或多或少都会有这样的困惑。然而听别人讲，总是有种隔靴搔痒的感觉。似是而非，却又好像明白了什么。但是这样不确定的目标，是无法吸引你前进的，更不要说坚定地破除虚妄，到达彼岸。

因此最好的方法，就是我们自己有意愿去了解这些问题，去思考背后的道理。当你不断地遇到困惑，不断地解开自己的问题时，那么这样的信念，才是真实不虚的。用道家的话来说，你的道心就会坚定无比。如此在修心的路上，才能势如破竹。

从格物穷理方面着手，首先要发掘发心是什么？你是对生命的本质、宇宙的真相充满了好奇？还是被红尘中的烦恼，折磨得苦不堪言，试图冲破樊笼？又或者你想感受开悟后是一种什么感觉？感受一下获得智慧看透生命，又是一种什么境界？不管你的初心是什么，你一定要找到自己最渴望的目的在哪里。只有强烈的愿望在背后驱动你，那么无论是持戒还是格物穷理，才能够有足够的动力，不停精进。否则三天打鱼，两天晒网，遇到一些想不明白的事情，还会对于开悟心存疑虑，这样永远也入不了门。

而一旦要从格物穷理入手，最根本的方法，就是不要自欺欺人。儒家说，"君子慎独"。修心的时候，万万不要表面一套，内心一套。在别人看得见的地方，持戒静心，可是暗地里，或者是内心却是无比的抗拒。甚至所有的功夫浮于表面，是做给别人看的。这样的情况，还不如不修。

在格物穷理的时候，也是如此。明白就是明白，不要有什么羞耻心，认为不懂好像就是愚钝。也不要不求甚解，比如烦恼从何而来，为什么说私欲是智慧的障碍，"我执"是什么，去掉"我执"就能开悟吗，这是什么道理？

这样的思维方式，就是格物穷理，一定要让自己明明白白，清清楚楚。在这里万万不能自欺。也不要自己给自己心理暗示：差不多就可以了，好像已经懂了。往往功夫就在这样的心态下无法更进一步。因为你已经关闭了进步的通道，所以别人再怎么给你建议，你也是听不进去的。

佛渡有缘人，何为有缘人？就是能生起信念的人，愿意修心开悟的人。这样的人才有可能去格物穷理，才愿意实证实修，才会实实在在去感受修行的效果。如果仅有虔诚的信仰却不具备实修的信心，也可以以戒为师。心境达到一定程度后，智慧开启，也能够生出坚定的信念。

而通过格物穷理的方法，则是可以在一开始就建立信心。有了信念，智慧就很容易开启，所谓的私欲也就如初春的积雪，遇到智慧之光就会迅速融解。

倘若我们持戒修心，感觉非常困难，不妨试试格物穷理。方法很简单：不自欺，多思考，那么这本身就是一颗至诚之心。功夫深了，自然就会致良知。

069

慧眼识真，学习的目标应当是提升智慧

我们生活在一个幸福的时代。大家司空见惯、习以为常的很多事情，其实在历史上都是难以想象的。比如读书识字好像是最基本的要求，可是要知道，不要说古代，即使在解放前，大部分的普通百姓是文盲。如果谁能看得懂衙门口的告示，那就算是高才生了，更不要说还能写写画画的秀才，那更是稀缺。所以古代能读书认字，就可以以此谋生。

由此我们可以想象，圣贤的智慧，恐怕很难传到普通百姓耳中。而在今天的时代，互联网如此发达，人民的文化普及率如此之高，按道理来说，只要你想，就一定能够学习到你想要的知识。然而为什么愚钝的人，不管过了多久还是一样愚钝？人们除了文化程度比古代人普遍高了一些，民众的智慧却并没有什么提升，甚至随着物质生活的丰富，人们的焦虑反而越来越重，认知始终在原地踏步。

由此可见，信息并不代表智慧。尤其是当代信息大爆炸，我们每天接收到的内容是应接不暇，几乎剥夺了我们思考的时间。何况大部分的内容，毫无意义，只能作为茶余饭后的谈资。而真正想要获得的信息，却淹没在浩瀚无边的信息海洋中。

智慧，是思考的产物。而思考是需要建立在知识之上的，知识是对信息的提炼。但是这所有的前提，是要保证信息的正确、以及信息量要足够大。古人的问题在于，可获得的信息渠道太少、太窄。大多数情况下，只能从田间地头、道听途说地听听街坊邻居口中的家长里短。条件好一点的，可以去私塾读读书。可是私塾先生的水平，也是良莠不齐。家中能有藏书阁，可以好好地读书，这是非常奢侈的事情。而但凡能被收藏的书，大部分是传世的经典。

这和我们今天的情况完全相反。现代社会，获取信息是一件非常容易的事情。然而如何辨明信息的真伪，却不是大多数人能够做到的。尤其是倘若对于本心的认知，还停留在无知、盲知的阶段，那么很容易人云亦云。分辨知识真伪的标准，恐怕就只能以名声来判断。谁的名气大，谁讲的就有道理。殊不知盛名之下，未必是名副其实。何况现代的商业，背后都是团队作战，可以很大程度覆盖信息的死角。要想不被知识焦虑收割，那么最好还是自己能有辨别真假的能力才好。

智慧，就是我们心中的试金石。而智慧是包罗万象的。我们在学习的时候，应当以增长智慧为目标，而不是局限于学习知识。因为知识是会随着时代的变化不断迭代更新的。知识是无穷无尽的，如果把目标放在了增长知识上，那么就如同夸父逐日一般，看着太阳就在眼前，但是永远也追逐不到。

所以要想有一双慧眼，能够明辨真假，首先第一个前提，就是明确我们的学习目标。目标错误，就会虚耗光阴。就像很多人在职场中，常常会感觉自己的知识不够用，有的人想跳槽，但是心中总觉得，应该再多学一点知识再说。事实上这多学一点，往往就是永无止境。所以庄子告诫我们，"吾生也有涯，而知也无涯。以有涯随无涯，殆已"。万万不可去追逐形而下的知识，否则必然无所得。或者说最后所学的，大多都是有保鲜期的，甚至是无用的知识。

因此，我们应当把目标放在增长智慧上。智慧又是什么？这并没有一个标准的定义。就好像我们说什么是"道"，很难下定义。但是我们至少可以通过描述它的特征，来感受一二。智慧，可以帮助我们在任何环境下，都能够透过表象，直达事情的本质。能够在纷繁复杂的条件中，一针见血地找到根源。智慧还能够让我们不被红尘迷惑，能让人心生快乐，清静常在。

所以我们不要认为智慧的作用，只是让我们远离烦恼而已。其实不管是在生活中遇到的问题，还是工作中的挑战，智慧都能够帮助我们解决困惑。或者我们可以换一个角度来考虑：生活工作，无非就是为人处世的学问。《红楼梦》中有言，"世事洞明皆学问，人情练达即文章"。人情世故，本来就是智慧的体现。那么如此，就没有必要舍本逐末，追求变化无常的知识。

拥有了智慧，我们就能够辨明你所接受信息的真伪，就能够在生活工作中游刃有余。那么如何获得智慧呢？在佛学中有一个原则，我们可以借鉴过来。这就是分辨真伪时所用的"四依法"。首先，要依法不依人。也就是说，我们在学习精进的时候，遇到问题会向别人请教。这时候不要去介意对方的身份地位，更不要因为对方是否声名显赫，或者说是什么权威，就完全地信任他——当然礼貌和尊重还是必须的。

依法不依人，是要我们看他所讲的道理，是不是符合真理的逻辑与精神，而不是怪力乱神，借着名声和地位就信口开河，用什么果报、神通乱七八糟的东西，诱惑或者是对信众危言耸听。包括像现在很多焦虑制造者也是一样，一开口就制造焦虑。那么不管他说什么，这种内容必然是作伪的谎言。

其次是依义不依语。比如我们常常会陷入文字障。尤其是读古籍的时候，因为传承的原因，可能会有多个版本。比如《道德经》《易经》都有被篡改的痕迹。但是这并不影响我们理解其背后的真义。我们应当去通篇理解经典的核心思想，而不是纠结于某句话到底应该是哪个字才对。如果文字的逻辑不能一以贯之，那么这个文字就是障碍，完全可以扔到一边去。不要迷信权威，更不要盲信经典。因为经典虽然好，但是解读的方法太多，很多注释已经偏离本义十万八千里了。

再次则是依了义不依不了义。简单地说，如果一门学问，无法彻底回答生死的问题，或者说其背后的逻辑有漏洞，有怪力乱神之说，又或者用一些含糊其辞、不可考证的语言一带而过，那么基本也是伪真理，是经受不住考验的。就像易学中，关于河图洛书、人阴阳五行的起源，大多数典籍是讲不清楚的。

最后一个标准，则是依智不依识。判断真理，要从智慧出发，而不是你的感觉，更不是一时冲动，人云亦云。就像是很多成功学的现场，激情澎湃，很容易就让人头脑发热，认为这是真理。什么虚拟币、股市指导、财富指南等，我们很容易就被焦虑控制，然后变成了任人宰割的韭菜。所以当你接触到一个新理论的时候，万万不要先入为主，更不要去替对方找理由。一定要理智地去分析，这个道理是否正确，是否经得住考验。

当然，其中还有很多细节的方法，比如《易经》中的错卦、综卦、变卦，数学中极限法、演绎法等，都是我们可以借鉴的技巧。但是最根本的原则，还是要去提升智慧，而不是知识。方向一定要明确，否则我们即使花再多的时光，也无法提升自己的认知。

070

修心就在当下，无须另找时机

在《传习录》中讲了一个故事。有一次，一位官员拜访王阳明，请教心学。于是王阳明根据这位官员的问题，逐一做出了解答。官员的疑惑得到了回复，感到心悦诚服，于是向王阳明感谢说道，"先生讲的道理真是好，我觉得应当好好学习，日夜用功。只可惜现在我公务繁忙，每天不仅要处理大量的文件，还有各种各样的官司要去理会，实在是无法分心。等以后有空了，我必然好好修行"。

这和我们很多朋友极其相似。听到修心炼心、提升智慧，就好像必须找一个清静的地方，再焚上一炷香，最好还要沐浴更衣。眼前是春暖花开，面朝大海，最起码也得是鸟语山居，然后才可以全身心地放松下来，安安静静地打打坐，感受一下身心的轻松。

这不是修心，这是度假。为什么我们会有这样的误解，又或者说修心就一定要做好准备才能开始吗？这是一个误解。我们平时看到的修行者，或者在网络上看到很多隐居者，都做出一副世外高人的样子。于是我们就认为修心好像就应当如此，要从打坐参禅开始，要环境优美宁静，然后才能静下心来好好琢磨琢磨"心"到底是个什么玩意儿。

这是把修心当成了一门功课，单独来学习。就好像是学传统武术，一定要有个场地才能摆开架子，要有专门的时间才能认真练习。修心炼心又不是有什么招式，一定要扎个马步才能开始。心是无时无刻都和我们在一起的，你做什么事情，心都在发挥着作用。怎么可能单独开辟出一块，用来炼心——这个想法本来就是错的。

就像那位官员也是如此，认为炼心须心静才可以开始。这其实是陷入了一个先有鸡还是先有蛋的悖论：要修心就要静，静了就能修心。而修了心就能获得清静，静不下来，就修不了心。可是不修心，就算是环境安静了，可是心仍然很乱。这好像是陷入了逻辑上的死循环。

王阳明就指点这位官员："我什么时候教你去放弃工作、单独炼心呢？修心炼心，就在你的工作生活中。既然你要处理公事，那就在公事上炼心，这才是真正的格物。比如你断案的时候，如果百姓很无礼，你是否能做到不因为这个原因而生气，更不会因此就不秉公办案？别人来求情，甚至是送礼，你是否能坚守本心？自己公务繁忙的时候，能不能做到不因为这个原因，就对案情草草了结。就算是明镜高悬，但是也不会因为百姓称颂就暗自窃喜？

"这些都是私欲，而这些念头也只有你自己知道。需要你在实际工作中，反复地去自省自查，倘若有丝毫的偏差，那就会失去公正。这个过程就是格物。在你的工作生活中，这些功夫就是实实在在的炼心，如果抛开实际，那么所谓的炼心修心，就是一句空谈。"

所以说"红尘无处不炼心"。王阳明的解释，正是解释了这句话。不要以为红尘炼心很遥远，修心就在当下。我们很多朋友就有这样的情况，自己也知道每天烦恼很多，心乱如麻，却不知道原因。向老师请教的时候，好像都听明白了，当时感觉是热血沸腾，好像终于找到了自己的问题所在。可是转过头自己独处的时候，听来的道理就忘得干干净净，又重新陷入日复一日的情绪。好像是把老师当成了吐槽的对象、情感树洞，聊过一次能轻松几天，但却不解决根本问题。

还有的朋友则是像这位官员一样，工作中感觉遇到了瓶颈，生活上好像也不太满意，于是四处寻找答案。可是答案已经摆在了眼前，却视而不见，认为自己时机还不到。又或者觉得修心和工作能力有什么关系？每天要打坐修心，抄经站桩，哪有这个时间去做这些事情？还是等到工作清闲了，甚至是退休之后再说吧。

其实不管是工作还是生活，每天我们面对的都是与人相处的环境。工作上的管理方法，和同事之间关系的处理方式，说到底都离不开人性。而修心能够帮助我们看透人性，能够站在更高的层次去看待事情。这本身就是一种能力的提升。

而就如王阳明指点官员所讲的道理一样，你的工作和生活，并不会影响到你修心炼心。假如你是一位管理者，那么你是否能做到，无论下属常常完不成任务，或者对你不够尊重，你都能保持平和的心态而不生气呢？即便是团队超额完成任务，受到褒奖，但是心中不会骄傲。如果你是一名普通的员工，那么受到不公平的待遇时，你是否也能心平气和地自我反省，或者是用智慧的方式去和领导沟通呢？当面对巨大的压力时，你是否仍然能够气定神闲地完成日常的工作？

回到家中，家人即便是没有按照你的设想，对你嘘寒问暖，没有把家里打理得井井有条，你的内心是否可以不失落、不愤怒呢？孩子的成绩不理想，写作业心不在焉，你还能不焦虑，甚至不生气吗？

红尘无处不炼心。修心炼心和时机没有关系，和场景更没有关系。每一个情绪波动的瞬间，都可以是炼心的契机。所以千万不要给自己找借口，说一定要具备什么条件，才可以安心炼心。这是自欺欺人的想法罢了。如果无法在红尘中炼心，那么即便你是青灯古佛相伴，也仍然忘不了花花世界的快乐和烦恼。

当然，情绪稳定，不代表为人处世死板愚钝。不是被人欺负了就应该忍气吞声，也不是要你默默承受一切，当个老好人。而是说当事情发生的时候，你能够觉察到情绪的发展、能倾听本心的声音，以良知作为标准，而不是情绪或者是私欲作为你判断的依据。

在这样致良知的前提下，生活中遇到的问题还是要处理的。只不过要不偏不倚地去处理，而不是带着情绪去面对。受到不公正的待遇，可以心平气和找到最合适的方法，该沟通的要去沟通，而不是忍气吞声。下属不尊重你，在心态稳定的时候，完全可以义正词严地提醒对方。当然也可以正常地沟通，为什么对方会有这样的行为。家人的态度不对，不是你要默默忍受，而是可以用恰当的方法去经营家庭关系。

所以修心炼心，是可以直接提升我们的智慧的。并不是作一个表面的老好人，与世无争，恬淡自如。而是要我们用更高的智慧，去看待世界，去经营自己的人生。

红尘无处不炼心，不要再给自己找借口，修心，就从现在开始吧。

071

以责人之心责己，恕己之心恕人

修炼一颗强大的内心，是为了能够在恐惧袭来的时候，可以无所畏惧；在压力降临的时刻，仍然能够顶天立地；在烦恼侵袭的时候，能够潇洒自如。一颗强大的内心，在支撑我们游戏人间的同时，又可以挥一挥袖，不带走一片烦恼，可以在红尘花花世界中如入无人之境；能够境随心转，而不是心随境动；就像是一枚强大的护身符一般，保护着我们柔软的内心，穿行在这人世间。

然而强大的内心，却需要在惊涛骇浪中去历练，在一次次的挫折和坎坷中磨砺。没有人是天生就可以开悟、有大智慧的。心学告诉我们，磨炼内心最好的方法，就是格物致知。只要有事，只要心有所动，这就是物。越是麻烦的时候、心情不好的时候，往往就越是炼心的好时机。

就拿我们的烦恼来说，人生中的烦恼，好像有一多半都是因为他人而起：工作上总会遇到一些特别有心机的人，工作能力不怎么样，可是玩弄起阴谋诡计来，绝对是一把好手。我们一不留神，就会背了黑锅。努力工作还不如人家的一些小手段效果好。

生活中，左邻右舍总会有那么几个恶人。全无教养不说，还自私自利，霸占着公共资源，总是毫不顾忌邻居的感受，搞得邻里关系乌烟瘴气而不自知。爱人不知道从什么时候开始，彼此眼中的美好都慢慢被柴米油盐消耗殆尽。爱情没有了最初的浪漫，剩下的只有指责和抱怨。对方似乎永远都不能理解你的情绪从何而来，永远都是盯着自己的辛苦，而将你的付出当作是理所当然。于是生活就剩下一地鸡毛，随之而来的就是无穷的烦恼，和数不清的争吵。

遇到这样的事情，我们应当如何格物致知？明明自己全无过错，但是就是会有这样的情况出现，让人不由得生气、烦恼。倘若遇到事情我们就在心中先自我反省，告诉自己不要生气，要宽容、要理解，可能事情会向着好的方向去发展。但是一直用这样的心态，我们难免会感到心累——凭什么都是我在理解别人，为什么总是需要我去宽容，去让步，我自己的委屈谁又能知道？我需要被理解和宽容的时候，别人又是怎么做的呢？

于是虽然忍一时风平浪静，退一步海阔天空，可这并不影响你的内心会越来越沉重。而当你承受了太多的压力之后，情绪就像是被洪水冲击的堤坝，不知道什么时候就会崩溃。而你的表现，也会不知不觉变得越来越喜欢抱怨。也许是对着别人吐槽，也许是自己在心中一遍遍地重复着不愉快的场景。但我们可能没有意识到，这就是我们要格物致知的"物"。

虽然说这个世界不太完美，但是为什么身边会有那么多糟糕的人，有那么多传递负能量的人？我们总在抱怨别人是如何不可理喻，总是在指责别人的问题。但是有没有想过，也许我们在别人眼中，也是同样的不可理喻，也是那个没有素质的恶邻，是那个不懂人情冷暖的妻子、丈夫，是尖酸刻薄的同事、领导？要知道你眼中糟糕的人，在他们自己的认知中，并不会认为自己有问题。那么同样的道理，我们是否也犯了一样的错误，在指责别人的时候，却不知自己正是别人眼中该指责的对象。

所以格物致知，在这种情况下，如果当你想要指责对方的时候，不妨用指责对方的理由，来先看看在自己身上是否同样成立。你也可以记住指责对方的问题，换一个场景是否也会发生在自己身上。比如孩子的成绩不太理想，想一想自己小时候是不是学霸呢？爱人没有嘘寒问暖，想一想自己又有多久在家中都是冷言冷语，没有话题呢？同事所谓的尖酸刻薄，自己在利益相争的时候，是否就是拱手相让呢？

己所不欲，勿施于人。自己都不愿意、不能做到的事情，为什么在要求别人的时候，就可以如此的理直气壮，顺理成章。可是自己去做的时候，就算是做不好，也能给自己找找理由。

我们对待自己的时候，往往很容易给自己找借口。即便有些过错，也会觉得是人之常情，下次注意就好，对自己无比宽容。这样的心态，你自然就会觉得身边总是充斥着各种各样有缺陷的人，而自己的世界想要片刻安宁都很难。

这就形成了一个矛盾的现象：每个人都觉得自己没有问题，而身边的人不好相处，我们都喊着想要过得简单一点，可是生活怎么就那么复杂。都觉得自己最简单，别人很麻烦。倘若我们的感受是真的，那么这就是一个悖论。就好像一辆逆行的车，司机看到的并不是自己逆行，而是所有的车都在逆行，只有自己是对的。所以也许并不是社会出了问题，真正出问题的人，有可能正是自己。

如何去改变这样的状态呢？心学就告诉我们，在这样的场景下格物致知，要"以责人之心责己，恕己之心恕人"。用责怪别人的态度，去自责自省，用宽恕自己的心态，去宽恕别人。这样一来，我们能意识到，世界原来不是我们想象的那样，原来我们在别人眼中恰恰是自己讨厌的样子。

用恕己之心恕人，我们会发现，一方面过去自己实在是太放纵自己，另一方面是我们把自己看得太重了——有些错误，只有自己可以犯，别人如果做了那就是罪恶滔天，不可饶恕。难怪别人也会觉得自己尖酸刻薄。想想看，你眼中的尖酸刻薄，不正是对方用不同的标准来对待世界吗。那么你用同样的方法对待别人，别人自然也会认为你是刻薄之辈。

很多时候，我们不是不明白，只是没有这样去想而已。换位思考，那么就不妨彻底一点，不要仅仅站在事情的角度去换位思考，而是要换一个视角去观察世界。也许就是这样一个细小的变化，会彻底改变你的世界观。

不识庐山真面目，只缘身在此山中。作人也是如此，我们想象的自己的形象，可能和别人眼中的是大相径庭。同样的情况下，别人很多时候表现出来的状态，也未必是他想表达的意思。我们不能改变别人，那么就从格自己的心开始，以责人之心责己，恕己之心恕人，你会发现一个完全不同的世界。

072

从心所欲就是致良知，顺从良知即是持戒

修行人总是给人一种很神秘的感觉，他们的一举一动在普通人眼中，不由得就会让人敬而远之。这是因为修行人修持的是解脱生死大道，这原本就是超越普通人认知的范畴。而修行人往往清规戒律颇多，举止行事都一板一眼，老百姓往往又不懂得其中的道理，生怕有什么冒失的举动，得罪了所谓的神佛、犯了什么忌讳，于是在修行人面前，不免有些小心翼翼。

其实大可不必如此。我们普通人红尘炼心，本质上也算是修行人。大家修的都是一个"心"字。只不过修行人经过系统的学习，有成熟的方法。追求的目标也与普通人不一样，换句话说，是道心不同。但是和普通人相比，修行人修心的要求是一致的。不论是佛家还是道家、儒家，都是要先求一个清净之心，尔后明心见性。说法不同，殊途同归。

这就好像有的人是在公立学校里学习，有的人是在私塾中读书，还有的人是路边捡了两本书自学成才。修行的道场不一样，所以采用的教育方式也不同。在公立学校学习，那自然是规矩很多，毕竟系统庞大、学生多，没有规矩就很容易乱套，这类似在道场中跟随大众修行的人。而在私塾中学习的人，遵循什么规矩就要看老师的要求了，这就如同跟着师父修行的人。还有一些散修，自学成才，能学习到什么程度，这就要看个人的悟性和造化了。

每个人的根器资质不同，适合自己的修行方式自然也是有所不同，没有必要拘泥于某种固定的形式。更没有必要因为别人的做法和自己理解的有差异，就说别人的方法是错的。这样其实就已经偏离了修心的本质。更有甚者会在规矩上较真，自己约束自己也就罢了，还要对别人指手画脚，好为人师。

王阳明曾经对于这样的行为作出了批判。他讲道，"人若矜持太过，终是有弊"。这里的矜持，并非生活中形容人的态度。而是指修行中过于拘谨，事

事都要一丝不苟，端庄肃穆。然而王阳明并不是说举止有度、行为有止的态度不对，而是讲这样的态度，如果是矫揉造作装出来的，或者是因为恐惧而发、心生敬畏，才恭恭敬敬，那么这样的心态就是问题。

儒家讲要尊师重道，凡事要遵循纲常礼法，很多人就认为这是一种迂腐陈旧的思想。看到有的地方的风俗，逢年过节对长辈行叩拜大礼，就觉得落后愚昧，进而认为儒家的思想也是俗不可耐。然而儒家所讲的忠孝仁义，这是良知固有的东西，只要你致良知，那么忠孝仁义，是自然而然生出的品德。可是我们在理解的过程中，往往将因果倒置，本末颠倒，认为是儒家为了满足封建的统治需求，所以才讲什么仁义礼智信、温良恭俭让。至于忠孝仁义，更是落后于时代，早就应该扔到废纸篓去。

这就和普通人理解的修行人的行为，本质上没有什么区别。修行人遵循礼仪戒律，是为了让本心清静下来，进而生出智慧。生出了智慧，本心能够长久地清静自在，能够有定力，那么什么清规戒律其实并不重要。然而不仅仅是普通人有误解，还有不少修行人对于礼仪戒律，也有诸多误区。

譬如叩拜大礼，通常是以一种心存感恩的心态去叩拜。对于老子、孔子、释迦牟尼的叩拜，应当是像尊重老师一样，心怀感激和尊重之心，感激老师的传道授业解惑之恩。尤其是帮助我们从痛苦和烦恼中解脱出来，这是多么大的恩德，更应当感激。叩拜父母长辈，这是感恩他们赋予我们生命。这样的礼仪，应当是发自本心最纯净的想法，也就是心学中的至诚之心。这就是致良知尔后自发的行为。

所以这背后的真相，并不是我们想象的，要敬畏什么鬼神。生怕少磕一个头就是对神佛的不敬。倘若神佛就这点度量，这境界还不如你我，又怎么能悟道成圣？可是偏偏就有很多人执着于这个表象。人们叩拜行礼，心中并非至诚之心，而是存了恐惧之心。也有人则是存了私欲，把神佛当成了做生意的神仙，好像越恭敬，自己就越能获得福报一般。还有的人则是心怀鬼胎，利用普通人的敬畏心理，故弄玄虚，好从中得利。种种心思，其实都是私欲的表现。这样做哪里是在修行，只是换了包装的商场罢了。

我们不是说不要有恭敬之心，而是说这种恭敬感恩，要由心而发，要至诚致良知，不能有半点私心。否则，不管是什么三叩九拜的礼仪，也都变了味道，和修行的宗旨背道而驰。

有的修行者可以理解其中的道理，但是更多的人却是走向了完全相反的道路上。比如完全没有恭敬之心，做什么都是毫不在乎，一副世外高人、逍遥自在的样子。别人一说你该有点修行人的样子，就会微微一笑，轻声说道"师兄，你着相了"。好像别人才是那个修行跑偏的人。

这又是一种什么心态呢？修行固然根本在于修心，外相的东西说到底都是空。然而虽然色即是空，空即是色，心外无物，但是我们还没有脱离这个躯壳，还须要在红尘世界中历练。既然如此，就存在着伦理纲常，不能视而不见。不能说因为在修行，所以你就是从石头缝里蹦出来的，没有父母，不讲什么伦理道德。更不能说你修行完全是自己悟出来的，什么圣贤的道理，没听过！

倘若是这样的态度，其实其中就已经夹杂了严重的私欲。否认社会基本的伦理纲常，并非去了我执，相反是我执非常严重。因为心中认为"我"最重要，其他的都是虚妄，父母感受和自己没有关系。什么尊师重道，道理都是我自己悟出来的，我的世界没有别人什么事。不是说圣人的境界是"从心所欲而不逾矩"，那么这样的心态不也是随心所欲吗？是否只要修心的方向正确，就应该没有问题？！

要知道圣人的从心所欲，这个"欲"并非私欲，而是指本心的良知。顺从本心的良知，自然不会越过雷池一步。普通人的随心所欲，却是理解成了人心中的私欲，这二者有根本的区别，不可同日而语。

有的人会说，济颠和尚，还有张三丰——号称一日三疯，不都是疯疯癫癫的吗？这难道还不是私欲？济颠和尚的"酒肉穿肠过，佛祖心中留"，并非自己要喝酒吃肉，而是通过惊世骇俗的方法，来教导当时的修行人切勿执着于表面的形式。也就是王阳明口中的"矜持"。要踏踏实实地致良知，去好好修心才是正道。张三丰的疯癫，是为了稳固道心，而特意在红尘炼心，疯癫只是表面现象，忍辱炼心才是本质。

所以，我们既然都在红尘中炼心，那么自然也都是修行人，礼仪戒律自然要遵守。但是千万不要去刻意为之，而是应当听从本心，致良知。要有恭敬之心，但不可夹杂私心。顺从良知，其实本身就是在持戒修行了。

073

人们往往看不到自己的恶，不满足自己的好

俗话说，爱美之心人皆有之。而爱美之心，源自人们对于美丑的认知。《道德经》说，"天下皆知美之为美，斯恶已；皆知善之为善，斯不善已"。人一旦有了对比，有了你我之别，自然也就有了美与丑、善与恶的分别。

然而每个人内心的想法不一样，出发点不同，对于善与恶、美与丑的认知也各有不同。不同的民族、国家，审美就会有巨大的差异。但不管是什么人，无论他的角色如何，人们都是在下意识地追求自己内心深处认为最美好的事物。即便是动物也不例外，雄性动物往往用艳丽的外形，或者强壮的体魄，来征服异性的芳心。比如最美丽的孔雀，一定是在求偶的雄性。

美与丑，善与恶，是源于比较。正因如此，当大家比较的标准不在同一个水平线上时，就会产生认知的偏差。你认为的英雄，可能在我眼中一文不值。我眼中的偶像，也许在别人心中庸俗不堪。人是社会性群居动物，我们既然生活在这个世界上，就不可避免地要触碰到形形色色的人。而每个人的认知不尽相同，却又不得不每天来回碰撞，难怪会产生如此多的误会和烦恼。

什么说者无心，听者有意；什么好心办坏事，狗咬吕洞宾，不识好人心……都是在告诉我们，不要把你的想法强加在别人身上，更不要自作多情地认为别人可以理解你在想什么。判断善恶的标准不同，认知自然会千差万别。所以，如果你能够明白别人的标准是什么，就已经掌握了智慧的密码。因为你可以理解别人在说什么，在想什么，你可以迅速地找到事情的解决方案，因为你知道矛盾的关键平衡点在哪里。

而增长智慧的起点，关键还是在于判断善恶的标准是什么。心学其实讲得很清楚，"无善无恶心之体，有善有恶意之动，知善知恶是良知，为善去恶是格物"。善恶的缘起是意之动。换句话说，善恶就是意识的产物，是人心基

于眼耳鼻舌身的认知感知，分析理解后产生的思维。比如说鼻子闻到了香味，让身体感到很舒服，那么这个香味就成了善，成了好事。而同样是香烟的味道，有的人闻到会很舒畅，有的人却深恶痛绝、身体极度反感。同样的气味，感受不同，进一步导致意识层面的认知不同，而这就是善恶之分的根源。

我们之所以有不同的善恶认知，就是因为每个人的躯壳构造不一样，也就是身体是不同的。那么眼耳鼻舌，经过身体加工后的感知就会千差万别，因此认知自然就会不同。所以社会的复杂性就在于此。

而我们看不清事物的本质，认知无法提升，根本就在于我们始终将自己的认知，牢牢地捆绑在了眼耳鼻舌身的上面。意识也是人心糅合了器官的感知，最终生出了一个"我"的认知。这样的认知，永远超脱不了躯壳的限制。既然有限制，那么你所理解的世界，就必然是片面的，是有局限性的。

要超越这个限制，就要记得"知善知恶是良知"。良知才是超越人心最公平的比较的标准。因为只有良知，在所有人面前才是平等的、公平的，没有任何偏颇。只有在这个标准之下，所有人的善恶，才可以真正做到一致。

心学为什么要我们致良知。致良知，你对善恶的判断才是最高的标准，是最根本的底线。而在这个标准之下，再去看待我们的世界，其实非常简单。为善去恶就可以找到良知，恶事不要做，善事要多做，这就是圣人的智慧。普通人之所以看不懂，看不透，还是因为良知这个判断善恶的标准，被人心的标准深深地藏了起来。但它并非不存在，而是如同藏身在巨大噪声中微弱的信号，你要用心听才能感受到。

良知就像是一面镜子，让我们能够清清楚楚地照见自己的美丑善恶。如果没有这面镜子，大多数情况下我们很难分清自己的行为究竟是对还是错。就像谚语所说，人莫知其子之恶，莫知其苗之硕。人总是不觉得自己的孩子在作恶；也不会觉得自己的生活有多好。

为什么总有一些家长，在熊孩子犯错的时候委屈地说，他还是个孩子。所谓的孩子，有的已经二三十岁，可是这些父母却丝毫没有意识到，他们的想法有多荒谬。同样的情况，还有很多人总是抱怨自己的生活不如意，却从来没有想过，他抱怨的生活，正是别人梦寐以求的目标。

人们往往看不到自己的恶，却又不满足于自己的好，这都是因为私欲遮住了他们的眼睛，放大了他们的欲望。于是，人们一面对于自己的恶视而不见，另一面终生劳苦，只是为了填满自己的欲望。看不到恶，就会越来越愚蠢。欲望越来越大，烦恼就会越来越多，生活就会越来越沉重。

人们缺少一面镜子，能够清晰地照见原本生活的模样。而这面镜子，就是良知。知善知恶是良知，这里的善恶，是以良知本心作为标准的善恶。是脱离了眼耳鼻舌身意的干扰，事情本来的样子应有的善恶美丑。人心所看到的善恶，心中已经有了先入为主的善恶之别。有利于我的感受的，就是为善；让我感受舒服的，就是为好。这里的感受，就是眼耳鼻舌身意上的满足。

如果用人心去区分善恶，那么你就会带着个人的主观想法去判断事物的对与错。然而放在具体的事物上，你就会发现这样的判断多么不靠谱。比如一个团队中，施行的是末位淘汰制，倘若不巧，你恰恰是那个要被淘汰的对象，你就会找到各种看上去合理的解释帮自己开脱。但不管怎样，心中必然是充斥着不满与怨气。

倘若致良知，抛开自己的私欲再去看待这个问题，你就能够看到，规则和制度，并非针对个人，而是一种公平的游戏规则。于是你用致良知的方法，站在员工的角度，理解了领导的意图，这就是智慧的提升。

如果你能够事事都致良知，去思考问题，那么你的视野和格局自然也会越来越高。你的认知层次也会不断地提升。表现在工作中，你思考问题的方式，将会越来越接近事物的本质，你能够一针见血地找到问题的关键。这就是能力的提升，也是智慧的表现。

所以，我们不要认为修心脱离现实生活，其实它带来的好处很多。而我们需要做的，就是把良知当成一面镜子，时时刻刻去反省自己是否又在作恶，这就是格物致知。

074

什么境界的智慧，
就可以识破什么程度的谎言

　　大部分人，都不会承认自己的愚蠢。即便是故作谦虚，口中说着自己智慧不够，可是真正在遇到事情的时候，却往往把固执当成个性。总会认为普遍性的真理，并不适合自己的实际情况，永远都认为"你说得都对，可是你不了解我的情况"。还有人会有智商优越感，喜欢打一打自己的小算盘，把自以为是的主见，当成了深思熟虑的结果。可是局限于见识和格局之内的认知，永远都是只能在有限的范围内做出的判断。正确与否，那就只能听天由命了。

　　其实我们可以换个角度来思考。想不通什么是智慧，那么不妨想一想什么是愚蠢。愚蠢并不一定是智商的问题，更和学历没有关系。比如看似简单的骗局，受骗者中不乏高学历者，甚至还有名人教授。而有时候看似愚钝的乡野村夫，却有着真知灼见，令人刮目相看。

　　愚蠢的表现，不应当是不懂什么科学常识。掌握高等数学，对于大多数人来说，并没有什么用。懂得经济学原理，倘若智慧不够，照样会陷入金融骗局。所以我们不要迷信学历，更不要盲目崇拜权威，而是要信仰智慧。愚蠢的人，明明有眼睛有耳朵，却看不到听不见真理。明明有嘴巴，却不会说话，有大脑，却不会思考，五官六感都变成了摆设，这才是愚蠢的表现。

　　比如愤怒的时候，人们往往会不假思索地脱口而出一些伤人的话语。事后后悔不迭，冷静下来都想抽自己几个嘴巴，怎么能说出那样的话呢？甚至不敢相信这是自己说的话。这就是虽然有嘴巴，却控制不住要说什么。所以愤怒的时候，人们的智商几乎为零，正是极度愚蠢的时候。有多少激情犯罪，不就是一时冲动，然后酿成大错吗？

愤怒、生气的时候，会让我们丧失理智。过度喜悦、焦虑、压力过大的时候，同样会让你失去智慧。比如善于制造焦虑和压力的，有我们常见的传销、会议营销这些场景。当你处在那样的一个亢奋的环境时，倘若没有定力，那么就很容易被身边的人感染。为什么大多数人一听现场演讲，就容易买单。包括像是什么"双十一""六一八"的商家促销，都是利用了这样的效果制造焦虑和压力，让你智商清零、冲动消费。

而你为什么会被各种各样的场景打败？为什么自己的想法会被别人牵着鼻子走？归根到底，还是私欲在作祟。愤怒生气的时候，什么包容理智都荡然无存，心中只有被冒犯的恼怒。焦虑、有压力的时候，往往总是觉得好像是占了便宜一般，如果在现场不赶快买下这个东西，就是吃了多大的亏。结果等到冷静下来一看，大多数都是一些没有用、浪费时间的东西，还不如踏踏实实去看场电影来得更实际。要知道营销学上各种套路和话术，其实就是基于人们的这种心理设计出来的。

愚蠢的另一个表现，就是我们太过于相信自己的经验了。要么喜欢将过去成功的因素，总结成经验，要么则是很容易相信别人的经验。然而要知道，是时势造英雄，而非英雄造时势。天时、地利、人和都凑到一起的时候，不成功也难。

就像是你今天能够买得起房，家中可能还有几辆汽车，手中拿着智能手机，出行就是高铁、飞机，如果要吃饭，肯德基、麦当劳只能算是凑合的快餐。这样的生活在今天好像是稀松平常，可是放到几十年前，绝对是妥妥的成功人士。就算抛开科技的进步，剩下的其他物质方面的享受，也不能同日而语。

这就是时代不同，人们的价值观也会随之而改变。只是时代的变迁，是一种潜移默化的过程，而人们往往对于这种变化，都是后知后觉。这就是因为思维是有惯性的。

如果你固守观念，不能敏锐地发现时代的变化，还用过往的经验去面对当前的挑战，那么就会错过很多机遇。比如，为什么企业喜欢用年轻有潜力的管理者，并非仅仅是因为他们精力充沛，更多的原因是他们正处在人生的变化中，经验还没有形成，只能在变化中不断尝试创新和突破，这也是企业生存的重要因素。

而大多数人，一旦人生有了一些成就，要么就会想方设法降低风险，保住自己的资产；要么则会开始膨胀，将时代的成就、平台的能力，当成自己无往不胜的经验。人生命运的转折，也通常就在这一念之间。

所有人生中的挫折，几乎都是因为自己的认知与真实的世界有了落差。认知不足，我们就会把假象当成事实，把谎言当成真理，把以往的经验当成智慧。更有甚者，干脆就是人云亦云，只要听上去好像稍微有点逻辑，能讲得通，比较符合当下的状态，仿佛这就是真理。

可是要知道，高明的谎言，是藏在真相之后，假象都喜欢依附在真相之上。谎言和虚妄的假象，往往都是在真相之上移花接木，张冠李戴。就好像一些无良的媒体，在宣传谣言时，常常是断章取义。一句话单独摘出来，失去了上下文的语境，意思往往就是大相径庭。传销组织都会曲解国家政策，还会包装一个什么国企背景，来为最后的谎言做掩饰。

这就好比古玩界造假，最高明的方式并不是完全去伪造一个赝品，而是通过低价收购一些正品的残片，用移花接木的方法，拼造成一个半真半假的仿品。有的是用带有落款的瓷器底，有的则是用半张古人字画，拼出一整张完整的赝品。

生活中的谎言和假象，其实本质也是如此。大多是半真半假，甚至九成是真，只有一成是假的。而真正让我们吃亏的，就是那关键的一成。你能识别什么程度的谎言，就代表你的智慧到达什么样的境界。

能看透简单的骗局，可以让你不至于受损失。能看透人与人之间交往的假象，那么你就可以掌握人情世故。能看到办公室政治的真相，你自然可以游刃有余，平步青云。而如果能够看穿生命的幻象，你就能够清静自在。

看透骗局，只要你不贪心即可。不贪财贪色，那么就没有什么骗局可以诱惑得了你。看透人与人之间的人情冷暖，不争强好胜，不好勇斗狠，牢记天下熙熙皆为利来，天下攘攘皆为利往，你就会发现，其实大多数人很好打交道。

不忘初心，尽人事，知天命，随遇而安，却不妥协，坚守原则。那么再阴暗的工作环境，也会如阳春白雪一样消融无痕。只有真正放下了私欲，致良知，你的生命才无比透彻，你才能真正找到生命的意义。

075

君子居易以俟命，小人行险以侥幸

现代社会物质越来越丰富，各种科技、娱乐，都让人们觉得仿佛生活的品质上升到了前所未有的高度，我们之所以不快乐，是因为自己的机缘未到、努力不够，所以暂时还无法享受快乐的生活。其实我们要始终牢记，物质上带来的快乐，永远都是昙花一现。因为这样的快乐，是身体上欲望的短暂满足，从而相对应产生的一种刺激的快感而已。

可是这种快感，是基于我们外在的躯壳，被刺激的感官很快就会变得麻木，需要你去寻找更大的刺激，让它重新恢复一点反应。比如，你喜欢吃麻辣小龙虾，如果天天吃你就会觉得索然无味；你喜欢旅行，如果天天在路上，你也会受不了。就像是毒品一样，随着神经不断被刺激，毒瘾会越来越大，最终走向灭亡。任何基于躯壳的快乐，都是同样的道理。你永远无法真正满足它，因此，如果你追寻的是这样的快乐，那么你必然永远无法真正地快乐。

当人们在现实生活中，发现想要追逐的梦想无法实现时，或者是当你真的实现了你的目标时，你就会发现新的欲望层出不穷，驱赶着你追求更多。终于有一天，你会绝望地发现，你追逐的目标终于高不可攀，或者是再也没有目标可以追逐的时候，你的内心就会开始变得麻木。而大多数人在无奈之下，逐渐变得佛系起来，甚至直接选择了躺平。

说到佛系，大多数人对于佛系的理解还有很多误区。包括知足常乐、随遇而安、顺其自然，好像都是要我们消极地面对人生，不要追求自己的目标。只要能吃饱穿暖，就没必要去奋斗什么。大部分人的人生不就是这么庸庸碌碌的一辈子吗？

不管是佛家的放下、顺其自然，还是儒家的知足常乐、随遇而安，都不是让我们直接躺平，也不是当一天和尚撞一天钟的混吃等死。心学所讲的自在常乐，也是建立在儒家的修身、齐家、治国、平天下之上的。倘若没有一点抱负，那么儒家又怎么会统治华夏文明两千多年。如果佛家都是好吃懒做之徒，那么怎么会有那么多名人义士，都在钻研佛学佛理。

可见，知足常乐、顺其自然，并非我们想象的那么简单。孔子曰"君子素其位而行，不愿乎其外"。君子应当以一种随遇而安的心态，去面对自己人生中的角色，而不是好高骛远，更不要得陇望蜀。这是一种什么样的境界呢？难道积极的人生不应当有上进心吗？不应当去追求更高的状态，发挥出自己更大的价值吗？就这样随遇而安，不就是躺平的状态吗？

心学中的随遇而安，并非要我们彻底放弃自己的人生，也不是让我们不去奋斗努力。所谓随遇而安，"遇"是指你当下的境遇。人的一生有顺境，也有逆境。遇到顺境的时候，我们自然容易志得意满，感到春风得意；而遇到逆境时，又往往感到怀才不遇，似乎遇到了瓶颈。不管是顺境还是逆境，这都是我们人生旅途中所遭遇的一段经历而已。随遇而安，是要我们能够坦然地面对当下的环境，不以物喜不以己悲，富贵不能淫，贫贱不能移，威武不能屈。心要有所安，要有定力。这才是随遇而安。

人生的目标仍然是你前行的灯塔，它并不会消失。但是我们不能因为脚下是坦途，就飞速疾奔，也不能因为走在蜿蜒险峻的小路，就心生退意。不管是什么路，这都是我们要走的路。否则失去了定力，坦途上也有可能会有陷阱；而小路也许转过弯就是山顶。

顺其自然，随遇而安，表现出来的正是人生的智慧。只有你能看透诱惑，抗住压力，才会有定力。有了定力，人生才能够保持正确的节奏，该快的时候快，该慢的时候慢。

真正的君子，内心则是如同定海神针一般，不管外界如何，以不变应万变。而小人则是容易被利益冲昏头脑，喜欢投机取巧，不劳而获。总以为能够一步登天，或者喜欢把别人的经验当成成功的秘诀，人云亦云，随波逐流。所谓"君子居易以俟命，小人行险以侥幸"。

现代的物质文明越来越发达，然而五色五味，正是让人迷失本心的根源。你越追求成功，往往你的人生越容易失败。恰恰相反，能够随遇而安的人，有定力的人，虽然不一定会大富大贵，但是人生却是能够相对的圆满，幸福感也比很多人多很多。

所以现在不应该去学什么成功学，我们缺的是"平凡学"。平凡并不代表平庸，只是人生幸福的定义各有不同。平凡的人生，一样可以很精彩。只是相对于完全以财富名利衡量的成功，虽然少了很多物质方面的享受，却同样少了很多烦恼，多出了更多的快乐。

甘于平凡中的奋斗，却往往会有出乎意料的成功。可是执着于成功的欲望，绝大多数最终落入了平庸。甚至在追逐名利的过程中迷失了自己，失去的可能不仅仅是财富，还有青春、健康、快乐。

天下熙熙皆为利来，天下攘攘皆为利往。追逐名利的人何其之多，可是这里却有一个悖论：名利是建立在人的私欲之上，私欲永远不会满足。你得到的越多，反而会感到越不满足，于是你会更加执着于其中，欲罢不能。

我们看一看赌徒就知道了。赌徒即便是赢到了筹码，也不会就此收手，反而会越赌越想赌。赌博和我们追逐名利之心的本质，没有任何区别，只不过赌博更加直观。而名利之心却是藏在人们正常的人欲之中，稍不注意，我们的欲望就会将其滋养成畸形的怪物，吞噬着我们的生命力。

所以我们应当去享受平凡，要"君子居易以俟命"，而不是"小人行险以侥幸"。当身处逆境的时候，就以不变应万变，持中守正，等待机遇的出现。这就叫作"居易以俟命"。万万不要有赌徒心理，更不要在这个时候一意孤行。要知道魄力是建立在智慧之上的，别人眼中的当机立断，其实是智者深思熟虑之后的选择。如果我们的认知，还不到慧知的程度，那么宁可去等待，也不要有侥幸之心。

以平凡之心去对待生活，顺其自然，随遇而安，这是生活智慧中的阳谋。只要你堂堂正正，执中守正，那么总会迎来顺境。阳谋换来的成果，虽然会慢，但是胜在长久、安稳、踏实。所谓的成功学、厚黑学，就是阴谋。也许名利获得的快一些，但是德不配位，必有祸端。即便是短暂的成功，也必然只是昙花一现。

你是想要幸福长久的快乐，还是一时的意气风发，而后便一落千丈呢？

076

君子不器，怀才不遇可能是真的没有才

人生中有很多烦恼，其中怀才不遇，可能是困扰我们最多的烦恼之一。尤其是时光如同白驹过隙，一转眼的工夫，我们就从懵懂少年，到了而立之年，甚至已经是不惑之年。然而事业却像是在高原上烧不开的水，总感觉就差一点，但始终都是徘徊在沸点之下。眼瞅着同龄人渐行渐远，然而生命中的贵人却是迟迟不肯出现。

平心而论，自己的业务能力说不上最好，但是工作了这么多年，经验和阅历比起年轻人来说，绰绰有余，甚至比顶头上司也要强出不少。要论觉悟，自己也不乏会有一些真知灼见，或是奇思妙想，可是奈何千里马常有，而伯乐不常有。难道真的应了那句"马有千里之程，无骑不能自往；人有冲天之志，非运不能自通"？

世界如此丰富多彩，然而平凡的人们，才是生活的主角。但是谁不曾梦想过仗剑走天涯，又有谁不想让自己的人生精彩一些？大多数人，在经历了社会的毒打之后，默默地选择了认命，可是心中却仍然会感慨，原来发光的金子，如果被埋没一生，也和粪土没有什么区别。

其实很多时候，并非机遇可遇而不可求，更不是命运多舛，所以才颠沛流离，而是我们对于怀才不遇可能有误解。究竟什么是才华？是写得一手好字，有一个让大家都惊艳的特长，还是才思敏捷，博古通今，出口成章？这些固然也是才华，但更多的是一种才情，是能够让你的灵魂更有趣，却未必会让你的人生更有价值。

又或者说，才华到底是指能够在自己的专业领域中表现的业务能力超群，还是有着超凡的创意和观察力，总是能够洞悉别人看不到的问题？总而言之，你是否思考过，你心中的才华的定义究竟是什么？如果你从来没有考虑过这

个问题，只是仅仅觉得自己与众不同、鹤立鸡群，那么凭什么你会认为自己是怀才不遇？也许你认为的才华，可能在别人眼中，却是好高骛远、桀骜不驯的表现。

比如很多年轻的朋友，刚刚参加工作，看到公司里的流程复杂，有的人中饱私囊；有的人尸位素餐；还有人明明是个庸才，却偏偏是个领导，成天指手画脚，颐指气使。于是心急如焚，认为也许是企业的老板身居高位，看不到基层的疾苦。凭借着一腔热血，洋洋洒洒给老板提出建议，指点江山。谁知道却如同泥牛入海，杳无音讯。

还有的朋友，则是忍不住抱怨：为什么单位里总是有那么多莫名其妙的人。领导任人唯亲，明明贪财好色的人，却被委以重任；打小报告的，混吃等死的人变成了主流。企业里面乌烟瘴气，人们都在玩弄办公室政治。而真正辛苦付出的人，却受到打压。

自己有能力、有见解，又肯吃苦，却只是因为不屑于阿谀奉承，苦于高层没有什么关系，所以工作再出色，也是永无出头之日。这不是怀才不遇是什么呢？

这样去想，你就错了。一个组织、一个单位，是一个有机整体，相当于一个小社会，尤其是人越多，组织越复杂。成年人的世界，并非非黑即白。而组织存在的意义，是要持续地创造价值，赚取利润。这才是一个组织的管理层唯一要考虑的目标。

而一个组织要去完成自己的目标，就必然需要各种角色的人，在各个岗位上发挥他的作用。你看到的流程复杂，其实恰恰是保障企业在平稳运行的过程中，降低风险的手段。比如财务和营销，就是天然的对立面。营销部门思考的问题永远只有一个：如何提升业绩。为了提升业绩，营销人员可能无所不用其极，包括降价、随意向客户承诺，甚至要去做一些灰色地带的事情。而财务要考虑的问题，则是控制成本、扩大利润、降低风险。因此在不同的岗位，我们看到的场景自然不同。

再比如说，你看到碌碌无为的庸才，很有可能是跟着创始人打天下的老员工。虽然没有功劳，却有苦劳；虽然没有什么才华，却承载着企业文化的传承。你看到领导的任人唯亲，可是别忘了，还有一句话叫作举贤不避亲。

即便是真的没有什么才华，但是在很多时候，忠诚比才华可能更重要。还有什么能比得上自家人更值得信任呢？

因此，无论你看到什么样的场景，首先要尝试着去理解它。我们不要期待别人能理解自己，只有当你学会读懂别人的时候，别人才有可能开始理解你。其次，才华这种东西，它不仅仅是指你的业务能力。真正的才华，应当是能够帮助你实现目标的所有能力。

能够理解一切不公平，这本身就是一种能力。因为只有当你理解了现状，你也就站到了和领导一样的高度，如此你与领导才有平等对话的基础。一个单位就是一个社会，既然是社会，就必然有人情世故。所谓的管理，其实就是管理人性。只要一个单位，还在持续地赚取利润，或是为社会提供价值，那么它本身就有存在的意义。那么我们就不要去质疑你所看到的各种不公平，先去尝试理解它。

而在这样一个特定的社会，你必须明确你在这个社会中的价值是什么。才华，也包括清晰的自我认知、自我规划、不要去限制自己的想象力，更不要将能力局限在业务专长上，孔子说"君子不器"。真正的人才，是不会拘泥于形式的。业务能力固然是才华，而你的格局、你的视野，也是你的才。你沟通的能力、写作的能力、协调组织的能力，都是才华的体现。

你拥有什么样的能力，你的才华自然就会被认可到什么程度。倘若你的才华只是表现在业务方面，除非你是天才远超常人，否则你也只是一个优秀的员工而已。若是平时还会发发牢骚，领导让你做八分，你能做到七分，那也只算是合格的人才了。

而如果你不仅业务能力强，还能够对领导的指示心领神会，对于工作面临的困难能够充分理解，那么你不仅是一个优秀的员工，还是一个正面的、积极向上的骨干。

再进一步，倘若你能够想方设法，主动调动公司资源，超额完成目标。甚至还能够通过自己的方式，开辟出新的领域，那你的才华怎么可能被淹没。所以我们不要怕调动公司资源，只要是为了目标服务，让单位创造更大的价值，那么领导、各部门同事都可以作为你的资源。如何去顺畅地调动资源，这就是才华。

所以，如果你总是感到自己怀才不遇，那么不妨重新认识一遍才华。毕竟认知到什么程度，你的行为才会到什么程度。不要觉得为时已晚，任何时候，社会缺的永远不是人，而是人才。人的潜力是无限的，君子不器，千万不要给自己设限。

077

不虞之誉求全之毁，吾心安好便是自在

《易经》里有一卦，叫作天雷无妄。是形容人在家中坐，祸从天上来。明明什么事情都没有做，可是偏偏就莫名其妙地有倒霉的事情找上门来。用现在的话来说，就是躺着也中枪，实在是冤枉得很。

尤其是在网络时代，人人都有话语权。不管你是明星网红，还是什么公众人物，有时候哪怕是一个普通百姓，只要挑动了民众的情绪，也会遭遇网络中的流言蜚语，甚至是网络暴力，直接宣判你社会性死亡。

不要说是在网络上，就是在生活中，我们也几乎时时刻刻都会遇到这样的状况：明明不是自己做的事情，却要让自己背黑锅；明明自己没有这样的意思，但是别人却曲意附会，让自己蒙受不白之冤。

有的朋友生性善良，总喜欢在自己身上找原因，百思不得其解。为什么这样的事情总是找到自己？为什么身边总会有这样猥琐卑劣的人？难道真的是自己的原因？自己不会有招惹这种事情的特殊体质吧？

虽然说君子要一日三省吾身，不断地反思自己是否又有什么过错。可是很多时候，这突如其来的委屈，或是忍无可忍的愤怒，其实都和自己并没有太大的关系。谦卑、反省，是一种美德，但我们不能认为事事皆因我而起。

要知道，之所以称之为无妄之灾，就是这些事情本身都是源于外界。不仅仅是普通人，即便是圣贤，也会遇到这样的事情，区别在于我们如何去对待这种状况。

佛陀在世传法的时候，也曾经遇到诬陷和诽谤。有一日佛陀正在讲法，忽然从外面闯进来一个怀孕的女子，指着佛陀大声斥责，指责佛陀让她怀孕却又不负责任。此言一出，众人都大吃一惊，佛陀怎么做出这种事情呢？然而佛陀却不言不语，女子见佛陀不说话，于是更得意了。就在围观的人越来

越多的时候，忽然一个木盆从女子腰间掉了下来。原来这个女子是外道为了诽谤佛陀，故意指使过来陷害佛陀的。

无独有偶，古时候在日本也有一位白隐禅师，遭遇了同样的境遇。白隐禅师本是得道高僧，在当地有很多的善男信女非常敬仰他。可是有一天，村中的一位没出嫁的少女怀孕了，她的父亲盛怒之下，追问孩子的父亲到底是谁。少女被逼得没有办法，只好说，孩子是白隐禅师的。等到孩子出生后，愤怒的父亲将孩子带到白隐禅师面前，告诉所有人，白隐禅师玷污了自己的女儿，并且有了孩子。

而白隐禅师只是轻轻说，"哦，是这样吗"，便收留了孩子，默默地养育他成长。因为此事，白隐禅师名誉扫地，不但不再有人供奉他，还时不时有人上门恶语相加。白隐禅师毫不介意，仍然每日该做什么做什么。直到有一天，少女经受不住良心的谴责，终于坦白，原来孩子的父亲另有其人。而当少女的父亲得知真相后，心怀愧疚向白隐禅师道歉时，白隐禅师仍然只是淡淡地说道，"哦，是这样吗"。

所以诽谤、污蔑，这样的事情，即便是圣贤德行圆满的情况下也无法避免，更何况我们普通人本来就不完美，自然也会留给别人可乘之机。但是我们强调的重点，并不是当诽谤污蔑来的时候不做任何辩解、不做任何反应，而是要告诉大家，这些都是外来之物，是不由你控制的。

当我们遇到这样的情况，首先不要自责，更不要因此而让自己的心慌乱。既然不是自己的问题，那么理直自然可以气壮，堂堂正正地做事作人就好。自然也可以去辩解，可以去反驳。但是要注意方法。孔子言，"中人之下，不可以语上也"。对于本来就愚钝的人，你去和他讲道理，是讲不通的。有时候还要区分场合，情势之下，你也未必有辩解的机会。否则怎么会有百口莫辩、跳进黄河洗不清的说法呢。

保持良好的心态，一定要沉着冷静。不要着急辩解，先去处理问题。只要自身没有问题，那么总会有机会让大家明白事情的真相。

然而有时候，我们又会陷入另外一个极端：凡事为了避免无妄之灾，处处谨慎小心，甚至于委曲求全，不求有功但求无过。这样的心态，是无法做事情的。这是因为，如果要去做事，就必然会面临选择，而很多时候的选择，不可能两全其美。

要作好好先生，最后是什么都做不好。谁都不得罪，永远去和稀泥，这样的人没有担当，也就失去了自己的尊严，更不会获得别人的尊重。因为这样的表现，就等于是将投机取巧、胆小怕事写在了脸上。谁会尊重这样的人呢。

还有的人，与那些千方百计去委曲求全的人恰恰相反，喜欢营造自己的人设。总是主动往身上揽事，或者在一些重要的场景中蹭人设。目的无非就是为自己硬生生赚取一些口碑。

然而，倘若没有德行的支撑，即便是设计再周详的人设，也会有坍塌的时候。虚假的人设，就如同无根之草，又像是水面上的浮萍。微风荡漾的时候，虽然会有点点闪烁，也能勉强蒙混过关。可是风势一大，就会立刻烟消云散。比如娱乐圈中，就很容易有这样的事情。

人不仅要能经得起荣誉，还要能受得了污蔑。荣誉会让人生出对名利的执着心，污蔑则会加重人的嗔怒心。不管是荣誉还是诽谤，其实这些都是身外之物。只要我们德行兼备，能够持中守正，那么公道自在人心。

孟子曰："有不虞之誉，有求全之毁。"人总是会有不期而遇的荣誉，也会有委曲求全的诽谤。但不管是什么样的境遇，这都是我们炼心之时。

牢记红尘无处不炼心。外界的好与坏，始终都是外物，都如过眼云烟终究会过去。只要本心安好，那么天地之间便是清静自在。

078

选择大于努力，认知决定选择

生活得越久，经历的事情越多，我们越有一种感觉——人生中选择远远比努力重要得多。并非努力不重要，而是如果选错了方向，那么你的努力只会让目标越来越远。

然而，即便是明白了这个道理，当我们面临选择时，仍然是会犹豫不决，踌躇不定。甚至很多时候，当我们回顾人生，会发现很多重要的选择，其实在当时看来，也许就是生命中微不足道的一瞬间。等我们意识到它的重要性时，事情已经尘埃落定。你只能顺着它的惯性，随波逐流。至于好坏，也就只能各安天命了。

所以，我们会推崇能够在关键时刻果断决策的人。鬼谷子说过："决情定疑，万事之基。"也就是能够在需要决策的时候，可以毫不犹豫地下定决心，排除困惑，这是做事情的最基本的要求。而韩非子也说"缓心而无成；柔茹而寡断；好恶无决；而无所定立者；可亡也"。优柔寡断，没有善恶之分的性格，是做不了什么事情的。

可见，能够当机立断是人生成功的必要因素之一。然而问题就来了，下决定很容易，但是如何才能知道这个决策是对还是错呢？下棋如果棋差一着，大不了再重新来过。开车出行，错过了路口，大不了多绕绕路，在下个路口还有机会。

可是人生的选择，是没有办法回头的。就像是一件陶器，从制作到烧制，是不能出现错误的，否则就会变成残次品。又好比行军打仗，战局瞬息万变，如果你无法抓住战机，一旦选择错误，那么就会一败涂地。遇到选择，不假思索地就直接拍板，看上去倒是确实当机立断，可问题是你怎么知道当下的选择就是正确的呢？

孔子说，有一类人是不能与之共事的，就是"暴虎冯河，死而无悔者"。这是形容赤手空拳去打虎，不知深浅就徒步过河，而且还死不承认错误，不知悔改的人。在对事情毫不知情的情况下，就贸然作决定，这和暴虎冯河又有什么区别。知道了前方有困难，而且做好了充分的准备，迎难而上，这叫作果断、英勇、有魄力。对前方一无所知，就敢把手上的筹码全部下注，这叫作赌博，完全拿自己的命运开玩笑。

所以在做选择要决策的时候，我们绝对不要觉得牙一咬心一横，硬着头皮去选择，这就是有担当、有魄力。真正的担当，是要对结果负责，而不是在下决定的时候故作潇洒。

我们要明白一个道理，果断并不代表冲动，勇敢也不等于鲁莽。它们之间的区别，就在于对未来即将要面对的局面，是否有着清晰的认知。

就像有人常常自我安慰，说什么"命中有时终须有，命中无时莫强求"。于是做完决定后，直接躺平等待结果。就好像是一个囚徒，做完了苍白的辩护之后，只能在未知中等待法官的宣判。而真正高明的选手，则是会充分利用规则，帮助自己完美地开脱，找到必胜的证据，去赢得这场辩论。

如果你知道什么是所谓的"命中有时终须有"，而什么又是"命中无时莫强求"，那怎么可能还会犹豫不决呢？这样看来，就算是我们想佛系地安慰一下自己，原来也只是自欺欺人而已。当然，这并不是让我们从命运中寻找答案，而是提醒我们应当好好思索一下，人生在面临选择时，究竟应当如何把握自己的人生。

选择，似乎就是在执行命运预设的轨迹。在选择面前，要做到果断而不是束手无策、犹豫不决，就需要我们去提升自己的认知。知行合一，你的认知在什么层面，那么你对选择背后隐藏的真相，就能理解到什么程度。

认知有五个层面：无知、盲知、自知、慧知和觉知。倘若是处在无知和盲知的阶段，当你走到人生的岔路口，当然是两眼一抹黑。甚至很多时候，你会跟着人群向前走，错过了人生的岔路口都茫然无知。可是要知道每个人的目的地不同，虽然你走在人潮人海中，但是人群前进的方向，却并不是你要走的路。

我们在生活中不就是如此吗？股市大涨，连保洁阿姨都在谈论靠炒股买了一辆车的时候，大多数人都会难以控制自己，随着大流杀入股市。身边的人都在学习英语，于是你也不由自主地报一个学习班，生怕落在人后。觉得毕业后要到一线城市发展，于是和无数北漂沪漂一起涌入北京、上海。然而奋斗多年，却始终没有搞清人生的意义。

选择，就是在这样的场景下发生，被大众的意志裹挟其中，身不由己。而你可能直到现在都没有意识到——当你的私欲告诉你，你应当过上让别人羡慕的生活时，其实别人眼中的世界，就变成了你的价值观。而你也就失去了选择的主动权。

如果认知能提升到自知的阶段，那么至少可以想明白自己想要什么。当你有了这样的信念时，再去面对选择，也许你仍然看不到未来的模样，但是坚定的信念能够让你毫不犹豫地选择自己的路。即便这条路崎岖艰难，但是至少你走出了自己想要的人生，未来也不会后悔。

而真正能够做到内心果断还能正确选择的情况，必然是认知进入慧知的阶段。慧知程度的认知，能够革除私欲、格物致知。在看待事物的时候，可以透过现象直接分析本质。就如同二十七岁的诸葛亮，在草庐中就能够将天下三分，给刘备明确地指出未来应当如何选择。这样的选择，是基于智慧之上的分析结论。在别人看来可能是天方夜谭，可是在智慧面前，就是顺理成章、理应如此。

所以天才有时候也常常会被看作是疯子。因为大智慧的人做出的选择，我们很多时候看不懂。同样的道理，当你在面对人生的抉择时，与其说选择决定了你的人生，不如说你的认知决定了你人生的高度。既然如此，如果你想要拥有一个通透的人生，就应当提升你的认知。而格物致知、致良知就是最好的途径。

079

绝对自由陷阱，致良知方能不昧本心

人人都喜欢自由，不喜欢被约束。毕竟没有人喜欢被人指手画脚，更不愿意自己的人生被别人规划。然而现实生活中，偏偏有各种各样的条件束缚着我们，让我们无法得偿所愿。

你不喜欢读书，可是社会偏偏告诉你，读书是最好的人生捷径，唯有读书才可以改变命运。你喜欢哲学，可是报考专业的时候，父母会让你选择一个热门的专业。这样才能在毕业之后，有一技之长，可以找一个好工作。你想要去实现自己的梦想，可是当面对一大堆账单时，才发现囊中羞涩，不得不为一日三餐而终日奔波。

既然生活在这个社会，我们就很难去追逐完全的自由。然而人们的天性，就是向往无拘无束、完全自由的生活。所以才会有所谓的公知，常常鼓吹西方自由主义的价值观。自由与民主，仿佛象征了人类最高的文明。甚至在一百多年前，当中华大地陷入黑暗时，洋务运动、新文化运动，都在不遗余力地学习着德先生和赛先生，也就是民主与科学的精神。

到了今天，我们的追求变成了财富自由。还有人给财富自由划分了不同的阶段，包括什么超市自由、数码自由、旅行自由、购房自由等。似乎只要实现了财富自由，人生就到达了巅峰，而生活也必然是幸福如意，再也没有什么遗憾。毕竟现在摆在你面前的困难，很有可能就是来自财富的限制。

于是绝大多数人在这样一个幻觉中，不断调整着自己的人生目标。即便跨过一次又一次的陷阱，经历了一次又一次的挫败，却始终坚定不移地认为，财富自由就是人生的自由。

我们不妨深入思考一下，所谓的财富自由，换一个角度来看，它代表了什么？能够自由支配的财富，实际上等于你可以毫无顾忌地去购买想要的物品、或者是服务。金钱的力量，就在于它可以通过买卖来实现你心中的欲望。

在数学中有一种思维方式，叫作极限思维法。当你看不清楚一件事的对与错，或者在选择上左右为难的时候，不妨把事情按照你预想的条件放大到极限状态下，观察它的影响是什么。比如牛顿就用这样的方法，推导出了万有引力。当一个苹果落在他的面前的时候，他会思考，为什么苹果会落在地上，而不是向上飞去。是因为距离不够吗？那么一百米的苹果树又如何？一千米、一万米呢？苹果是否仍然会落到地面？

如果把苹果放大，变成篮球大小，密度增加变成铅球呢？按道理来说，即便是一万米的高空，铅球仍然会落到地面。那么再极端一点的情况，一万公里、十万公里、一百万公里呢？事实上，月球就如同放大了的苹果，高悬在距我们近40万公里的远方，却并未落下。所以当极限到达一定程度的时候，事物的规律就会发生变化，这时候背后的真相就会若隐若现。

极限思维法的好处就在于，能够通过设置极限条件，将事情的本质凸显出来，让我们能够忽略事情表面的因素，直接掌握背后的真理。

关于自由这件事情，我们同样可以运用这样的思维方式来分析问题。即便你还没有达到真正的财富自由，但是却可以在大脑中来一场头脑风暴。比如，你最喜欢的美食可能是龙虾大餐，但是限于财力，你不可能常常去品尝它；也有可能你喜欢四处旅行，喜欢游览江河湖海，但是只能在有限的假期去规划自己可怜的行程；你心中向往能有宽阔的豪宅，能锦衣玉食、衣锦还乡，可以有用不完的奢侈品，走到任何地方都不必担心自己囊中羞涩……这些都是我们内心潜在的、深藏的欲望。

也许这样的生活，我们可能一生都无法真正获得。但是却可以先去思考一下，倘若你获得了绝对的财富自由，这样的生活都可以被满足，那么你真的就快乐了吗？

很多人会说，如果真是如此，那还有什么不快乐的呢？愿望都被满足了，生活再也没有了忧虑，怎么可能不快乐？快乐是必然会很快乐，但是这种快乐，却是短暂的。俗话说"饱暖思淫欲，饥寒起盗心"，人处在什么样的环境下，就会有什么样的想法。饥寒交迫的时候，只会想着如何能够赚到钱财。而温饱实现了，新的欲望就会出现。

同样的道理，当你的财富真的自由了，那么物质的欲望就很难再刺激到你的内心。就像是天天饕餮盛宴，夜夜歌舞升平，你也会觉得索然无味。想要的东西唾手可得，完全没有索取的乐趣，这种心灵上的荒芜，带来的绝对不是快乐，你甚至会慢慢陷入感官的麻木中。

所以我们可以看到，财务自由，其实追逐的是满足这个躯壳的自由，而非真实的快乐。只有魔鬼才会怂恿你，不加任何束缚去放纵人性中的本能。而追求绝对的自由，尤其是财富自由，正如同与魔鬼做交易。放弃了本心的自由，换来的是肉体上无穷的享受。

西方国家已经出现了这样的端倪。人们无节制地享受所谓的自由生活，于是枪支泛滥，违禁品也合法化。人民自私自利，没有丝毫伦理纲常。子不孝，父不教。为了财富，毫无人性可言，可以滥杀无辜、发动战争。这真的是天堂吗？分明就是地狱。

自由，并不是放任自己的躯壳无穷无尽地索取。满足了外界刺激，带来大脑中多巴胺激素下的一时兴奋，这是身体营造出来的关于快乐的假象。如果你沉迷于此，那么就离深渊近在咫尺。真正的自由，是本心的自由，是在任何情况下，都能平静自如，能够控制自己的欲望，能够对诱惑说"不"。

极限思维的方法，其实也是格物致知的一种表现。如果再说得简单一些，心学并不是不让我们去追求生活的权利，也并非要限制我们赚取财富，而是希望你能够在奋斗的同时，不要为了五斗米就放弃自己本心。倘若如此，这样的人生、这样的生活，即便你真的财富自由了，你的内心也不会获得真正的快乐。

080

社交恐惧症，躲出来的清静是逃避责任

互联网的高速发展，为我们带来了极大的生活便利。人们不用再去纠结到底哪件衣服才是性价比最高的，坐在家中就可以购买各种各样的外卖，网络上的电影漫画，多到快让人生出选择恐惧症，甚至连简单的工作都可以在家中完成，不出门也能自给自足。

很多年前，网络还不发达的时候，曾经有机构做过悬赏活动，如果你能在家中依靠仅有的基本网络环境和基础饮食，足不出户待上一个月就能获得一笔奖金。如果放到现在，别说是一个月，我们的朋友能宅到让这个机构破产。

虽然网络给人们的生活带来了便利，但是也让人们更加有理由周末宅在家中。毕竟家里什么都有，何必要在外面忍受风吹日晒的辛苦，更不用费尽心思周旋在同事朋友之间，还落得个清静自在。何况一周的工作已经让人身心俱疲，周末正是原地回血的好时机。

于是慢慢地大家变得越来越喜欢在家独处，从不喜欢无效社交变成了不喜欢社交，甚至出现了社交恐惧症。反感、逃避人群，见到人多的环境，就会有意识地找一个角落，默默希望大家都能忽视自己的存在。

然而，人类本质上还是群居动物，社会关系的存在，是一种必然。我们不可能一直去回避这个问题。何况成年人，必须承担起自己的职责。社会关系也是我们天然要面对的责任。比如中国老话说，不孝有三，无后为大。如果连社交都无法正常进行，又怎么能有恋爱关系，更谈不上结婚生子了。

社交恐惧症，现在变成了普遍存在一种心理状态。究竟是什么原因，让我们如此惧怕与人打交道。或者说，内心中总是想尽可能地回避这样的场景？其实归根到底，用一个词来形容，就是心累。在与人相处的时候，总是感觉到内心一点也不轻松，小心翼翼。心里就像早春冬眠刚醒的兔子，站在洞口东张西望，仔细观察；一有风吹草动，就缩回到窝里；可是肚子又饿得难受，想要去觅食，却又怕遇到老鹰狐狸，进退为难。这种状态能不累吗？所以只要不是没有粮食，那宁可窝在洞里一动不动，既安全又舒适。

社交恐惧症，本质上就是如此。换句话说，是因为自己的内心不够强大，承担不了社交带来的未知风险。不论这种风险，是被人否定的不自信，还是不愿昧良心去说漂亮的话，又或者是看不惯一些人矫揉造作的行为。总而言之，这些未知的可能性，都成为我们接触外界的障碍。它们就像是盘桓在高空环伺四方的老鹰，时时刻刻等着捕捉出窝的兔子。

还有的社交恐惧症，却并非是因为恐惧，而是因为懒惰、怕麻烦。这种情况也许称为社交懒惰症更为贴切。可去可不去的应酬，那就尽量不去。反正去了也没有什么意思，都是一些无趣的人，无非是打发时间而已。公司安排的团队建设，更是让人尴尬得要命，能推就推，在家里躲清闲不好吗？朋友安排的聚会，没几个认识的人，更是无聊，随便找个借口搪塞过去好了。别说社交，甚至连朋友圈都懒得更新。真是无可救药的社交懒惰症晚期。

我们都喜欢清静自在，不喜欢被人打扰。可是消极避世产生的清静，却是虚假的表象。就像是六根不净的出家人，虽然每天口中念佛，终日里在山林间不问红尘，可是内心不清净，即便在念诵佛号，也仍然会有杂念蜂拥而至。

躲在家中，耳朵里是少了很多声音，避免了很多乱七八糟的事情发生，可是真的就没有烦恼了吗？恐怕只有沉溺在游戏里、电视剧中，或者是酒醉微醺的时候，才会有片刻的放松。但是稍微清醒片刻，烦心事就如影随形，不知道从哪个角落就冒了出来，让你根本没有还手之力。

这就是环境虽然清静了，可是内心却并没有得到宁静。如果有一个不受时间地点约束的工作还好。要是不得不去公司上班，那更是无法逃避必要的社交活动。

心学告诉我们，有事就是格物的时机。我们往往会认为有情绪的时候，才是有事的时候。有不开心、不舒服，或者是愤怒悲伤的时候，这才是要格物致知的时机。其实像这样自己营造出来虚假的宁静，也正是格物的时机。

我们之所以会逃避社交，本质上就是对社交产生了厌恶、反感的心理。越是这种时候，我们越不能逃避，而是要去面对这个问题。靠回避和自我催眠，是解决不了问题的。我们不能因为自己不喜欢社交，就假装可以没有社交。

可是人生要去实现自己的价值，要承担起自己的责任，就必须和这个世界有交集。而内心要想获得强大的力量，首先就要有勇气面对自己的阴暗面。

躲在家中固然清静，可是衣食住行都需要自力更生，不可能坐吃山空。工作上不求上进也就罢了，可是原地踏步，混吃等死，却是面临随时会被淘汰的风险。就算按部就班地生活，终身大事却不是坐在家中就能从天而降的。逢年过节的客套寒暄，比不上真的遇到麻烦时，八方支援的温暖。

所以必要的社交，也是我们人生负责任的一种态度。人生有一种勇气：即便知道了生活的本来面目，但仍然可以不改初心地去热爱生活。

如果你觉得生活充满了恶意，那不妨换一换你的朋友圈子。王阳明说，"处朋友，务相下则得益，相上则损"。朋友之间，互相谦让，互相成就，这才是君子之交。倘若在一起不是攀比嫉妒，就是冷嘲热讽、互相拆台，那这样的朋友，其实并非真朋友，不交也罢。

我们常说，人在成熟的时候，要学会给自己做减法。朋友不求多，要求精。可是在人生的不同阶段，朋友的圈子也可以各有不同。我们不交损友，但是可以交一交"酒肉朋友"——互相之间不图什么，也不做攀比，只是打发时间也好。也可以参与一些业务、工作方面的社交，但是心态要摆正。工作就是工作，这是应酬，并非真的去交朋友。如果把应酬和交友混为一谈，那么很容易深陷矛盾之中。当然，工作中沉淀的友谊也有，但是这是在工作的前提下、久经考察的结果，而不是应酬最初的目的。

所以，我们不要少年老成，故作姿态。什么样的年龄，就要做什么样的事情，什么样的阶段，就应当承担起什么样的职责。如果你觉得社交很麻烦，那就真的是炼心的时候了。

081

最遥远的未来是明天，最真实的生活在当下

知行合一，告诉我们一个道理：你的认知达到什么样的程度，你就会有什么样的行为。我们都希望自己能够活得通透一点，能够无忧无虑，轻松自在。在生活和工作中，可以看明白事情的本质，不再有困惑，不再迷茫。

由此可以下结论，认知就等于智慧。如果我们感到总是很迷茫，情绪总是难以控制，遇到事情看不透背后的玄机，甚至是水落石出之后才恍然大悟，人生总是处在一种后知后觉的状态，这其实并非因为愚钝，而是认知本身出了问题。

就好像一个魔术师在舞台表演，你会惊讶于他魔幻般的演出，会不由自主地被魔术师眼花缭乱的手法吸引，从而忽略了很多细节。你明明知道魔术是一种假象，但是你仍然参悟不透其中的奥秘，虽然它为你带来了快乐，可是当你明白了魔术背后的秘密，再去观看表演时，你的注意力就会完全不一样。这时候即便是同样精彩的魔术，在你眼中也会失去其原有的色彩。

这就是认知的差异带来的观察角度的变化，进一步让你有洞察先机的能力。既然如此，为什么我们认知的水平如此难以提升？很多人穷其一生，认知不仅没有提升，甚至走上了歧路，慢慢变得越来越昏聩。比如，很多人到了不惑之年，或者过了知天命的年龄，生活却是过得越来越糟糕，年轻时候的锐气早就被消耗得一干二净，苦苦努力挣扎，却一无所获。于是在他们的眼中，生活的面目是如此可憎，什么天道酬勤，付出总有回报，似乎就是一句笑话。

所以，倘若不能尽早地提升认知，不但会影响到我们的心态，更会被错误的人生观、价值观，拖拽着慢慢滑向生活的底层。而当年华逝去，你手中的筹码也会越来越少，改变生活的状态，也会变得越来越难。

究竟如何在生活中去提升自己的认知？其实古人早已经说得明明白白，那就是"读万卷书，行万里路"。行万里路，并非一定要去远行。而是要在人生的道路上，多去经历一些事情。很多道理，如果我们没有亲身经历过是无法切身体会其中真正的含义的。就像吃槟榔容易引发口腔疾病；抽烟有害健康，是肺癌的主要元凶之一。这些道理我们都懂，可是大街上嚼槟榔、抽烟的大有人在。唯有身体真出了状况，才会引起重视。

同样的道理，往往只有你经历过一系列的事情，你才能明白原来这个世界并不是非黑即白。人性固然有恶的一面，可是也有良知的一面。社会本来就处于不完美的状态，在一个有缺陷的世界里去追求完美的生活，这本来就是不现实的事情。你也会慢慢地发现，改变一个人是多么困难的事情。不要说改变别人，就是改变自己，也是一个巨大的挑战。而这些道理，很有可能你早已经耳熟能详，但却要在头破血流之后才能真正地心领神会。

所以我们在有条件的时候，或者在少年时期，不妨多吃一些亏，大胆去折腾，去尝试不同的人生，去感受社会的人情冷暖，这比读多少书可能都更有意义。这也是红尘无处不炼心的另一种场景。

除了要行万里路，多去体验一下人生，还要读万卷书。当然，在当下的社会，很少有人还能够保持阅读的习惯，更何况万卷书还有不少的糟粕在其中。因此我们要想提升认知，就要找到正确的阅读方法。

然而我们首先要面对的，却是很多朋友压根儿就不想、或者说不喜欢阅读的问题。因为没有养成这样的习惯，所以一捧起书本，就昏昏欲睡，脑袋发沉。这其实不是我们这个时代特有的问题，古人在这方面也是不遑多让。王阳明深知学习的困难，在这个问题上就教导弟子："日间功夫觉纷扰，则静坐。觉懒看书，则且看书。是亦因病而药。"

说的是倘若平时感觉到事情太多，心总是静不下来，那么可以用静坐的方式来收收心，但是该看的书还是要看的。如果觉得没有心思看书，或者懒得看，越是这种时候，反而越要逼着自己去读读书。因为当身体有了抗拒，往往这种时刻，其实就是炼心格物的时候。

身体越不想动，其实就意味着你的眼耳鼻舌身意，在这个时候正在和你的本心做对抗。我们学习过，人最大的自由，在于本心的自由，而不是身体上的自由。身体上一时的自由，换来的就是本心的沉沦。而且我们的身体，是一有机会就会削弱你的意志。

大脑中有一种奖励机制，当你做了什么事情感觉到愉悦的时候，它就会暗示你不停地重复这种状态。于是我们很容易就在不知不觉中，陷入了感知陷阱。而一旦进入这个陷阱，你就很难出来。比如为什么你会刷手机刷个不停，为什么你会吃零食吃个不停。甚至有时候看上去有益的事情，其实也是这种陷阱的效果。比如你可能会痴迷于跑步健身，沉溺在钓鱼徒步中无法自拔。偏偏它们看上去一点也没有危害，于是我们没有在挑战中退却，却在安逸中躺平。

温水煮青蛙、跳出舒适圈，都是在解释同样的道理。只不过我们往往会在工作中提醒自己，却在生活中、在修心炼心的时候忽略了这个问题。于是这也是我们的认知始终原地踏步的一个很重要的原因。你能否拿起书本，去认真地阅读思考，其实已经决定了你未来的认知可以到达什么样的高度。

当然，阅读未必就能让你开悟，但是如果没有达到顿悟状态，而是还在渐修的路上，那么知识的积累就是一个必然的过程。所以说"读万卷书，行万里路"，这正是我们渐修开悟的捷径。知识不会凭空产生，顿悟也不是说悟就悟。今天的美好，是因为昨天的努力。明天的改变，也是缘起于今天的行动。

我们不能一边憧憬着未来的美好，另一边却不断安慰自己，改变从明天开始，今日就得过且过。古人都说，明日复明日，明日何其多。然而最遥远的未来，就是明天。最真实的生活，就在当下。

阅读也许就是一个最简单的开始，你也可以把它视为你改变的起点。如果感觉很困难，这就是炼心的时候到了。而如果这样的困难都无法克服，那么也就不要谈什么梦想，更不要幻想改变人生了。

所以提升认知，可以多吃点亏，多读点书。改变人生，改变未来，其实就这么简单。

082

认知的层次，决定了努力的效率

我们都知道，想要改善自己的生活，无论是在顺境还是逆境都应当努力奋斗。生活安逸的时候，在应当奋斗的年龄，不能自我懈怠。而当环境不如人意，即便是短期内看不到明显的效果，也不能屈服于命运，就此躺平。

安逸的生活，容易让人丧失斗志，在不知不觉中慢慢被社会淘汰。就像是在攀登险峰的过程，就算中途感到疲惫，也不能躺在悬崖边睡觉。因为你还没有到达安全的境地。而人在低谷时，更不能因为几次失败和挫折，就心灰意冷地抱头认命。孟子的"富贵不能淫，贫贱不能移，威武不能屈"就在提醒我们，任何时候，心头的这口气不能没有。

然而在实际生活中，我们也常常会面临另一个窘境。明明每天都很努力，早出晚归，甚至一天要打好几份工，可是收入的水平永远都在一个固定的范围徘徊，丝毫不见长进。心中也明白，应该多掌握一些知识技能，也在业余时间报了很多学习班，买了很多书，可是看来看去、学来学去，却总是感到无法学以致用。自己的状态永远都是追着热点跑。听了那么多道理，真正放在工作中，却从来也没有游刃有余的感觉。

事实上，并非我们没有努力。放眼望去，芸芸众生，其实大多数人终日里都在忙忙碌碌。有的人起早贪黑穿行在城市之间，有的人日夜奔波劳苦，为了碎银几两风雨无阻，有的人泡着浓茶咖啡埋头苦读，还有的人不得不埋醉在觥筹交错之间。你怎么能说他们没有努力呢？很多时候，人们的付出，已经不仅仅是努力，甚至可以说是在用力地活着。

可是即便如此，绝大多数人仍然是碌碌无为。往往是操劳半生，抬起头一看，空空如也。学过的知识早都成了过时的垃圾。赖以生存的经验，在新人们眼中一文不值。在本职工作上兢兢业业奉献了大半辈子，级别待遇也没有什么特别之处。同样的都是很辛苦地付出，但是自己的努力似乎毫无意义。

于是很多朋友就产生了怀疑，努力究竟是人生的必选项，还是可以早一点放弃挣扎。既然都是躺平，干脆找一个舒服的姿势混吃等死，似乎也是一个不错的选择。

其实努力并非没有意义，只是大多数的人的努力，并没有用对地方。我们对努力有一个误解，认为只要勤奋就一定会有收获，付出一定会有回报。采用正确的方式去努力，自然会获得相应的回报。可是用错误的方式，努力在错误的方向上，有时候不但没有回报，还会让你的人生误入歧途。

就像是创业中的人们，没有哪一个不努力拼搏的，可是当颓势已经无法挽回，徒劳的挣扎只会让你越陷越深。在感情中纠结的男男女女，总以为自己付出多一点，做得再完美一点，就能够挽回爱人的心。却不知道感情凭借的是互相吸引，而不是自我感动。早早给自己做好了职业规划，安排了满满的学习计划，但是到头来好像不知不觉变成了被收割的韭菜。

错误的努力，不但没有让生活更加美好，反而加速了自己人生的悲剧。没有方向的努力，只会徒劳地消耗你的人生，让你的时间，最终落在不起眼的微尘中。

所以即便是最简单的努力，也要找对方向，用对方式。王阳明说："志不立，天下无可成之事"。立志，就是树立自己的人生目标。倘若目标不明确，或者说对于目标的认知发生了偏差，那么你的努力将会毫无意义。

譬如你的认知总是局限于当下的环境，那么你就会人云亦云。倘若你总是看到眼前的利益，那么你就不知道如何取舍。你执着于鲜花和荣誉，就很难放下姿态，重新开始。所以我们很多时候，遇到问题并不是先去思考问题的本质是什么，而是如同一个庸医，头疼医头、脚疼医脚。

要接手一个新工作，发现自己有很多短板，于是匆匆忙忙找一个相关的课程学习。看到身边的人都在考什么证，自己好像没有的话就会被淘汰，不得不随波逐流才能心安理得。公司的产品和管理总是在迭代创新，好像自己的知识总是跟不上变化，要学的东西永远学不完。有心想换一个环境，却又担心自己的知识结构已经落伍，于是不得不继续学习。一直在努力，却好像一直挣扎在淘汰的边缘。

无论是工作还是学习，如果认知不足，你能看到的就永远是时代的背影。人生要顺势而为，然而生活的势能究竟是什么，却受到认知的限制，百思不得其解。倘若不能抓住事物的本质，无法高瞻远瞩，那么我们至少要尝试把握自己人生的势能。

最好的人生状态，应当是在风口还未来临之前，就做好了进击的准备。待到风起云涌时，趁势而起。而不是漫天狂沙时才如梦初醒。想要追逐风口，最终却只能眼睁睁看着机遇已经随风而逝。

要想把握自己的势能，需要认知的提升，和一定的定力。所谓"志于道德者，功名不足累其心；志于功名者，富贵不足以累其心"。把道德修养作为自己的人生目标，那么功名利禄就不会成为自己的负担。而如果把终身的名誉功德当成目标，那么财富就不会成为你的负担。你立什么样的志，你就会向什么方向去努力。而你的认知在什么层次，你的方向就会有多么的明确。

我们之所以很容易随波逐流，就是因为看不清未来生活的变化，也不清晰自己的状态。如同黑夜中逆水行舟，划桨划得越用力，越容易将自己置于险地。未来如何，完全只能听天由命。立志，就好像在黑夜中点亮光明，让你知道应当何去何从。而认知的层次，则是相当于决定你是用船桨划船，还是用发动机来做动力。

努力，不应当只是人生的一种态度。它背后赋予的是我们对美好生活的向往，对自己的负责，还有无数个挥汗如雨的日日夜夜。所以我们不应当忽略努力本身的意义。认知的层次，决定了努力的效率。既然同样是付出，为什么不能让它变得更有意义？

让自己的时间更有价值，付出更有效率，一切还是离不开认知。知行合一，只有认知不断地提升，你的人生才会更有质量。

083

悔恨和遗憾是一种假象，
改过才是修心的基础

知行合一，在实践中遇到最大的障碍，就是道理很容易听懂，可就是很难践行。学习了很久也没有进步，有时候会让人对自己产生怀疑。开悟说的就是放下，虽然是一念之间，可是这种认知的跨越，却如同高山一般，横亘在悟道的前路，难以逾越。明心见性要见的是本心，本心究竟在哪里，始终难以参悟。

究竟是我们学习的方法出了问题，还是立志不够坚定，抑或自己不够努力？心学中讲，做功夫首先要格物致知，而后能守住"未发之中"。这就需要我们能够察觉到喜怒哀乐的情绪所在。

可是大多数时候，如果你格物的功夫不够，往往只有情绪爆发后，才恍然大悟。甚至要在事情过去很久，才能慢慢平复激动的内心。然后在适当的时候，忽然发现原来自己的情绪，又不受控制地发作了，自己却没有及时察觉。

于是，人们总是会在情绪不受控制之下，做出错误的判断、错误的选择。然后再用很长的时间去懊悔，去折磨自己的内心。这个世上没有卖后悔药的，犯过的错误，没有办法再回过头去纠正。然而错误的选择，带给我们的却是持久的悔恨。人们会后悔一时说了错话，让一段感情戛然而止。会后悔在情绪激动时，对至亲恶语相向。会后悔一时冲动，犯下不可饶恕的错误……

平时只要头脑冷静，就绝不会犯的种种低级错误，却在情绪的左右之下不受控制，终究酿成大错。人生中很多的遗憾，就是因为情绪的冲动，带来的追悔莫及。有的错误可以弥补，而有的错误则是会让人终生难以释怀。

佛陀说，过去心不可得，未来心不可得。人们的痛苦和烦恼，就在于你的心。人心不是纠结于对过去的耿耿于怀，就是焦虑在对未来的一无所知。然而过去始终无法改变，未来的轮廓却就在当下。人们常常在后悔，或是感慨过去的时光，充满遗憾。可是当场景再现时，同样的错误只是换了个面孔，我们就会分毫不差地重复自己的选择。

这就是道理都懂，可是该怎么做却仍然会我行我素。认知停留在知道的层面，就无法继续深入。于是我们会思考，究竟人心在后悔什么？是真的后悔自己犯过的错误吗？也许是。但是真相却是我们只是纠结于曾经错误的选择，以及它所带来的不尽如人意的后果而已。

大部分人的悔恨和遗憾，其实表达的并不是后悔，而是对现实中的结果一种不满的情绪而已。这样的后悔，只会增强你对过往的执念。之所以我们总是活在过去，正是这样的执念作祟。因为你对现实不满，所以你无法释怀过去自己愚蠢的选择。你对于结果的执着，执着地认为自己应当过得更好，于是你迟迟无法真正地活在当下。

唯有我们接受了现实，平静地面对当下的生活，你才有可能真正释怀，心中不再有什么遗憾和悔恨。所以大部分时候，后悔和遗憾是一种假象。事实是你不肯接受平庸的自己，不肯面对已经既成的事实。

在这样的心态下，即便会有悔恨和遗憾，我们也不会去思考，为什么当初会做出那样的选择。只会不断地告诉自己，倘若选择了另外一条路，那么现在的结果也许大有不同。你的注意力，会集中在虚无缥缈的另一种可能中。或者说，是你不停地幻想人生本来可以有更好的状态。当幻想和现实发生叠加时，幻想的破灭，就是痛苦的来源。

孔圣人一日三省，时时反省自己。可是我们普通人做的却并非反省，而是幻想如果有另一种可能，那么自己的人生将会怎样。

格物致知，红尘炼心，是要你从幻想中清醒过来，认真地面对当下的现实。然后仔细回顾，当初的错误选择，是什么原因所造成的。情绪的失控，背后又是什么心态在作怪。这才是真正的格物。

人非圣贤孰能无过，过而改之，善莫大焉。唯有真正地审视自己的错误，才能意识到问题的所在。明白了问题的根源，你才能够知道如何去下功夫。

否则有了错误，即便你意识到了问题，也悔不当初，可是内心中悔的却不是问题真正的根源。那么就算你反复提醒自己不要再犯同样的错误，那也无济于事。

冷静理智的时候，我们都可以想明白道理。可是犯错误的时候，往往都是情绪失控的状态。这种情绪也许是愤怒，也许是喜悦，也许是悲痛，也许是绝望……没有从根本上认识到问题所在，你就仍然会一次次地重复从前的错误，于是重复着懊悔和遗憾的情绪。

这也是为什么我们总是活在过去的原因。放不下，是因为不肯面对当下的生活；对未来迷茫，则是认知的层次受限。认知的提升，却可以从正面接受你的人生开始。

儒家讲"君子慎独"——你自己的念头，唯有你自己知道。我们不要内心一面烦恼重重，伤春悲秋，一面表现得却又好似云淡风轻，淡泊名利。这本来就是一种矛盾。倘若你真的已经云淡风轻，活在当下，心中又怎么会有什么遗憾和感慨呢？

红尘无处不炼心。人生的一声叹息和无奈，其实都和悔恨与遗憾一样，本质上都是对于现实不满的一种表达。这就好像是一场足球比赛，不管你是技不如人，还是被裁判吹了黑哨，比赛结束，结果已经无法更改。无论你是否愿意面对，现实就是现实。你要做的，并不是尝试穿越回去改变结果，也不是幻想着如果换个裁判也许球队就可以夺冠。你应该摒弃杂念，忘掉上一场的结果。总结经验，不要给黑哨可乘之机，然后精神抖擞地准备下一场比赛。这才是活在当下的态度。

人生也是如此，已经发生的事情、产生的结果，无论你愿不愿意、接不接受，这就是你的人生。法庭之上可以申诉，人生过往却不能重来。反驳没有任何意义，唯有反省和改过，才是持续进步的方法。之所以道理听了那么多，事到临头还是会重复过去的错误，也正是这个原因。

所以我们与其活在懊悔中，不如坦然面对现实。从现在开始，去尝试接受你的人生，无论它是多么糟糕或者充满遗憾。但是未来怎样，就取决于你现在的选择。

084

最好的捷径，就是忘掉捷径

我们都渴望幸福美满的生活，都希望自己能够心想事成，生命中不要留下什么遗憾。然而很少有人会认真地思考，究竟是什么造就了我们当下的人生。为什么当初的心愿和如今的现实相差如此之远。为什么明明起点很好，可是却越走越糟。为什么生活总是在低谷徘徊，始终没有找到正确的选择。

可是当我们真的回头去审视过往的人生，却发现很多种下因果的选择，在今天看来是如此的愚蠢和不可思议。你会痛恨那个少年时期不懂努力学习的自己。可能恨不得穿越到过去，拦住曾经犯下愚蠢错误的某个瞬间。也许幻想着倘若当初没有听信谗言，稳扎稳打，没有太过激进，那么今天的生活可能会大不一样。

大部分的时候，我们都是事后诸葛亮。总是在一切都尘埃落定后，才恍然大悟。可生活要的不是水落石出，我们需要的是未雨绸缪。否则你将会一次次不断重复着你的错误，甚至把你的错误，延续到下一代身上，再次重演。所以我们要明白，造就这一切的本质究竟是什么，其背后究竟隐藏着什么样的道理。

人生的起点虽然各有不同，但是如果把生命的长度放在同一个标准下去看，生活赋予每个人的待遇其实都大同小异，区别就在于生命的起伏的曲线不同而已。有的人是开局坎坷，可是却能低开高走。有的人恰恰相反，原本一手好牌，然而到最后却败光了自己所有的运气。今天我们也能够看清楚，很多表面光鲜的成功人士，也不过是时代造就的幸运儿。如果德不配位，当时代调转了风向，一切浮华不过是黄粱美梦，终究一场空。

然而世事无绝对，并非低开的人生就一定能够高走。高开的曲线，也未必就一定会跌落谷底。在每一个拐点的背后，其实都是我们的选择决定了未来的走向。人生的机遇，或者也有可能是陷阱，往往就在那一瞬间注定。

大多数时候，我们的心都处在一个游离的状态，被声色犬马所吸引。于是表现出来的，就是自己的认知停留在不同的层次。本心清澈，自然是明心见性，认知也在觉知的高度，人生中的什么诱惑和陷阱，都能够一眼看穿。可是认识如果还在无知的阶段，那么当你面临选择时，你能看到的，就只有从天而降的馅饼。往前一步迈出，结果如何那就听天由命了。

人们处在低谷时，心中很容易滋生出很多想法。看到山顶上的人，只看到了他们生活优越，却会自动忽略攀登高峰时付出的代价；看到别人的风光无限、挥金如土，就会忽略财富背后，堆砌的是同样高的风险。对于美好生活的向往，人人都有，可是当它开始不受控制地蛊惑你，让你对当下的生活开始产生煎熬的感觉，这时候它已经变成了欲望。

同样的道理，即便你已经站在山顶，可是这个世界上永远都是山外有山，人外有人。你永远都会看到更高的险峰矗立在不远处，似乎已经触手可及。对于更高的成就、更美好风景的渴求，同样会让你感到煎熬。以至于你会忘记，脚下虽然是顶峰，可是身边就是悬崖。如果你只顾着看向远方，却不注意脚下，那么一不留神就会滑入深渊。

欲望是摧毁智慧的元凶，也是蒙蔽我们双眼的障碍。当你开始感觉到原来的梦想已经开始在心中蠢蠢欲动，甚至变成一种冲动、一种折磨，让你无时无刻都在激烈地和自己博弈，那么你的梦想，已经被欲望喂养成了一头怪兽。而它会在你毫无防备的时候，暗中怂恿——明明有捷径可以走，为什么要老老实实地去奋斗呢；享受生活，才是生命的意义，其他的都不重要。

捷径看上去是捷径，因为它的另一层意思表达的就是你不需要再去辛苦奋斗，不需要一点点积累。不用等待太长的时间，你的愿望就可以实现。这简直是现实生活中的系统漏洞，好像是捡到了阿拉丁神灯，怎能不让人心生向往。

期待不劳而获，这就是成年人的童话。之所以是童话，就是因为奋斗实在是一件辛苦的事情，如果方向不对，方式错了，那么奋斗不但没有收获，还会白白浪费你的时间。所以如果能有捷径可走，可以保证你能够大大缩短奋斗的时间，降低奋斗的困难模式，又有几人能拒绝呢。

然而捷径恰恰是噩梦的开始。陷阱往往就是披着捷径的外衣出现的。它会告诉你，这里有一个别人都不知道的方法，只要你去践行，就很容易成为人上人。它还会给你描述出天堂的样子，鼓励你要抓住机会、相信自己，然后你就可以实现人生的逆袭。会把成功的样子展示给你看，让你不由自主幻想，这就是自己未来的样子。它利用你的焦虑和无知，为你营造出了一个似乎是转瞬即逝的良机，假如一旦错过，那么你将永远都不再有这样的机遇。

魔鬼在撕去伪装之前，都是天使的模样。陷入捷径的诱惑，就会让我们的人生做出错误的选择。比如曾经有人愿意通过卖肾换取一部最新款的手机，这在现在看来是多么荒诞和不可思议。这背后的原因，就是焦虑和欲望，推动着少年做出疯狂的选择。

也许你不会蠢到用自己的健康去换取一时的风光，可是我们生活中正在做的很多事情，本质上和这位少年并没有什么差异。年轻人想要迅速地出人头地，无一例外都是把凤毛麟角、已经实现财富自由的同龄人当成了自己人生的榜样，于是钻营取巧，想方设法地结交权贵，甚至不惜付出任何代价。

我们去看一看横店有多少群演——当然其中也有个别人是真的热爱演艺生活。但是多少人是抱着一夜暴富、一夜成名的念头而去。却不知追逐名利者如过江之鲫，而又有几个人是用这样的方法走向成功？

即便是在职场打拼多年、经验丰富的老手，如果你心中没有定力，在面对一个看上去可以让你迅速跨越阶层的机会，恐怕也没有几个人可以泰然自若。

人生要顺势而为，这是不假，能去借势当然最好，但是走捷径并不等于借势，而是取巧。真正的捷径，并非跳过奋斗的过程。人生之所以感到坎坷和困难，是因为大部分的时候，我们走的都是弯路，总是兜兜转转之后，才发现自己真正想要的生活是什么。

捷径不是飞跃，而是破开迷障，找到直接通往目标的路径。这不代表你可以不劳而获。即便是走捷径，也需要你做好足够的准备。火借风势，首先你要点起这把火，风才有意义。我们经营自己的人脉，也要自己首先有价值，人脉才是真的人脉。破除迷雾，能够让你在每一次选择时，可以不为所动，不忘初心，不偏离自己的目标，坚定地走下去，这才是真正的捷径。

《道德经》说，"大道甚夷，而民好径"。追逐捷径，是百姓的本性，然而这却并不是大道的本质。如果想要让自己的人生不再走弯路，那么最好的捷径，就是忘掉捷径。

085

倾听内心的声音，也有可能会误入歧途

每天都会有不同的情绪，主宰着我们一天大部分的时光。而生活中的迷茫，也好像是惊蛰后的雨水，时不时就会洒落在我们身边。不管我们求诸于佛学还是心学，都很难得到彻底的解答。即便是短暂的明悟，可是用不了多久，人生又会重新回到开始的状态。仿佛智慧也是有保质期一般，又像是兴奋剂，只能提供有限的快感，时效一过，一切复归于平静。

久而久之，人们慢慢地习惯于眼前的生活。虽然有不满、有挫折、有烦恼也有迷茫，可是这就是最现实的人生。至于什么明心见性、感悟大道，似乎不过是传说中的事情，与你我这样的凡人远之又远，终究是一种可望而不可及的境界。如同镜花水月，能看到它的影子，但是始终入不了门。

心学曰"人人皆可成圣"，为何我们却不得要领？遇到烦恼麻烦时，听别人讲得头头是道，自己也感觉颇为有理。可是仅仅过了一个晚上，好像仔细一想，大道理和实际场景总有那么一些距离，落实起来实在是困难。于是学佛问道也好，请教智者也罢，都变成了一种心灵慰藉，能解一时之苦，却难以彻底让我们顿悟。

佛要普度众生，却也只能度有缘之人。儒家讲"道心惟微，人心惟危"。人心危如累卵，有片刻的稳定，也会被外界的风吹草动所牵引，瞬间崩塌。大部分时候，我们其实已经接触到了真理，大道和我们就差一层窗户纸而已，但是人性中的本性，却拉扯着我们始终不肯再向前一步，就是穿不透那层薄薄的迷雾。因为我们的心中，每每到了关键时刻，就会响起一个声音——有时候它会说，"我做不到，这对我而言实在是太难了"；有时候则是"这次不一样，我遇到的情况，你不理解"；还有的时候，它会说"大家都是如此，别人都是这样，可能事情就应当如此吧"……于是刚刚萌生改变的念头，本心即将放出的光明，就这样被扼杀，人生再次陷入黑暗。

心中的声音，是你的潜意识、是伏藏在你心中多年、你的眼耳鼻舌身意在红尘中耳濡目染形成的惯性。有的是思维惯性，有的是身体上的惯性。用佛家的话说，这就叫作习气。有惯性的习气，也就是习惯。修心时，我们面对的最大敌人，其实就是这些习惯。

你告诉自己这件事情你做不到，是因为你习惯了逃避，习惯了面对问题绕着走，也习惯了失败，习惯了事情虎头蛇尾。你可能从来没有善始善终地做过一件事，或者说一件值得你骄傲自豪的事，一件能够让你找回自信的事情。坚持和不认输，在你看来，可能是不识时务的表现，是不明智的选择。

所以当你遇到自己的障碍，遇到只有改变才能真的突破人生的时机，习惯会让你自然而然地忽略掉这个选项。因为在你的人生里，认真地去完成一个看上去困难重重的目标，实在是不可能的事情。那么无论真理是如何指引你，甚至给你明确了方向、示范了方法，你也不可能去实践。因为你的思维中，就根本没有这个选项。你怎么可能改变呢。

你告诉自己，这次不一样。其实并没有什么特殊。不一样的，是这次的主角换成了你而已。当我们作为旁观者时，口中劝着别人要放下，那是无比的轻松。是因为你的肩头并没有背负什么。让别人放下，和自己又有什么关系。就好像坐在家中，看野外生存的节目，感受到的只有有趣而已。极端的天气，残酷的户外环境，在我们看来，不过是烘托节目的氛围。可是当主角换成了自己，从感觉上，好像这次的确不一样。

然而人世间的所有烦恼，本质上并没有什么不同。放不下，正是烦恼的根源之一。无法割舍，这并不一定是习惯所致，却必然是因为贪恋什么，因此无法放下。也许是贪恋一段感情中，在一起的美好时光。也许是贪恋当下舒适安逸的生活。又可能是贪恋权柄在手的运筹帷幄。

为什么我们会觉得这次不一样？就是因为无论是美好的回忆，还是舒适的生活，这都是你自己独有的体验。这里面沉淀着你过往的付出、你的青春、你的记忆。你自然会认为这是独一无二的体验，别人怎么可能理解你呢？什么真知灼见，只不过是没有事实依据的心灵鸡汤，怎么能够与自己真实的经历同日而语？

要知道，如果真的放下，就等于和过去的自己告别，留下的也只是回忆而已。虽然现在自己很烦恼，可毕竟还拥有那些记忆。一旦真的割舍了，那么未来又会怎样？是否还不如现在？既然如此，那么不如忍受着当下的痛苦，继续生活就好。

这就是大多数人的想法。一面受不了现在的状态，四处吐槽，是真的让他重新开始，却没有勇气放下。于是总是在抱怨，却从未愿意改变。

就好像是一个在沙漠中徒步的人，忽然看到一小片绿洲，于是把所有的希望寄托在这片绿洲上。虽然绿洲的水有些发臭，食物也少得可怜，至少可以保命。你让他继续向前走，对于他来说，茫茫没有边际的沙漠，就是未知的恐惧。与其盲目地冒险探索，不如死守这片条件恶劣的绿洲。然而他却不知道，翻过这片沙丘，就是真正的绿洲。更没有察觉，身边的水源，也正在慢慢地干涸。

在成长的道路上，倘若你不愿意舍，那就不会有得。你身上背负的东西，正是压着你原地踏步的负担。当你告诉自己"这次不一样"的时候，其实你已经陷入了执着。没有什么不一样，不一样的只有你的心态。

还有的时候，我们会把自己藏在别人后面，好像这样就会安全。你会告诉自己，别人都是如此，也许生活本来就是这个模样。这样的心理暗示，就好像是陷入四面楚歌的霸王，本来还有一战之力，却被张良用四面楚歌攻破了楚军的军心，彻底放下了抵抗的想法。

生活中，攻破你防线的，是自己内心的声音。当人们陷入迷茫的时候，别人说的话是听不到的。再明白的事实摆在眼前，也看不到，唯有能听到自己内心的声音。如果你的内心，总是在诱惑你，不要去试图跨越边界。总是暗示你，平庸才是正常。那么你又如何去突破自己呢？

成长就是不断地自我突破，如果你安于平庸，那么精彩的世界自然和你无缘。我们提倡平凡的人生，但是拒绝平庸的生活。平凡中也有精彩，平庸却只有毫无意义地消磨时光。

所以要想有所突破，能够自我成长，就要分辨清楚你内心的声音，到底是天使还是恶魔，究竟是善还是恶。唯有善念，才是致良知的选择。因为它才是本心真正发出的声音。

086

兵无常势水无常形，理解人性就是智慧

学习是一件很辛苦的事情，不仅需要持之以恒的态度，还要耗费大量的时间和精力投入其中。有时候如果用错了方法，或者是选错了老师，那么即便你花了再多的功夫，也无济于事。就像是成功学的学生们，不过就是花了一大笔钱做了一场梦而已。

人生的智慧，需要通过学习来提升，认知的水平和智慧息息相关。所以学习就成了我们获取智慧的一个很重要的途径。且不说多少人还愿意去伏案学习，就算是认真学习的朋友，往往也是不得要领。

读书笔记做了厚厚的一摞，甚至比原作内容还多。红线划了一条又一条，语录背得滚瓜烂熟，然而人生的考场并不是应试教育的考试，没有什么教学大纲而言。什么真理箴言，你很难找到完全匹配的应用场景，多多少少都与实际生活有那么一些差异。真正到了人生大考的时候，却发现好像大脑中还是一片空白。

于是总有人希望，有那么一种学习方法，可以直接复制粘贴到自己身上，这样就能少走很多弯路。显然这是异想天开。生活中的奋斗，有时候可以投机取巧，虽然结果并不一定尽如人意。而学习却是没有什么捷径可走。你投入多少，就会收获多少。

学习没有捷径，过程像是一个迷宫。在每一个岔路口，都存在着不同的可能，稍不留神，就会让你的付出变得徒劳无功。想要不走弯路，直达你的目标，那么首先你要明确，自己学习的目的是什么。

心学中，王阳明有时说学习不能博闻广记，有时候又说，如果能时时一以贯之，博闻广记也未尝不可。这就是在说，如果你学习没有一个统一的目标，不能用格物致知的方式去学习，那么博闻广记只会让你的逻辑混乱，思路不能聚焦。相反，把握住所有学问的核心，用同一个逻辑去思考问题，那么博闻广记则是会不断加深我们的认知。

这个一以贯之的一，究竟又是什么呢？浅显的理解，可以认为我们的学习目标必须保持一致。在实际生活中，很多人在这个问题上容易困惑。可是各种不同的学科，应用的范围也不尽相同，怎么可能保持同一个目标呢。比如今天学习科学知识，明天我们又想学习沟通的技巧，学习怎么提升自己的情商，也许还要学习一下管理学、经济学。这林林总总的学问，怎么看也很难统筹到一个目标上去。

在心学看来，所有的学问，无非是回答了两个问题：生命的本质到底是什么？世界的客观规律是什么？这两个问题相辅相成，解答了宇宙中所有的问题。比如"心外无物、吾心即宇宙"，这就是回答了生命究竟是什么。而格物致知，则是研究世界的客观规律。

就像是学习科学知识，其实就是在研究世界的客观规律，不管你是学习物理化学，还是研究易经中医，其实本质上都是在了解世界究竟是怎么运行的。但是我们不能先入为主，不能简单地认为科学一定都对，玄学就是迷信。

既然是学习，就应当抱着研究的态度去了解。读书其实就是和作者对话，我们很多时候摆错了角色，把读书当成是聆听老师的训诂，书中的观点就是权威，不能质疑，只能死记硬背地照搬。这样的学习方法，能学到的，恐怕不足书中智慧的十之一二。

思想本来用语言表达，就比较容易受到局限。而我们还不思考，不去通过文字去和作者沟通，那么你能看到的，也仅仅是表面的文字而已。就像是佛家常常引用的一个比喻：世人问月亮在哪里，于是智者指出月亮所在。世人不去看月亮，却把手指当成了月亮。智慧藏在文字背后，我们千万不要把文字当成了智慧。

另一方面，学问是要解答生命究竟是什么。比如我们要学习高效沟通的方法，要研究组织管理学，要提升自己的情商，等等，这些问题的背后，就隐藏着生命的真相。

这些表面上风马牛不相及的学问，怎么会是一回事呢？如果我们用格物致知的方法，去剖析这些学问，你就会发现，无论是营销还是管理，不管是提升情商、做好情绪管理，还是高效沟通，他们都有一个共性，这些都是与人打交道的学问。

既然是要和人发生关系，那么我们的学习目标就应当锁定在了解人性上面，而不是头痛医头、脚痛医脚。觉得沟通能力差，就去练一下口才；觉得企业大了不好管理，就去研究管理学；天天生气烦恼，就上一个什么情绪管理课程……

这样的学习，都是治标不治本。学了很多套路，场景稍微一变，完全用不上。从根本上来讲，这些所谓的课程，其实不过是个别人的经验之谈，并不具有普遍意义。既然是和人打交道，我们就应当去研究人性。而落到人性的根本，就需要我们去理解生命的本质究竟是什么。

要学习沟通，你就要理解不同的人在人性的驱使下，他真实的想法是什么；什么是高情商？不外乎就是你能够更好地理解别人的处境；如何去控制好自己的情绪？了解了自己的本心，能够守住未发之中，情绪一动就可以观照。管理学，管的不就是人吗？就算要用制度，你也要知道人心向背定成败……

我们会发现，所有与人相关的学问，都可以用同一个目标或者是方法去学习。与人相关，就是研究人性。进一步来说，就是研究生命的本质所在。心学正是解答了本心与人心的关系。人心所在，即是人性。与事相关，就是格物致知，就是在理解万事万物的运转规律。

古语云：兵无常势，水无常形，法无定法。我们的学习目标，不要锁定为简单地学一些套路，或者固定的方法。而是要去理解背后根本的本质是什么。生活的智慧无处不在，人生的感悟也不必事后顿悟。对于我们而言，提升智慧最好的途径，就是去揣摩人性，理解人性。

心学，也许就是我们感悟人性最好的一把钥匙。

087

太过与不及，皆是吾心之贼

中华文明源远流长，所有的中国人，不管是否理解传统文化，那种深入骨髓的民族精神，都影响着我们的一举一动。然而也正是几千年的传承，让我们的文化演绎得既璀璨又复杂。很多道理正反都有人讲。我们常听古语云，"君子坦荡荡，小人长戚戚"，却也有"无毒（度）不丈夫，量小非君子"的说法。有时候要"人生自古谁无死，留取丹心照汗青"，可是转眼之间又说"君子不立危墙之下"。

于是无论你是一身正气，还是作奸犯科，好像都能从传统文化中找到那么一些依据，让自己显得师出有名。这其中被误解最深的恐怕就是"中庸"二字。

一说到"中庸"，很多人心中浮现的就是明哲保身，或者是圆滑世故之人。平时两边作好人，谁都不得罪，做事情的原则就是捣糨糊、打太极。于是人们便以为中庸之道，就是左右逢源，说好的不偏不倚，不过是两不相帮。似乎隔岸观火，坐收渔翁之利才是上策。

这些都是对传统文化的误解。我们学习心学，才知道"喜怒哀乐之未发，谓之中，发而皆中节，谓之和"，这才是中庸之道。中庸是让我们观照本心，让本心的智慧发挥出来。真正应用在生活中，却并非要什么明哲保身，左右逢源。而是应当时时刻刻去警惕，自己的情绪是否太过，如果太过，就要及时去控制它，令它不偏不倚。

现实世界中，太过的情绪很容易被察觉。比如生气、愤怒、大喜大悲。也许当时并没有意识到它在发作，但事后只要稍加冷静，就会反应过来自己的情绪过激了。而负面情绪相比正面情绪，又更容易让人警惕。我们会很容易理解悲伤、犹豫、痛苦这样的心态对身体不好，影响生活质量。但是会忽略兴奋、喜悦、激动的情绪。正面积极的情绪倘若过度，也同样会对身体和生活产生影响。乐极生悲的例子并不罕见。而痴迷于喜悦、快乐带来的快感，则会让我们上瘾。甚至会令人想方设法地去获取、保留这种快感。玩游戏、刷短视频是如此，酗酒如此，赌博吸毒亦是如此。

情绪是人与生俱来的本能，有情绪并不可怕，只要保持在正常的尺度内就好。而一旦太过，不管是正面还是负面的心态，都会蒙蔽我们的本心。这才是中庸之道要告诉我们的道理。

如同人们容易忽略正面情绪带来的影响一样，我们常常关注过度的表现，却往往容易忽略不及的心态。既然是中庸，那么就必然有太过和不及。喜怒哀乐是人们的正常情绪，如果克制不发，也会出问题。这里的不发，和中庸之道所讲的"喜怒哀乐之未发"的区别就在于，中庸之道的未发，是情绪已经在人们本能的范围内有所体现，但却不会过度。而克制不发，则是在压抑本能。

就好像我们常说，当你压抑太久的时候，不妨痛哭一场，但是哭过以后，往后的路还是要继续走，生活也要继续。这是正常的情绪宣泄。如果生活遇到困难，就天天哭哭闹闹，吐槽这个抱怨那个，这就是太过。可是每次都咬着牙自己强撑，也没有宣泄的渠道，这就是忍而不发。这样的影响，要比太过更为严重。

太过的情绪，我们都很熟悉，然而不及的样子，却悄悄潜伏在我们心中。因为它总是像一个阴影，潜藏在不为人知的角落，但是却同样消耗着我们内心的能量。生活中我们常常看到的错误，是人们在不断成功的过程中渐渐拥有了自信，长久的自信又会滋生出自满、自负。这是成功的喜悦和得意慢慢超出了正常的尺度，进而演变成了傲慢和自大。也许这些成就是值得自豪，也许所谓的成功不过是运气下的偶然。甚至所谓的自满，其实根本就不值一提。

于是我们"眼看着他起高楼，眼看着他宴宾客，眼看着楼塌了"。更多的场景，则是很多人在膨胀的自信心下，认知并没有提升。眼界和能力产生了巨大的偏差，于是眼高手低，或者狂妄自大就是他们常常犯的错误。这些问题，只要我们在受到挫折后略加思考，都能从中汲取教训。

这也是情绪太过的表现之一。然而对应的不及的表现，却根本没有机会让你认真思考。因为它的表象，往往是不自信、自卑、胆小、懦弱。有时候会错判自己的能力，与自负恰恰相反，眼低手高却不自知，又或者妄自菲薄心生自卑。

因为这样的心理，导致很多朋友根本没有机会去挑战成功。所以大多数情况，他们很少可以站在阳光下，更不会反省反思自己的平庸无能。心灵的黯淡无光，将他们默默地淹没在人群之中。

造成情绪长期无法释放、受到压制的原因，大部分是因为家庭的氛围，和懦弱的性格所致。如果家长过于强势，原生家庭又充斥着简单粗暴的家庭关系，那么就很容易将孩子的情绪压制在萌芽之中。长此以往，即便是成长为成年人，但是童年形成的习惯，也会让他无法释放自己的情绪。

抑郁症、胆小怕事、不敢尝试新的事物……这些表现就是情绪不及的外在特征。当一个人长期处在情绪不及的状态下，生活对于他而言，是残缺的，是充满危险的，是不确定的，也是灰色的。

然而每个人都有自己的天赋所在，再愚笨的人，也有可取之处。人生比拼的并不是谁的短板更长，而是你最擅长的地方有多优秀。可是不及的情绪，受克制的表现，会扑灭一个人所有的希望。让他在关键的选择面前败下阵来。因为选择就是要拿出勇气去面对未知。这对于习惯了躲在角落的人，让他做出抉择，这几乎是不可能完成的任务。

修心需要立志，然后勤学悔过。可是一个人的心灵都被牢牢地束缚在原地，要想立志远行谈何容易。这些不及的情绪，并非是只有特定的人群所独有，它是普遍存在于我们的心灵之中。也有可能你是一个开朗健谈的人，是一个积极上进的人，可是当你面对改变，面对未知时，你是否有勇气去选择呢？

大部分人之所以认知始终难以提升，暗藏的一个原因，就是不敢、不愿意去改变自己，也许口中常说要改变，要提升，要变得更好，然而真正到了行动上，却总是原地踏步。究其根本，还是这种不及的情绪在暗中左右自己。

我们要相信本心的智慧。很多时候可能你是眼低手高，明明自己可以做到，但是内心却又告诉自己，这是一件不可能完成的任务。于是事到临头还是选择放弃。生命的时光就是在这一次次的放弃中悄然划过，人生的机遇也是在犹豫不决中擦肩而过。

　　所以当你感到自己碌碌无为的时候，感到自己总是原地踏步没有提升，那么不仅要去反省太过的情绪，还要找出不及的影子。王阳明说"破山中贼易，破心中贼难"。这就是你心中的贼寇。

088

心外无物，孤独是一种人生态度

人生而孤独，每一个生命都是如此与众不同，以至于我们很难遇到一个一模一样的自己。每个人都有自己的思想，有自己的生活环境，有不同的成长经历。于是相同的人类，不同的内心，造就了这个丰富多彩的娑婆世界。

也正是这样的差异性，让我们时常对这个世界有几分陌生感，甚至是距离感。随着年龄的增长，我们从懵懂少年到饱经沧桑，才发现原来这个世界上，不是所有人都和我一样感同身受。让你开怀大笑的事情，可能在别人眼中就是一场灾难；你会潸然泪下的场景，别人看来也许就是个笑话；你坚守的底线，一转眼就被别人踩在脚下；你习以为常的习惯，也许是别人眼中的不可理喻。

于是，我们常常有这样的感觉，身边虽然是人来人往，内心深处却是一片荒漠。我们迫切地想要寻找到真正的同类，找到那些和我们有共同的想法、共同的经历、共同的爱好、共同的目标的人。毕竟独自行走在黑暗中，需要的不仅仅是勇气，还有在你心生退意时的鼓励，充满疲惫时的轻松一刻，受委屈时的理解……

然而没有两个灵魂完全一样，更不可能有完全一样的人生。人们就像是不同型号的齿轮，总是在用力地寻找着最契合自己的矩阵，努力地想要融合进去。最后却无奈地发现，也许只有把自己的棱角磨平，才是最好处世之道。

我们需要朋友，是因为朋友可以在你烦恼的时候，至少能站在你身边，和你一起吐槽社会的各种残酷；可以在你满身疲惫的时候，陪着你在深夜的小酒馆里小酌一杯；能在你快要崩溃的时候，毫不犹豫地拉你一把；也可以在你失意的时候，送上一杯热茶，温暖你的内心。

我们需要爱人，是因为爱人可以在你漂泊不定的时候，能让你有一个避风的港湾；是因为爱人可以给你生活的动力，让你无论面对什么样的环境，都能有力量坚持下去；爱人会在你内心凄凉的时候，让你快要熄灭的火焰，重新燃起希望。

可是我们会发现，真正知心的朋友如此难觅。你向朋友寻求安慰，朋友也在向你索取温暖。朋友带给你鼓励和力量，同样当他脆弱时，最需要的也正是来自你的支持相助。爱人更是如此。每个人都渴望着从对方身上汲取爱和温暖，可当对方需要你时，却总感觉自己陷入无比的焦虑和烦躁。

倘若你恰好很幸运，有对你不厌其烦的朋友，和一个无微不至的爱人，你能沐浴在如春风般的友谊中，能拥抱如夏日般热烈的爱情，这自然是让人向往的。可是当你不断地索取、不断的要求，对方倘若始终如一地待你如初，不离不弃，随着时间的推移，你会慢慢地对这样的情感形成一种心理依赖。一旦某一天你们的关系不复存在，甚至当你心中开始产生怀疑，那么这种情绪对你的心灵的影响，将会是毁灭性的打击。

为什么很多人失恋后，就会寻死觅活？爱情真正让人痛苦的是什么？并不是某个人的离开，而是这段经历所代表的回忆、代表你心灵上的寄托，代表从今以后，你的安全感、你的希望、你的温暖、你的内心所有赖以生存的环境，都在瞬间崩塌。这才是让人崩溃的真相。

心学讲，"吾心即宇宙，心外无物"。可是在这样的状态中，我们的心却不在自己这里。而是寄居在了别人身上。你的安全感，是取决于别人是否稳定、是否持久，是否能够以一种恒定的状态，持续地向你提供安全的环境。你的未来，取决于另一个人是否愿意为你营造出你想象中的生活；你的开心和快乐，取决于对方是否按照你的意图表演。

如同别人很难改变你一样，我们其实很难真正去改变一个人。之所以你感到你们无比地契合，其实不过是一个人在默默地妥协而已。可是妥协终究不是和谐的相处模式，一再的退让，终究会退无可退。所以大多数的亲密关系，演绎到最后，要么曲终人散，要么貌合神离。

所谓强大的内心是什么？是不依赖别人的曲意迎合，不介意别人的冷嘲热讽，不得意于大有所成，不悲戚于人走茶凉；既能够享受人世间的荣华富贵，也可以逍遥在市井闹市中。王阳明面对金榜没有题名，岿然不为所动。

别人还以为他太过悲伤，没想到他却淡然一笑，说到"你们都以落第为耻，我却以落第动心为耻。"

内心脆弱，是因为我们的人心与本心错位。人心总是纠结于过去，或者是幻想于未来。见到有可以取暖、可以依赖的地方，就如同生长中的葡萄藤，必须攀附在什么上面才能够成长。人心好像是柔弱无骨的藤蔓，随风摇摆。一个支架坏了，就去攀附另一个支架。却不知，我们自己的本心，恰恰就是那棵最坚定的参天大树，又何必要去趋炎附势。

强大的内心，是人心不再向外求索，回归自我，与本心合二为一。内心强大，就如同一个小太阳一般，不需要别人去温暖你，即使有什么负面的能量，在你面前也如同春天的残雪，迅速消融不见。它不但能够照亮自己，还能够扫除别人心中的阴霾。

内心强大，可以享受孤独，不再寂寞。可以在平凡的生活中，找到生命的乐趣，可以接受自己、理解别人。不用再去依赖任何人。你不必再去期待什么，因为你的内心完全理解生活的真实模样。你可以独处，也可以享受亲密关系的欢乐时光。生活变得随遇而安，孤独也只是一种态度。

而这一切，只是需要我们把散落在外的心都收回来。心外无物，你苦苦寻求的安全感，你期待的幸福与快乐，你渴望的内心充盈，其实一直都在你心中，从未远离。

089

活出自我潇洒自在，未必是活在当下

常常听到有朋友感叹，活着太累了，生活好艰难。不论是刚刚踏入社会的青年，还是不惑之年的中年人，抑或是本来应该无忧无虑的少年，都会偶尔冒出这样的想法。

上有老下有小的成年人，背负着房贷车贷，承担着养家糊口的压力，在工作中又面临着竞争力下降、知识结构陈旧，随时有被淘汰的危机。而夫妻关系也已审美疲劳，爱情早都消磨在鸡毛蒜皮的琐事中。有时候面对比自己年龄小的领导，不得已也要恭恭敬敬。有时被人误会，想想肩头的重担，也只能咬咬牙忍耐。

在这样的心理负担下，偶尔感叹人生的不易，这还能让人理解。可是正在朝气蓬勃的青少年，却也会有这样的感慨，这就值得我们深思了。

其实烦恼不分年龄。即便是血气方刚的青少年，也有他们自己的困惑。青年们走向社会，发现处处人心险恶。原来碎银几两，并不是想象中的那么好赚。想在工作中靠自己努力，拥有一套房产，几乎是可望而不可求的奢望。结婚既是人生的阶段任务，可也是不小的负担。人心浮躁的社会，能遇到真心相待的人都不是一件容易的事情。你怎么能说少年的烦恼，就不值一提呢？

人生的烦恼无处不在。从你出生开始，有了自我意识，就开始有了你我的差别，烦恼也就由此而生。因为有了你我的分别，于是我们也就产生了对比，产生了善恶，有了好坏，分出了高下。而人心总是希望自己能够更好，毕竟人往高处走，水往低处流。

可问题是并非人人都能走到高处，再美好的生活，也总有不尽如人意的地方。也许你家财万贯，可是家人感情并不和睦；也许声名显赫，可是却恶疾缠身；或许事业通达，但却子女不孝。家家有本难念的经，别人的烦恼，是不会展示给你看的。我们目之所及，只有光鲜亮丽的浮华世界。

于是我们会误认为只有自己的人生是如此的不幸，却幻想着别人都是生活在美好和幸福中，进而认为这个世界是存在完美人生的。童话里公主和王子的幸福生活，只要自己努力，也不是不能实现。

然而我们却没有意识到，这种所谓的完美，仅存在于童话之中。而造就这个美梦的，恰恰是我们所有人努力扮演出来的完美人设。每个人都想活成别人眼中的完美生活，我们把美好展现在外面，却把遗憾和丑恶深藏在心中。

之所以心累，就是因为我们总是好像看到了童话世界，可是你无论如何努力也难以实现。就像是沙漠中的海市蜃楼，明明就在不远处，可是你却永远无法抵达。因为你追求的，本来就是一个不切实际的幻象。所以你会感到疲惫，感到心累，感到无能为力。

心学，就是帮我们破除妄念的一道利器。心学告诉我们，你看到的别人的美好，其实都是假象。无论别人是否真的幸福，其实和你并没有什么关系。你的人生就是你的人生，这才是最真真切切的现实。你永远都不可能完全复制别人的生活。而人的烦恼和痛苦，在本质上却是大同小异。

你渴望的未来，只有踏踏实实地立足于当下，才有可能一点点地变成现实；而你纠结的过去，早已经如梦幻泡影离我们远去。所以你要做的，应该是活在当下这个时刻，不必去在意别人如何看待你。不要相信虚假的完美，而应当认认真真地面对生活的喜与悲，苦与乐。

然而有时候，我们却又容易曲解什么是活在当下。你觉得什么都与我无关，只关注自己的生活。过去的事情不再去想，未来的模样管它会怎样。你的确不在乎别人的言论，不管他们是表扬还是批评，你觉得这些都不重要；你关心的只是这一刻快不快乐，开不开心。你对未来全无规划，对自己糟糕的样子丝毫不在意，你觉得这才是潇洒，这才是自在的人生。活出自我、活得洒脱，难道这不就是活在当下吗？

很多被生活毒打的年轻人，遇到无法解决的问题，或者干脆对生活失去了信心，往往选择躺平时，就喜欢用"活在当下"来自我催眠。仿佛是受惊的鸵鸟，把头埋在沙子里，似乎一切就不会发生一般。

所谓的活出本我，其实不过是给自己找了个借口去自我放纵。活在当下，并不是逃避现实，更不是无所顾忌地故作潇洒。虽然二者都是在随心而动，可是活出本我，顺从的是人心，活在当下，顺从的却是本心。

人心充满了欲望，又飘忽不定。如果你顺从它的意思去生活，那么你的人生也会如它一般，不知道会飘向何处。如同一个没有船舵的小船，只能随波逐流。所以口中喊着活出自我的人，往往内心仍然迷茫。对未来的恐惧，他们只能选择对真相视而不见，听而不闻。浑浑噩噩地过着所谓自由自在的生活，其实却是极度自私、不负责的表现。

真正地活在当下，是顺从于本心。人心被蒙蔽，眼睛看不到，耳朵听不到，意识也是一团迷雾。虽有善恶之分，却无法明辨是非。而本心清明，如同明镜一样观照万物。顺从本心，本心能够看到你的喜怒哀乐，能够分辨你的状态。本心会指导你用心地生活，不辜负每一段时光，关爱身边的人。而本心的这种指导，就叫作致良知。也唯有良知，才能知善知恶。

所以不要认为生活中有完美的人生，也不要以为活得潇洒就是活在当下。只有顺从本心的人生，才能获得真正的清静自在。

090

学习成长，不能以有用无用来判断

心学是儒家的思想集大成。儒家真正的缘起，并非从孔子开始。早在三皇五帝时期，就有儒家的十六字心法"人心惟危，道心惟微，惟精惟一，允执厥中"流传在世，被记录在《尚书》之中。

而儒家在不断发展的过程中，又吸收了道家、佛家的很多思想，诸如《易经》这样的道家经典。北宋时期的程朱理学传承自周敦颐，而周敦颐的理学，也有很多道家的味道。心学则是更多地融合了佛学的思想，讲究要修心修德。

在古人看来，这些学问都是人立身之本，如果不懂得书中的道理，那么人们就会浑浑噩噩地混吃等死。古语有叹："天不生仲尼，万古如长夜。"仲尼就是孔子，倘若孔子未曾出世，那么几千年来人们如同生活在黑夜一般，得不到文明之光的沐浴。当然这也有些绝对，时势造英雄，就算没有孔圣人，也必然会有其他的圣人出现。

在今天的社会，四书五经似乎已经成了故纸堆里没用的东西。就算有人愿意研究，大多数人也不过是出于好奇或者是兴趣。即便如此，人们也会有一个疑问——这些学问到底有什么用。包括我们在讲《易经》，讲心学，都会时常有同学问，学习心学好像可以让自己的内心强大起来，学习《易经》是不是就能明白生活的道理？

当我们有这样的疑惑时，其实你已经在回答这个问题了。不管是心学还是《易经》，还是其他的经史子集，本质上都是在提升我们的认知。人只有认知提升了，你的智慧才会提升。而你的行为也会随着认知不同而不同。

如果在我们的认知中，总是觉得自己的人生与环境相关——学习不好是因为外面太吵；心情不好是因为爱人不懂得理解自己；工作没有起色，是因为企业的氛围实在太差。那么当我们遇到困难，首先想到的解决方案就是换一个环境。生活不如意，也许可以通过搬一个新家，换一个工作，来解决问题。

如果你总是认为自己没有问题，境遇不佳一定是别人的责任，那么一旦发生状况，你就会抱怨同事、抱怨父母、抱怨爱人，抱怨一切你眼中的人。相反，如果你的认知总是在自我怀疑，那么出了问题，你就会担惊受怕。哪怕是别人的问题，也会不断反思是不是自己又做错了什么。于是总是处在一个小心翼翼的心态中。

所以你的认知如何，你的解决方案就会如何。而认知之所以会出现偏差，忽左忽右、忽上忽下、究其原因，就在于人心逐利。我们的心总是追逐对我们最有利的事情。就像是哪怕关于学习，你下意识的问题却是："这东西学来有什么用"，而不是"它将如何提升我的认知"。

不论什么东西，首先想到的是它有什么用，这本质上就是人心趋利的表现。这种想法可以换一句话来表达——这东西对我有什么好处？而且这种好处是要立竿见影的。就像是佛学博大精深，可以解决人们所有的困惑，然而百姓却痴迷于通过烧香磕头来向神佛许愿。

为什么迷信明明很愚蠢，但是从古至今都很有市场。因为这个方法简单易行，就像是做生意一样，我给你烧香磕头，你就要满足我的心愿。只有这样才说明你灵验，你才有用。反过来说，百姓又很敬畏鬼神，因为仿佛一不留神犯了什么忌讳，好像还要受到惩罚。这其实还是趋利避害的想法。

《论语》讲，"君子喻于义，小人喻于利"。什么是小人？不懂道理的人，皆称为小人。明悟大道，即是君子。所以浑浑噩噩的百姓，懂的只能是利益。就如同我们即便是求学，也要问有什么用。而这样的出发点，就很容易被人利用。

像是成功学，明明白白地告诉你：付费学习就能成功。五花八门的各种课程，销售量最好的都是什么"七天做好情绪管理"，"十天沟通提升班"……从名称上都明明白白地告诉你，用时又短，收益又大，吸引的恰恰就是只图一时之利的人群。

然而，真正能让人提升智慧的大道却无人问津，淹没在不起眼的角落布满灰尘。因为从表面上来看，这些所谓的圣贤大道并不能马上给你带来什么利益，也不会让你立刻明悟大道。在很多人眼中，这些大道理，实在是离我们太远，好像就是一些无用的知识。

我们往往倾向于能快速地掌握一些手段可以发家致富，可是对于真理却视而不见。就像是吕洞宾点化众生，用点石成金的手段来吸引众人，并且许诺可以在黄金和修真大道之间选择其一。然而即便是真神仙站在眼前，老百姓却仍然是选择黄金这个明明白白最真切的利益。唯一一个不选黄金的人，却是看中了能点石成金的金手指，贪心更盛。

我们和这些只选黄金的人，并没有什么区别。不管做什么学什么，首先想的就是它有什么用。可实际上，恰恰正是这些没用的知识，才是真正开启智慧大门的钥匙。就好像数学看上去枯燥无味，一大堆烦琐的公式完全不知道在讲什么。可现代科技正是建立在基础学科之上。有了高等数学的理论，爱因斯坦才能推导出来相对论，原子弹才会由此而生。

智慧也是如此，没有对于本心的根本认知，你的内心将会永远沉沦。智慧从来都不是凭空诞生，它往往就隐藏在那些看上去没有用的知识背后。而你选择的有用的手段、学习的技巧和方法，就像是隔靴搔痒，并不能解决根本的问题。

只有当你抛开利弊得失之心，愿意去下苦功夫、笨功夫的时候，不受利益的诱惑，保持中正之心，这时候你才有可能慢慢地接近本心。用良知去指引自己的行动，用格物的方法去挖掘智慧。唯有如此，你的人生才会真正改变。

091

东山再起，是心灵的洗礼和认知的升华

人生就像是一枚硬币，有正有反，有好有坏。不论是春风得意，还是失魂落魄，这都是人生的一部分。我们不能只接受好的一面，却对不好的一面深恶痛绝，怨天尤人。既然是攀登，那么就必然会有下坡的过程。不应当只留恋峰顶的景色，却对下山的体会深恶痛绝。

好风光，自然会让人心旷神怡，但是波折和坎坷，却也有另外一番滋味。如同是善与恶、美与丑，有了低谷，才能更好地感受险峰的精彩。有了巅峰，才会在低谷时充满斗志。

在巅峰时，很容易一脚踏空。而在低谷时，却很少有人可以东山再起。这是因为从高处跌落很容易，而从低处攀爬却是处处荆棘。所以我们要在高峰处时时警醒，在低谷时斗志昂扬。

让一个人在自己高光的时刻谨言慎行，并不是一件很容易的事情。因为过往的成功和荣耀，往往会给你造成一种无所不能的错觉，认为自己的言行就是真理、就是标杆，就应当作为旗帜。对于别人的谏言，总会有一种先入为主的想法，会傲慢地认为：一个并没有我成功的人，有什么资格来给我建议呢？

三人行，必有我师焉。三个臭皮匠，还顶个诸葛亮。每个人都有自己独到见解，有自己不同的角度，也会有自己的盲点。当你的自负遮住了你的盲点时，你需要的恰恰是借着别人的眼睛，全方位地审视自己。倘若你觉得忠言逆耳的时候，就说明傲慢之心已经在你的内心滋生。甚至不容别人质疑自己的想法，那么你很有可能离悬崖也仅是咫尺之遥了。

在处境好的时候，尝试着突破自己的傲慢之心时，至少还会有人给你意见，即便是逆耳的忠言，我们还能有这样一面镜子帮助你反省。而当你跌入谷底的时候，不仅仅是物质上的匮乏、精神上的落差在折磨着你，更危险的是，往往在这种时刻，你会陷入孤立无援的境地。你会感到无比的落寞，你可能会真正地体会到什么叫作人走茶凉，什么叫作世态炎凉。这时候很难有人可以雪中送炭。在这种时候没有人落井下石，就是值得庆幸的一件事了。

大多数情况下，人们落入这样的境地后，很容易沉溺在一种抑郁、无助的情绪中难以自拔。犹如刚刚还在热恋中的情侣，转眼间就遭遇无情的背叛，震惊与意外之余，一个完全没有接触过的世界，瞬间在眼前展开，像一张无形的大网，牢牢地把自己笼罩在其中。倘若你不能及时醒悟，相反的却自暴自弃，那么不要说什么东山再起，很有可能余生就会在这种意志消沉的情境中，自怜自艾，永远沉沦下去了。

这就是为什么我们会看到很多人，一次失败后就从此销声匿迹。真正能做到咸鱼翻身、东山再起的人，实在是少之又少。因为从这样的情绪中挣扎出来，本来就不是一件轻松的事情。这是一种和自己作斗争的过程，是一种自我割裂、自我成长，破而后立的历程。

一颗强大的内心，在此时就显得格外重要。没有它的支撑，你将会丧失生活的力量。没有奋斗的激情，犹如失去了动力的帆船，孤零零停留在大海中，死气沉沉，最终将会被大海淹没。

强大的内心，源自认知层次。层次越高，你的本心越不容易被生活的假象所蒙蔽。本心的力量一旦发挥出来，你会发现原来你曾经执着的所谓的成功，是如此的不堪一击。什么人前显贵、声名远扬，也不过是如无根的野草，并不牢靠。这就是认知的提升。

这并不代表从此我们就可以玩世不恭，抑或是心灰意冷。认知的提升，带来的是对生命全新的理解，进而会让我们重新思考生活的意义。我们还是会去奋斗，但是背后的目的却截然不同；还是会努力拼搏，可是心中的理想，已经不再执着于浮华一生。更多的是去实现生命的价值，去履行自己的责任。

想要东山再起、咸鱼翻身，首要做到的就是心态上的变化。只有认知的提升，我们才有可能拥有源源不断的力量，支撑我们奋力前进。

失败后的拼搏，虽然无论结果如何，表象都是越挫越勇、屡败屡战，可是背后却是两种不同的心态。如果是认知的提升带来的改变，那么这就是致良知的行为，它能够提供的动力几乎是无限的。而本心的定力，也会让你不为诱惑所动，坚定地走向自己的目标。

倘若是欲望的驱使，是一种不服输的表象，如果屡屡受挫，则很容易会意志崩溃、自我怀疑，要么则是走向极端、偏离正道，为了成功无所不用其极。这样的结果，也许会换来短暂的辉煌，但是终究必然会摔得更狠，落得更深。

所以，只有认知的提升，才是真正翻身的契机。除此之外，我们还要在认知提升的基础上，反省自己失败的根本原因。就如同人生很多时候所谓的成功经验，掺杂的因素太过复杂。虽然也有努力与奋斗，但是天时地利人和，诸多影响都有可能是造就你成功的条件。

然而我们的通病，就是常常把努力与奋斗当成了成功的充分必要条件，却忽略了天时与地利，忽略了很多人生中的偶然因素。失去了对不可控因素的敬畏之心，我们自然就会在不知不觉中膨胀，自信变成了自负，自负则拖着我们滑向深渊。

倘若不去认真地反省失败的原因，认知没有提升，你就会认为自己的失败不过是粗心大意，或者是偶尔的运气不好而已。你仍然不会有什么敬畏之心，你心中的东山再起，其实不过是再一次重复你的失败，只不过这次可能会摔得更狠、更加彻底。

甚至你可能会将你的失败，归咎于某个人、某件事上。在你的想象中，你已经汲取到足够的经验教训，只要下一次不再犯同样的错误，那么一定可以王者归来。可是这一次运气并不会站在你的身边，你会发现，虽然你仍然不服输，仍然在努力，甚至比大多数人都要勤奋，然而结果却并不如你所愿。命运就像是在你面前竖起一道无形的墙，无论你如何挣扎，都难以逾越。曾经的辉煌离你越来越远，而你的斗志也渐渐消耗殆尽。

这就是认知局限下的努力——虽然勤奋，却于事无补。

东山再起，首先要经历的应当是一场心灵上的洗礼，然后带来的是认知的升华。人生的大起大落，其实是生命的一场馈赠。它帮助我们迅速地洗掉心灵上华而不实的东西，让我们浴火重生。

所以生活无论好与坏，都是我们的人生，都会给我们带来不一样的体验。而不管是什么样的经历，提升认知，本心清明，才是生命最重要的意义。

092

人在江湖，办公室政治的善与恶

人生来就有一种社会属性。虽然人们内心深处都喜欢清静自在，可是脱离了人群，真的常年独自生活，这又是大多数人无法忍受的事情。都说有人的地方就有江湖，因为人心是如此的不可捉摸。人心逐利，人们本能会在陌生的环境中保护自己不受伤害。

即便周边都是熟悉的人，可是真的直面人心时，你会发现原来你面对的，仍然是一片未知的世界。表面和你点头微笑的人，可能转身就会数落你的不是；每天一起共事的同事，也许在危机来临的时候，会毫不犹豫地让你去背黑锅；对你和颜悦色的领导，也许下一秒就会板起面孔让你颜面扫地。

我们就好像置身于熙熙攘攘的荒漠，四周虽然是人来人往，可是你看不透每个人面具后的模样。虽然是熟悉的环境、熟悉的人群，可是当你受到打击的时候，遭遇背叛的时候，你会感到世界是换了个模样，变得如此陌生。

久而久之，我们学会了保护自己，学会了和别人一样，戴上一副面具，把自己的焦虑、压力、懦弱、贪婪都隐藏起来，渐渐和环境融为一体，内心的安全感似乎也上升了不少。人心渐渐占了主导，本心也就这样慢慢退到了幕后。

失去了本心的智慧，我们的认知自然也会随着人心左右摇摆。于是我们眼中的世界，从此纷繁复杂，人与人之间的关系，成了烦恼的最大来源。

可是，既然生活在这个世界上，就不可能不与人打交道。每个人却又如同刺猬一般，为了生活不得不凑在一起，可是彼此的距离太近，又会伤到对方。区别就是我们的刺，可能是你的语言，你不经意的举动，甚至是你无心的表情，都有可能给别人带来伤害。同样的道理，很多时候你受到的伤害，也是源于此。

我们为什么会感到心累，觉得委屈。因为你总是要小心翼翼地照顾别人的感受，而别人却常常莫名其妙地对你产生误解，让你百口莫辩。你的善意常常被人曲解，用真心换来的不是真心，而是嘲讽的眼光，或是冷漠和忽视。你想简单一点，每个人都想简单一点，可是当你尝试着让事情简单化的时候，却发现局面却变得更加复杂。

两个人的世界是如此，一群人的江湖更是不必言多。人数众多的聚会，我们还可以想方设法躲避，可是为了谋生，工作中的团队你却避无可避，必须去面对。

我们既是团队中独立的个体，也是团队中有机组合的一员。独立的个体，带给我们独立的视角。我们会从自己的世界，去解读组织的意图，去理解和适应组织的规则。而我们也是团队里的分子，同样对别人施加着影响。

我们顺从的是人心，所以只能照见自己。认知只能停留在自我的层次，我们眼中只能看到别人的样子。于是团队协作，也就总是表现出来各种的不尽如人意。

领导刚愎自用，明明是那么简单的道理，却偏偏要我行我素，无非就是想去拍老板的马屁，可是让下属白白地浪费精力，这就是在消耗我们宝贵的青春；同事什么能力都没有，唯一的特长就是钻营取巧，抢功劳绝对眼疾手快，做事情却总是推三阻四。偏偏这样的人待遇还不低，有时候还能有一官半职，成天耀武扬威，狐假虎威；明明工作早已经做完，可是为了假意表现，大家下班就是要拖时间，内卷无处不在。

最麻烦的还是办公室里的权力角逐，各种明争暗斗，企业不大，派系不少。往往想要做点事情，就必须先选边站队，站对了还好，要是运气不好站错队伍，那基本就相当于断送了自己的职业生涯；即便你是混吃等死的边缘人，也很有可能某一天莫名其妙地被拉去背了黑锅。

这就是我们眼中深恶痛绝的办公室政治。有人的地方，就有江湖。江湖里如果掺杂了权力斗争，那就是一场政治游戏。所以，只要我们需要社交，需要在团队中工作，你就不可能避开办公室政治。既然无法避开，那么我们不妨换一个角度重新审视它的本质。

我们之所以厌恶办公室政治，是因为它消耗我们的心神，有时候逼迫我们做出一些迫不得已的选择。这是基于我们自己对于善恶的标准而言。换句话说，我们其实一直都是以自己的立场去区分善恶。而这样的标准认为，只有对我有利的，让我感到舒畅的，符合我自己认知的事物才是善，反之皆为恶。

这就是认知局限在自我本身的角度去看待世界，那么世界也必将以你的感知分善恶。然而，既然是团队协作，那么从团队的角度来看善恶，有利于团队的才是善，不利于团队的就是恶；角度不同，善恶标准不同，观念上必然会有激烈的冲突。

对于领导而言，让团队更加有效率，或者让团队更符合领导的意图，这就叫作善；对老板来讲，让企业能够活下去，活得久、活得好，这就是善。

所以办公室政治，有时候表面上是权力斗争，是人的私欲之下的行为，然而实际上也许是为了领导眼中的善，有意为之。比如武则天重用来俊臣，虽然这是历史上著名的酷吏，但是对武则天而言，他的作用就是让政权稳固，这就是她眼中的善；乾隆重用和珅，都知道和珅是贪官。可是只有乾隆心中明白，他是借着和珅之手，一方面不动声色地为大清敛财，另一方面则是让和珅去完成一些普通手段达不到的目的。在临终后，还借着铲除和珅去拉拢人心，这就是乾隆眼中的善。

相反，有时候看上去的一团和气，却恰恰是不作为的恶行。如何可以不犯错？只要不做事就不会犯错。中庸之道被误解，很多时候也是因为大家动辄就用"明哲保身"来为自己的尸位素餐做辩解。组织的效率不高，团队死气沉沉，想做事情的人没有施展拳脚的空间，企业在这样的状态中滑向衰败——即使团队是其乐融融，大家都好像兄弟姐妹一样互相关怀，可是这却是领导、是老板们最大的恶。

所以，与其总是躲避斗争，不如换个角度来思考斗争。要寻找一个更适合发展的平台，不是去找五好家庭，要寻找负责任的平台，而不是只知道争权夺利的团队。

判断一个组织是否有潜力，其实就去看他的领导做的究竟是善行还是恶行，而没必要去看什么办公室政治。毕竟有人的地方就有江湖，这是无法避免的。

如何能够分辨善恶，归根到底，还是在于认知，知善知恶是良知，致良知，用本心去分辨，我们才不至于陷入烦恼和迷茫。

093

意志坚定情绪稳定，未必是内心强大

生活大多数时候，表现得如同没有风时的海面，波澜不惊，像是一块顺滑的绸缎，没有什么起伏。日子总是两点一线，从家到单位，从单位回到家中，每天就是柴米油盐、鸡毛蒜皮的琐事。即便是有些快乐或是争执，可是在漫长的岁月中，看上去也是微不足道，掀不起丝毫的波澜。

然而在平静的海面之下，却是激流暗涌，凶险异常。当你走入人们的内心，就会发现生活所呈现出来的另一个面目。看似平淡没有变化的时光，其实无时无刻不被各种不受控制的情绪所充斥。情绪就像是来自四面八方的风，用力地煽动着内心的烛火，让它随风摇曳，飘忽不定。

于是我们会感受到，一成不变的生活的慢慢变得枯燥和乏味，莫名其妙地焦躁和烦恼。像是在沙漠里盛夏中干燥的空气，让我们的内心煎熬不已，一颗火星，就能燃起漫天大火。并不是我们变得敏感了，也不是爱消失了，而是压抑在心中的情绪，总需要找到一个宣泄的出口。只是我们习惯了平淡生活的样子，往往对于情绪的表演有些猝不及防。

然而情绪却不像是固定的流程，宣泄完毕就可以宣告结束。新的情绪会在乏味的生活中暗暗酝酿。不管你是置之不理，还是不断释放，内心的折磨都会不断轮回，让你时不时地处在疾风暴雨中，不是出口伤人，就是被人所伤。

情绪的来源，不仅仅是亲人朋友之间的摩擦，还有为了谋生不得不终日奔波的工作。生活年复一年、日复一日地重复，从最初的雄心壮志，到后来的得过且过，工作也失去了激情，剩下的是小心翼翼的维持，和委曲求全的笑脸。

即便如少年轻狂、浑身充满斗志时心中洋溢的热血，也会慢慢地被失败挫折消耗殆尽。就像是慢慢磨损的发动机，从动力十足到最后的勉强维持，内心的力量无法继续为我们提供动力。人生像是走在枯萎的路上，行将就木。

我们都渴望能有一颗强大的内心，可以为我们提供源源不断的力量，让我们去抗衡情绪的风暴，能够不知疲倦地扮演好情绪稳定的成年人，能够在任何时候都坚定不移、不为所动地向着我们的目标前进。可以在受尽委屈的时候，仍然笑对人生，即使是一次又一次地失败，我们也仍然可以毫不在乎地站起来，继续向前。

于是，我们想方设法地想让自己的内心强大起来，想给自己套上一层坚硬的铠甲，可以抵御明枪暗箭的伤害。然而我们可能没有察觉，强大的内心是可以有不同的内核。它所表现出来的样子，最初也许没有什么不同，可是随着时间的推移，最终的结果却是大相径庭。拥有坚定的意志，不管背后的驱动力是什么，表面上看，似乎并没有什么太大的差异。表现出来的都是令人羡慕的定力，都是能够在各种诱惑中，不为所动；都能够承载超常的压力；也能够清晰地明白自己的目标在哪里；可以屡败屡战，永不言败。

如果在你坚强的外表之下，包裹的是内心对目标的极度渴望，是对于成功的迫切，是时时刻刻压在心头的危机感，又或者是成就感带来的鼓励，那么这样的源动力，终究不能持久。

也许它可以让你在短时间内坚定不移，甚至会在很长的一段时间，你都能够保持一种极度亢奋的状态。可是当你经历过无数次的失败之后，你就会对自己的目标产生质疑；当你受到挫折，会对身边的环境抱怨不已；当你费尽心机，却仍然收获甚微的时候，你只会感慨生不逢时。

再坚固的铠甲，也总有可以破开它的利器，经年累月的消耗，滴水也能够穿石。刚不可久，柔不可守。再坚强的意志，如果根基不稳，那么也总会有崩溃的一刻。这是因为你的强大，是基于内心的欲望。无论这种欲望是好是坏，是无私还是自私，一旦它是服务于人心，而不是本心，那么在你坚守目标的过程中，凡是对于实现你的欲望有利的事情，这就是你心中的善，反之就是恶。

于是善恶不再以良知为依据，而是以目标为导向。我们很容易滑向与良知相悖的方向。倘若你的企图心无比坚定，或者说你的欲望无比强烈，你就会陷入执着的心境——哪怕你的欲望是普度众生，福泽大众。

可是如果出发点是执着于自我解脱，成佛成圣，那么在你看来，你的意志可以无比坚定，信念无比强大。在实践中，你却容易落入偏执，常常会将自己的想法强加给别人，会顽固地认为只有自己掌握的才是真理，根本听不到别人的声音。

放到工作生活中也是如此。我们会表现出刚愎自用的样子，自己认为是意志坚定，果断有魄力，然而实际却是一意孤行。明知不可为，还会抱着赌徒心理拼死一搏。

顺风顺水的时候，成功会掩盖一切瑕疵。可是潮水退去，所谓的强大的意志、坚定的信念，就变成了可笑的顽固与偏执。

我们要明白，强大的内心究竟源自哪里。它绝不是钢铁一般的意志，也不是无动于衷、没有情绪的铁石心肠。它有自己的感知，有自己的智慧，能感受众生的悲欢离合，也会有常人的喜怒哀乐。它并没有什么坚硬的铠甲，它更像是一团和煦的春光，无论你遇到什么，都能够融化在它的光芒之中。

这是因为真正强大的内心，是源自强大的认知，是对人生通透的理解，对未来的毫无困惑，对过去的不再纠葛，对当下的时时观照。真正的强大，是没有边界的，是无所不容的，是没有内外的。

这才是我们应当追逐的真正的强大的内心。不要把执着当成坚强，倘若内心还有边界，那么也许我们的方向已经错了，善与恶就已经失去了标准，而下一次的崩溃也许就不远了。

094

格物致知，穿透情绪的迷雾方能顿悟

强大的内心，源自认知的提升。人生的智慧，同样是认知的升华。知行合一，你的认知在哪里，你的行为就在哪里。提升认知的方法，可以是读万卷书、行万里路，也可以是历经艰难险阻、一朝顿悟。在心学的理论中，提升认知的最好方法就是格物致知。

格物致知，要格的物，不仅仅是学识理论，而是指有事即是物，心动即是物。这两者其实也是一回事。事情来了，心若动了，那么这时候就是格物的时机。所谓的心动，是指本心受到了外界的蒙蔽，人心为之所动。比如喜怒哀乐，只要一过度，这就是心动。

烦恼自然是过度的表现，闲思杂虑也是心动，兴奋刺激更是不易被察觉的心动，这都是情绪的直接显现。人们往往会在这样的时刻失去自我的感知。不管是忧心忡忡，还是得意忘形，又或者是忘乎所以，全然忘了这正是格物的契机，只是自顾自地沉浸在当下的情绪中。而情绪就像是温度适宜的酒糟，在不知不觉中发酵。也许这一次并没有酿成什么不可原谅的后果，可是这却是下一次情绪失控的种子，终究会在条件适宜的时候，破土而出。

格物致知，首先遇到的第一重难关，就是要能察觉到什么时候应当格物。我们常说，要用本心去观照。本心就像是一位充满智慧的长者，能够观察到我们内心的变化，能够像一面镜子一样映照出万事万物。只是当你的情绪发作时、当事情发生时，我们很难在这样的状态下平复内心的冲击。本心的观照我们也是视而不见听、而不闻，就更谈不上格物致知了。

所以格物致知，要先能够冷静下来。不管是火冒三丈，还是兴奋不已，不论你是心灰意懒，还是意志消沉，不妨提醒自己，红尘无处不炼心。先让自己本心回到本位，让情绪平复下来，尔后才可以进入格物的状态。

然而我们也会常常遇到另外一个问题：虽然可以短暂地平静下来，但是当你去格物的时候，我们又不知道应当如何下手，以至于有时候百思不得其解，只能做到平复心情。但是想要做到进一步心灵升华，却又感觉是遥遥无期。甚至有时候明明已经平静的心情，却在反思中又重新燃起怒火，越想越气，越想越委屈，越想越绝望，不但没有格物致知，反而陷入更深的情绪。

究竟问题出在了哪里？格物到底应当如何来格？这到底是一种理智中的思考，还是心灵上的探索？致良知又是如何与格物联系到了一起？而我们又应当如何从情绪的迷雾中突围而出，真正找到本心所在，做到格物致知？

在大多数情况下，我们之所以会在格物的时候、在思考中误入歧途，就是因为看上去好像我们已经平复了心情，好像是恢复了理智，可是你的状态，却并未从情绪中抽离——不管这件事情已经发生了多久，几个小时、几天，甚至是几年。

似乎已经是时过境迁，然而你的情绪却锁定在了那个场景中。你能记住的，只有当时的感受。你所关注的，也只有自己的感受。我们常常会看到，当你试图格物致知的时候，回想起事情的过程，你注意到的细节基本上都是自己已经处在情绪中的模样。也许你可以回忆起事情的起因，但是因为你并没有用本心去观照，没有抽离出情绪的陷阱，所以即便你明白事情的前因后果，你也会下意识地忽略事件的本身。

同样，因为你还沉浸于其中，你所有的视角都是从自己出发。对于你而言，自己就是正义的化身，你的观点就是公平公正。导致你的情绪爆发的原因，并非你本意，然而这个结果却需要你来承担，这是多么委屈的一件事。倘若自己真的有错，那也是不应该太过冲动，不应该和对方计较。而自己则是可以多点宽容，肚量再大一些才好。

这样的格物，仍然是以自己的人心去判断善与恶。人心逐利，人心惟危。以此为标准，我们就会被情绪锁定，你会始终围绕着你的感受去思考问题，这恰恰就是格物中最大的陷阱之一。

格物，需要用致良知的方式去思考。而致良知，良知是本心的外在表现，是不沾惹私欲的觉知。情绪营造出来的场景，就像是一团迷雾，笼罩在本心之外。又像是一场逼真的幻境，仿佛是恰到好处地满足了你所有的意图，然而你所获得的，其实仅仅是表面上心灵的慰藉而已。

要想真正获得认知上的提升，有效地格物，我们就必须穿透这层情绪的迷雾，穿透自己的感受，不要停留在表面的幻境中，要把自己从中抽离出来，真正地从旁观者的角度去看待事情的本身，去思考探索引发你情绪爆发的本质究竟何在。

这才是致良知的本来用意。心学说"无善无恶心之体，有善有恶意之动；知善知恶是良知，为善去恶是格物"。如果用人心的善恶去评判事情的对错，那么你永远也无法还原事情的本质。唯有抽离我们的感官认知，真正站在一个绝对理智的角度去看待问题，你才可以不被私欲左右，才可以找到那个无善无恶的心之体。

用致良知去穿透情绪迷雾，本心的清明自然就会显现出来。我们不会在回忆中重新感受当初的感受；不会触景生情，一想到让人难过的事情，虽然时隔多年，却还会潸然泪下；不会总是沉浸在痛苦之中，无法自拔；也不会再郁郁寡欢，无精打采。

因为致良知帮助我们用本心的视角重新审视那些让我们无法放下的往事；帮助我们穿透层层迷雾，不再和自己的过去纠缠；帮助我们发现了一片新的天地，帮助我们学会了观照本心。

格物致知，看上去似乎很难，致良知更是好像不容易做到。然而世界从未改变，改变的只是我们的思想。也许当你穿透了自我的感受，顿悟就在转眼之间。

095

我执即为意之动，细微之处见功夫

不知道从什么时候开始，人们慢慢地开始念起旧来，喜欢回忆过去的慢生活。隐居田园间，抚琴煮酒，饮茶论道，似乎变成了让人向往的生活，甚至大有代表风雅的趋势。茫茫一座终南山，不知有多少厌倦了都市喧嚣的男男女女，好像是换了一个人生，然而却从未远离红尘。

生活的条件虽然越来越丰盈，可是随之而来的，是人们渐渐增长的欲望。不论是对更美好生活的期待，还是要承担起自己应有的责任，稍不留神，这些看似正常的需求，就会膨胀成为欲望的怪兽潜伏在黑暗中，吞噬着我们的生命力。

于是，虽然生活好像变得更加富足，美好却并没有如期而至。相反的是，烦恼却越来越多，压力越来越大，人生的目标好像是实现了，可是内心却更加迷茫。

也有走上了另一条道路的人们，在追逐梦想的路上，渐行渐远。面对生存的压力，不得不忍气吞声，向现实妥协。可是心中的期待却越来越突兀，撕扯着自己的灵魂在分裂的边缘挣扎。

还有的人则是虚耗了岁月。回首再看，理想早已不知所踪，徒留一身的疲惫和累累的债务。人生不但没有逍遥自在，反而不得不低头叹息，回归正常人的生活，都似乎是一个奢侈的愿望。

不同的人们，走在不同的路上，不论自己的生活是富足还是贫穷，内心的煎熬并没有什么分别。当心中的痛苦和烦恼，成了无法解决的问题时，我们无一例外地都会去思考，去探寻能够心安的方法。

有人改变了自己的生活习惯，努力让它看着更健康、更加阳光一些，好像这样就可以掩盖心中的阴霾；有人则是倾注在文化、艺术之中，试图用超脱的心灵快感，去驱散内心的乌云；还有的人则是诉诸于宗教，把解决不了的困惑直接抛给虚无缥缈的神灵，以减轻自己的心灵负担。

健康阳光的生活方式，越来越受到欢迎。正能量永远都会受到赞扬，艺术文化和宗教结合到了一起，禅宗的心灵问道不仅仅局限在修行人中，而是演化成了修心养性的代名词。每个人或多或少都会说几句"活在当下""放下执着"。

然而我们却没有看到，这折射出来的，恰恰正是大众背后的焦虑和无助。没有人喜欢在情绪中煎熬，也没有人不希望自己的内心清静自在。所以，我们只能不断地想方设法地修心炼心，以图能让自己真正地从烦恼中解脱出来。

我们学习了很多方法，不管是持中守正，还是格物致知，不论是活在当下，还是放下执着，我们会发现其实一切的源头，都来自对自我的认知。心学说"无善无恶心之体"，本心本来没有善恶，既然没有善恶，也就没有烦恼；可是"有善有恶意之动"，心意一动，有了分别心，善恶自然也就浮现出来，于是烦恼也就随之而来。

换言之，若要追寻清静自在、没有烦恼的境界，我们只需要回归到无善无恶的心之体即可。再换言之，不要让心意随外界所动。而心意之所以会动，就是因为我们错把人心当成了自我。有了"我"，自然就有了"他"，有了彼此的分别，自然就会产生不平衡，进一步生出嫉妒心、羡慕心，就想要变得更好。而这个更好，恰恰就是因为这样的分别心产生的比较。

不论是儒家还是佛家，都会让我们放下对于自我的执念，也就是"我执"，心学称之为"意之动"。

意之动产生的我执，有时候显而易见，有时候却让人很难察觉。倘若是大是大非的善恶、道理，我们很容易就可以分辨出来孰对孰错，进而理解什么是善，什么是恶。比如在大多数情况下公序良德就是明明白白的善恶观。我们遵守秩序，这就是善，相反有人要来插队，要来破坏这个秩序，那么这就是恶。

在这种情况下，我们不会因为对方是什么高学历，或者是名人公知就会让步，而是会据理力争，坚持自己认为的善。可倘若对方的确有急事，有值得谅解的难处，我们也会忽略公共秩序予以方便。像是消防车行走在拥堵的路段，有良知的人，即便给自己造成麻烦也会尽量地让道路保持通畅，这就是致良知的表现。

这样的场景下，善恶非常明显。我们可以不费吹灰之力，就能够做到格物致知。遵循自己的本心去判断，也会放下自我执着，不会用自我感知凌驾于公共利益之上。所以即便你会遇到麻烦，但也不会因此而烦恼困惑，甚至你可能会反而感到舒畅欣慰。为什么我们会为让路的私家车点赞；会为牺牲个人利益、舍己助人的行为而感动？因为这就是致良知的结果，是我们每个人共同的良知。

而在另外一些情况下，当善恶的界限不那么清晰时，心中的我执就会不知不觉地控制着你，让你忽略了事情的本质，蒙蔽了你的认知，诱导着你做出错误的判断。

比如我们常常会遇到不讲道理的人，即便你想要心平气和地去交流，甚至为此提前做好了心理建设，想好了怎么去沟通。可是万万没想到，对方根本就没打算和你讲道理，而是横加指责，无中生有，强词夺理。若是你也心浮气躁，那么这难免会演变成一场争执；你若宅心仁厚，也可能会被对方的表演惊得目瞪口呆，还会急火攻心、火冒三丈。

这时候，我们即便能够察觉到自己的情绪，可是也不知道该如何下手去格物致知。通常只能先忍耐下去，然后再做打算。就算是这样，冷静下来仍然找不到方法，不知道如何在这样的场景下去修心炼心。

修心的功夫，往往就是体现在这些细节之处。当我们感受到对方不可理喻的时候，恰恰这个时候就要注意，万万不要停留在感受之上。无论对方是多么地无理取闹，这都是你的感受，是对方给予你的当下的一种感知。

也许它是对的，也许是错的。暂且不论对错，我们要明白的一点是，你感受到了对方的情绪，其实你自己的情绪也已经不再平复。再进一步来说，你觉得对方在指责你也好，抱怨你也罢，甚至是在咒骂你——仔细来看，这时候我们对于自我的感受是最为强烈的。换句话说，我执产生的意之动在这个时刻也是最为敏感的。

当你的心意为之所动时，你过度关注自我的感受，于是你就会停留在情绪的层面。你就会仅仅能够思考：为什么对方是这样的态度。你的情绪就会因此而波动。这种状态下，你是无论如何也无法去为善去恶，去格物致知的。

因此，我们一再强调，格物致知，要穿透感受。要如同一个旁观者一般，去感受本心的良知，而不是停留在人心的层面，受到情绪的煎熬。这一切的根源，仍然还是源于那个不安分的自我认知。

要做到面对别人的指责、无理取闹时，仍然可以抽离出来观察自己的本心变化，这就是修心炼心的功夫。刚开始很难做到，甚至根本意识不到这种变化。但如果我们时时警醒，事后反省改过，那么本心就会一天天地清明。炼心修心的功夫也会一天天地坚定，终究有一天，我们会拨开云雾，看到本心的智慧之光。

096

麻烦也是生活的一部分，要照单全收

很多人说，活着是一件很辛苦的事情。每天总有说不清道不明的各种烦心事，抛开这些无法控制的情绪不说，就是生活中各种各样鸡毛蒜皮的事情，也如同烧不完的野草，除掉一茬又冒出一茬。似乎没完没了，让人烦不胜烦。

小到洗衣刷锅，大到婚丧嫁娶，不管你是一家之主，还是仅仅是个参与者，我们都不得不打起精神，耐着性子去应付这些生活中好像是可有可无的麻烦事。尤其是当自己难得有时间可以清静片刻时，偏偏总会有树欲静而风不止的麻烦。让人本来平静的心情，慢慢磨得无名火起，却又无处发泄。

于是，情绪就像是被闷在罐子里的酒糟，慢慢发酵，蓄积着能量，只要发现一个出口，就会瞬间喷薄而出，然而受害者往往却要遭受无妄之灾。所以我们时常会看到，明明是一个平静的周末，本来可以轻松愉快地相处，可是只要有那么几件似乎是漫不经心的小事，很有可能就会演变成一场战争，落得一地鸡毛。我们也会看到，总是有人在微不足道的小事面前崩溃到嚎啕大哭。我们都明白也许这就是压垮骆驼的最后一根稻草，可是却忽略了最初的稻草，又是从何而来。

麻烦，有时候可以忽略不计，可是有时候人生遇到的麻烦，着实让人头疼。有的不得不去面对，有的甚至超出了我们的认知，让你感觉眼下的麻烦，好像一座大山一般，横亘在眼前无法逾越，令人心生绝望。

大多数的麻烦，并不会凭空出现。如果要去追根溯源，我们会发现这些麻烦，多少都有迹可循。而它们也都是我们早先种下的因，慢慢结出的果而已。脏乱的盘子之所以会堆在水池，是因为你刚刚享用完日常生活中平凡的一餐；孩子哭闹，周末还要陪伴他，这也是因为你做了决定，要传宗接代，要拥有一个幸福完整的家庭；你负债累累，不得不面对债主的压力，这是因为最初你想要变得更好，于是忘了风险……

想要没有麻烦，其实也很容易。你可以选择在外就餐，自然就少了打扫卫生的麻烦；你可以选择不要孩子，甚至是过单身生活，那么自然也就没有孩子去消耗你宝贵的精力；你也可以选择接受现实，安安稳稳地打一份工。虽然收入低一些，可是也没有什么风险需要你去面对。

然而现实却是，我们一边想要事情美好的一面，一边却又抱怨它们带来的麻烦。你要享受生活的烟火气，就要面对无穷的家务劳动，你要家庭美满，就要接受鸡飞狗跳的喧闹，你想要奋力一搏，那么收益就必然和风险共存。

麻烦和美好像是一对孪生兄弟，相伴而生，又像是一枚硬币的正反面，共同构成了完整的硬币。人活着，就必然会有麻烦。唯有死人和圣人才不会有麻烦。我们不去做事，就如同死人一般，不动自然就不会沾惹什么因果。而圣人做事，万事皆致良知，以本心为标准，善恶分明，自然也不会有什么恶果，只有善念。

我们普通人，既然生活在红尘世界中，要去生存，要生活，还要追求自我的价值实现，要满足自己内心的欲望，怎么可能不做事情。所以问题的本质并不在于是否有麻烦，麻烦必然是存在的，一定会围绕着我们不断出现。问题在于，当麻烦出现的时候，我们究竟应当如何去面对麻烦。

曾国藩有一句座右铭，"物来顺应，未来不迎，当时不杂，既过不恋"，深得心学的精髓。原文是"当读书，则读书，心无着于见客也；当见客，则见客，心无着于读书也。一有着，则私也。灵明无着，物来顺应，未来不迎，当时不杂，既过不恋"。

读书、接待宾客，倘若换个角度来看，也是不得不做的麻烦事。如果你内心本来不愿意读书写字，不愿意有什么社交来往，那么这与其他的麻烦事也没什么区别。然而曾国藩的态度却是，读书的时候就读书，接待宾客就是接待宾客，不要读书的时候还琢磨着待会儿谁要来，要谈点什么事情，也不要在宾主落座侃侃而谈的时候，心中还在想，是不是该批的文件还没批完。所谓心就在当下。不附着于当下之外的事情，这就叫作灵明无着。

用心学的话来说，一旦你的心附着在了当下之外的地方，这就叫作心随境转。本心没有守在当下，四处乱跑，这时候麻烦事就会变成烦恼。本来是未发的状态，却变成了已发的情绪。

所以面对麻烦的时候，我们要直面麻烦本身，要认清楚它是人生的正常状态。要接受麻烦的存在，而不是去厌恶、拒绝承认它，更不能回避它。无论这个麻烦是大是小，我们不能假装视而不见、听而不闻、故作潇洒，好像它就不存在一般。也不要因为它看上去不可战胜，于是我们就直接选择放弃。

我们要把麻烦当成平常吃饭睡觉一样的事情，正常对待就好。用平常心去对待生活中的麻烦。我们不惹麻烦，可是也不怕麻烦；有了问题，解决问题就行。多余的抱怨和回避，对生活本身没有任何好处。

人生就是这样，你想要什么，就要照单全收。既然要享受事情美好的方面，你就要有能力去面对它的相反面。这才是生活真正的本来面目。而人生大多数的痛苦和烦恼，就在于我们渴望生活的美好，厌恶或是恐惧美好背后的失望，却全然忘记它们原本就是一体，密不可分。这也是认知的局限。

只有运用本心，用心去看这个世界，我们才可以生活在真实的世界里。那么麻烦也就不再是麻烦，烦恼自然也就没有了生存的土壤，本心自然也就清静了。

097

心胸宽阔活在当下，也有可能包藏私心

我们大多数人，总是生活在各种各样的烦恼中，苦不堪言。于是我们总是很羡慕那些无忧无虑、清静自在的人。即使他们的生活并不算富足，可是如同神仙般逍遥自在的心态，却令人向往。

神仙也许神龙游在云雾中，可是生活中我们每个人的身边，或多或少都会有这样一些朋友，他们并不在意财富的多少，也不羡慕光鲜的生活，只是自顾自陶醉在自我的情景之中。在别人眼中看来，虽不是神仙，却如神仙一般逍遥自在。

他们从来都不计较什么名利，总是抱着一种"得之我幸，失之我命"的心态，去对待生活里的各种机遇。就算是遇人不淑，被朋友、被同事伤害，可也只是一笑而过，好像根本不会让他心中产生半点涟漪。别人投来的目光，无论是羡慕还是嘲讽，不管是尊重还是藐视，对于他们而言，都可以毫不介意，不放在心上。

财富对于他们而言，也不过只是生活的必需品而已，却也并非什么不可舍弃的东西。毕竟千金散去还复来，去纠结在几两碎银中，人生岂不是失去了乐趣。即便是囊中羞涩，可是只要我心自在，那便是逍遥快活似神仙了。

这样的人就好像是世外高人一般，不受世俗观念的束缚。在一些人眼中，他们好像是不务正业，又似乎有一些迂腐。处处吃亏，总是不懂得维护自己的利益，年纪一大把还四处漂泊、居无定所；又或者是工作生活没有稳定下来，除了精神上好像比较自足，其他的简直一无是处。

而在另一些人眼中，这些人就如同古代的隐士一般，大隐隐于朝，中隐隐于市。这些市井里的闲散无事的人，也许才是真正的世外高人。那些名与利，不过是身外之物，不足挂齿。毕竟能放下心中的欲望，不被外界所羁绊，这不就是传说中悟道的高人吗？

于是我们就会陷入这样的困惑，倘若不在意别人的眼光，不介意得失，只管自己逍遥自在就是悟道，那么那些游手好闲之辈，成天无所事事，也是一样自己高兴就好，没有一点自尊心，不知廉耻的人，难道说就是开悟了吗？显然不是这个道理。这样的逍遥自在，只是表面上的自由而已。

不在乎别人的眼光，并不等于本心自在，更不是活在当下的评判标准。

如同有人即便不是混迹于市井之中，而是在生活里的确能够做到不为外界所动，损失点钱财也毫不在意，被好友构陷也仍然可以笑对人生，工作仕途无论如何努力也毫无起色，还是可以日复一日毫无怨言地默默付出——这样的心态，已经很像是活在当下、随遇而安的样子了。然而我们却总觉得似乎哪里不对，与我们想象中的得道高人，总是差了一些什么。

修心的目的，是能够拥有一颗强大的内心，可以自在自得。但并不是自在自得就意味着已经明心见性。心胸宽广，是一种性格和心态，但是真正的开悟，却并不是以此为标准去评判高下。

这是因为本心观照之下的潇洒自在，是没有半点私心的。而往往看上去好像是无私、无所谓的毫不在乎，倘若我们用格物致知的方法，却很有可能发现，原来无私的表面，也会藏着不易被人察觉的私心。正因为它躲在潇洒自在的表象背后，我们就会很容易被它欺瞒。

佛家讲若要修行，必然是"外息诸缘，内心无喘"。道家也讲，修行之前必然要将世俗之事妥善处理。这都是在告诉我们，修心首先要履行好自己身上的责任。很多看上去心胸宽广的朋友，的确是不会计较什么得失，为人也是谦和有礼，就算别人辜负了自己，也是一笑而过。颇有一种宁可天下人负我，也不可我负天下人的胸怀。但是往往大多数的时候，我们的与世无争、得饶人处且饶人，损失的并不仅仅是自己的利益。我们身上还背负着家庭的责任，我们须要照顾年迈的父母，要抚养年幼的孩子，身上还承载着很多人的期待。

所以，当你故作大方、对一切都无所谓的时候，其实你照顾的是自己内心的感受，而忽略了你身上的责任。你好像不在乎什么得失，可是你损失，让原本应当可以因为你而改善的生活，变得多了几分艰辛。我们安顿好了自己的内心，却放任身边的人间接地受到了伤害。这样所谓的无私，其实最为自私。

外息诸缘，就是要让别人放在你身上的心能够安定，不为你操心。红尘无处不炼心，真正的修行，并不是要远遁红尘，或是附庸风雅、故作姿态表现出一副世外高人舍得放下的样子；更不是为了什么心中的理想，为了能够彻底解脱，就斩断红尘，六亲不认，抛妻弃子的所谓专心修行。

红尘是斩不断的。就好比生活在水中的鱼，即便你从池塘游到了江河之中，没有羽化成龙，你仍然还是离不开水的环境。亲人的关系，不是躲进深山老林就不复存在了。同样的道理，不是你满不在乎就可以逃脱血缘上的联系。

致良知——对于父母长辈的孝心、对亲人的关爱、对于子女的牵挂，这都是最根本的良知。倘若我们连这样的责任都不愿承担，那么无论你过得多么潇洒自在，又或者是清静自然，当良知来拷问你的时候，你的心会更加不安。就如同潇洒一生、幡然醒悟的浪子，才发现子欲养而亲不待，真的想要尽一点责任的时候，却已经无能为力了。

修心炼心，首先应当作一个常人，连正常人的责任都没有承担，还谈什么修行呢？儒家说，修身、齐家、治国、平天下，佛家说父母就是灵山塔。红尘无处不炼心，我们身上的责任就是修行要面对的第一重关。修心，不是要修成没心没肺、或是铁石心肠的人，而是要让内心充盈，本心清明。

所以，倘若你心胸宽广，那么要小心提醒自己背后是否藏着私欲了。

098

冲动是情绪的执行者，
源自感性和理性的失衡

有一句话说"冲动是魔鬼"，的确如此。我们生活中大多数的错误或是遗憾，都是在一时冲动之下，莫名其妙地做了一些自己都难以理解的事情。等到清醒过来，却是木已成舟，悔之晚矣。

明明在正常的状态下，我们的理智是可以控制这些愚蠢的行为。可是在冲动的时候，我们就如同喝醉了酒一般，不知不觉处在一种半梦半醒的状态，灵魂好像已经出窍，身体完全不受控制。甚至有时候眼睁睁地看着自己犯错，好像是一个旁观者一般，想要阻止却无能为力。

冲动不是情绪，它是情绪之下的行为。我们在愤怒的时候会一时冲动，将冲突升级，有可能酿成大错；在兴奋的时候，也会有冲动的想法，来一场说走就走的旅行；人们会在悲伤时，因为冲动而选择最极端的表达方式；也有时候，当绝望的情绪到达顶点时，冲动同样会在背后怂恿你做出愚蠢的选择。

如果说情绪是让人迷失自我的幻觉，那么冲动就是情绪最好的帮凶。没有冲动的蛊惑，情绪始终也不过是内心的煎熬。可是在冲动之下的情绪，就会酿成实实在在的错误，直接影响我们的生活。

那么冲动究竟是从何而生，我们又应当如何去管理好这个藏在情绪背后的行凶者呢？有人说冲动是因为不够理性，所以在情绪袭扰的时候，容易头脑不冷静感情用事。这样去理解，好像可以解释冲动的原因。然而，即便再理性的人，也会有头脑发热的时候；反而很感性的人，却可能因为顾虑太多、优柔寡断，从而导致缺乏行动的勇气，自然也就不会有什么冲动之举。

理性固然是让人保持清醒的因素，可是理性并不代表我们的理解就是正确的。倘若建立在人心之上的理性，没有致良知，就必然留存着自己的私欲。只要有私欲存在，所谓的理性，在遇到私欲之后相互博弈的结果，很有可能就会败下阵来。

理智告诉我们，大部分时候要保持理智的思维，要遵守规则，要能够坚守底线。然而无论是规则还是制度，都有不完美的地方。法律坚守的是人性最后的底线，却并非道德的标准。如果把规则当成是自己理性的底线，那么很有可能就会泯灭人性的光芒。更何况就算是法律，在不同的时代，赋予的意义也大有不同。

譬如有的人在工作中表现得刚正不阿、铁面无私，做任何事情都讲原则、讲规矩。这本来无可厚非，而且我们鼓励这样的工作作风，这也是理性的表现。然而理性太过的时候，私欲就若隐若现了。当朋友或是亲人需要帮助时，为了避嫌往往会义正词严，毫不留情地拒绝，甚至直接杜绝所有可能予以援助的渠道，用以表示自己的清白。

从理性上来看，似乎是无可厚非。我们作为旁观者，有时候还会暗暗赞叹，理应如此。似乎身在其位，人就应当没有什么亲情友情，就要做到铁石心肠。但是善待亲情友情，这是我们本心的根本良知，是无法忽视的。刻意去回避，实则是心中对于名和权的私欲在作祟。我们因为贪图一个好名声，贪图自己仕途上的发展，于是过度小心、事事谨慎。看似无私，实则图谋更大。

致良知，要求我们敢于面对本心真正的感知。你心中真的无私，又何必惧怕什么负面影响。帮助亲友，并不是要你去违背原则，有很多方法可以两全其美。古语就有云，举贤不避亲。牺牲亲人的利益，满足自己的私欲，这其实就是理性过度的表现。只不过这时候的理性，是以自己的私欲为判断标准。

在生活中还有很多场景也是如此。爱人之间之所以有爱，是因为感性是很大的调和剂。如果理性过多，那么就很容易产生摩擦，生出矛盾来；很多人情世故，没有什么条条框框的文字说明，都是约定俗成的公序良德。

所以，理性虽然可以在某种程度上管理好我们的情绪，但是过度理性却会压制本性，又会导致另一方面的私欲滋生。情绪上的冲动可以控制，然而私欲激发的冲动，却无法抑制。比如，我们常常会看到一个人为达到目的不择手段，在这个过程中，他表现得极其理智，对目标以外的任何事情，都很冷漠。这其实也是一种冲动，只不过我们常常看到的表象，是一个自律、执行力很强的人，却没有看到在这背后，他极度空虚的情感生活。

理性和感性，就好像一阴一阳。唯有阴阳平衡，才能生生不息，和谐共存。无论是感性还是理性，都不能太过，否则冲动的心思就会闻声而动。理性太过，会不近人情，会导致私欲横行。而感性太过，则会沉溺在情绪的世界中，更容易冲动。

中庸之道要不偏不倚，判断中道的标准就是本心。唯有以本心作为持中守正的中正之道，我们才能够兼顾理性和感性。也只有当理性与感性维持着平衡，冲动才不会有机可乘。因为冲动的本质，其实还是受到私欲的引导。只要有私欲，那么冲动就会虎视眈眈，伺机而动。

因为愤怒而冲动，是因为自我的私心受到了冒犯。因为喜悦而冲动，是因为想要得到更多，或者暂时私欲的满足，放大了我们更深的私欲。因为绝望而冲动，不是因为失去了欲望，恰恰是心中的私欲无处安放，才导致内心的极度空虚。

要想控制住冲动的念头，首先就要扑灭私欲的想法。而私欲产生的土壤，仍然是从善恶之分开始。有了善恶，也就有了好坏。有了好坏自然就有了利弊。有了利弊，也就有了趋利避害的私欲。而有了私欲，痛苦与烦恼也就随之而来。冲动则是完成了私欲最后的放肆。

所以心学告诉我们，回归到本心、到无善无恶的心之体，那么什么烦恼和冲动，就都没有了立身之本。我们的人生，也就自然清静自在了。

099

空杯心态提升认知，空的是傲慢与偏见

　　修心的过程，也是一个提升认知的过程。认知的提升，同时也可以让我们更加接近本心。可是很多时候我们会发现，不仅修心是一件很困难的事情，提升认知也并不是读读书、记记笔记就可以办到的。恰恰相反，之所以修心是如此之难，正是因为认知一直在阻碍着我们的进步。知行合一，认知在哪里，行动就在哪里。认知达到什么样的层次，你的内心就会进入到什么样的境界。

　　我们都想拥有一颗强大的内心，所以也都愿意去提升自己的认知。既然有这样的意愿，也会为之而努力，那么为什么我们却迟迟难以开悟？非但如此，在很多时候还会越修行越痴癫，一不小心还容易变成别人眼中的偏执狂。又或者成了打着"活在当下"的幌子，实则是干脆对任何事都无所顾忌，嘴上学佛，心中却做魔的假修行人。

　　生活里我们对这样的场景毫不陌生。总是有一些布衣草履、打扮得如同修士一般的人，双手合十，口中佛道不离口，表面上微笑侃侃，论起道来是长篇阔论，起居行卧都与众不同。搞得好像不食人间烟火，似乎是什么得道的高人一般。

　　然而观其言行，普通人的习气是一样不落。看上去是不求什么凡尘俗世的功名利禄，可是对于大师高僧的名头，却是看得紧要。动辄头衔一大堆，有些人唯恐名声不够响亮，还要加上什么名人贵客的合影，好像如此才算是有成就的修行人。说着"一切随缘""活在当下"，可是背后酒色财气样样不少。

　　这还是众人眼中的修行者，精通理法经典。然而细究之下，却仅仅是停留在表面上的理解，距离真正的修行还有十万八千里。我们普通人在认知的层面，就更容易浅尝辄止，往往不求甚解。心中想学善，可是不知怎么就会被困在善恶之间，无法明辨是非曲直。而从善修心的念头，受到认知的局限，还会被别有用心的人利用。就如很多误入歧途的善男信女谬信盲师，犯了错还不自知，仍然认为自己在做善事，在一心修行，必然会有善果。

究竟是什么阻碍了我们的认知？为什么很多明明粗浅的道理，我们一定要吃过亏才能明白？就好像是无论多么拙劣的骗局，也总会有人上当受骗一样。哪怕你在同一个地方吃了亏，也未必就能汲取教训。倘若我们把过去走过的弯路，受过的挫折拿来总结，你可能会发现我们犯过的错误，去掉表面的伪装，原来本质上并没有什么太大的改变。

很大一个原因，就在于我们总是只相信自己愿意相信的事情。常常被大家提到的一个词，就是学习成长中要有"空杯心态"。什么是空杯心态？简单地说，就是放空自己，放下以往固有的观念，忘掉自己习惯的想法，突破认知的局限，去尝试接受新的观念、新的知识。

听上去的确值得我们学习，因为道理也很简单。把自己装得太满，你是容不下新的内容的。然而现实中，人不是一杯水，并不是说空杯就可以空杯的。装满我们内心的，并不是什么稀奇古怪的知识和经验，而是傲慢和偏见。

讲得再通俗一些，我们总是有很多观念——有些是与生俱来的直觉，有些是多年以来的认知，会产生一套自己的世界观。而当这个世界观与真实世界发生碰撞的时候，我们就会以自己的认知去定义未知的领域。就会对外界的事物，有一种先入为主的态度。

比如谈到修行，很多人先入为主就会认为，修行就是教人向善的。而什么是善，什么是恶，则变成了自己心中理解的善恶之分。谈到中医，还是会有人认为，中医不过就是经验之谈，草木动物可以治病，不过是以前的人们迫不得已而为之。谈到职场发展，就好像一定要阿谀奉承，同流合污。谈到成功，就唯有财富和权力才能衡量。

无论在哪个方面，我们可能或多或少地在心中都会有自己预设的答案。于是在求知的过程中，不是去提升自己的认知，更像是去验证自己的答案而已——符合自己的逻辑体系，那么姑且听一听是否有道理。如果超出自己的认知，甚至是颠覆性的思考，那基本上就会先下一个结论，觉得这就是胡言乱语，蛊惑人心。至于它究竟是不是真理，有没有道理，并不重要。重要的是不能承认自己错了，更不能显露出自己的无知。

即便有时候为了表现出自己的风度和涵养，耐着性子听一听对方的道理，但是内心深处却是带着批判的角度在审视对方的语言，试图从中间找到只言片语，可以抓住对方的逻辑漏洞，以此来反驳对方的观点。本来是思想的碰撞，但是到最后总是变成了一场辩论，谁都想说服对方接受自己的观点。

于是真理就这样被挡在门外。说好的空杯心态，在这个时候早已忘得一干二净，可能心中还会认为不是自己没有倾听，而是你的观念实在是错误之极。常常懒得去认真剖析对方的观点，认为这也许就是浪费时间。面带微笑口中称颂，其实心里早已经将对方分了三六九等。说不定有时候还会因为自己表现得风度翩翩而沾沾自喜，好像修心的功夫又上了一个台阶。

要打破认知的禁锢，突破认知的边界，就不能有先入为主的心态。空杯，空的是对自我的执着，和对别人的偏见。再无知的想法，本心也能够如同镜子一般，照出人心薄弱的地方。而超出我们认知的思想和观点，不管是不可思议也好，还是愚昧无知也罢，换一个角度来看，也正是格物致知的好时机。

不要着急表达自己，要学会善于倾听。认知之所以难以提升，很大一部分原因，就是我们过于关注自己的感受，太过相信自己的眼睛。然而大道甚夷，眼见也未必为实，只有用心去感知、去体会，我们才有可能超越躯壳的束缚。

100

善恶一念间，小心真善美背后的恶念

每一个人心中，对于美好的向往可能都不尽相同。我们期待的美好，可能是实现了财富自由后的恣意洒脱，可能是手握大权的春风得意，可能是可以随心所欲的四处流浪，可能是亲人陪伴身边、儿孙满堂的天伦之乐，也可能是清静自在的逍遥人生。

每个人都有自己渴望的美好。正是因为我们当下的缺憾，才会让心中的渴望变得更加强烈。也可以说，你期待什么，其实恰恰就说明你缺的是什么。倘若生活并不是一帆风顺，你心中的遗憾总是难以填补，那么求而不得就会带来痛苦和烦恼。

如果我们把希望和美好，寄托在心中的遗憾得以满足的前提下，你就会发现，旧的愿望满足后，新的愿望又会冒出来。我们内心的私欲，会用新的欲望取代旧的念头。就好像很多人认为，财富自由就一定会开心快乐；会认为只要位高权重，那么必然可以随心所欲；会认为如果可以远遁山林，就一定能够逍遥自在。

然而事实却是，烦恼和痛苦，并不会因为你的处境改变就消失不见。家财万贯的富二代们，虽然不再为物质发愁，但是精神层面的压力却远超常人；游走在财富与权力中心的成功人士，恐怕连能够安稳地睡一个好觉，都是一件奢侈的事情；你可以浪迹天涯，可是夜深人静的孤寂，也是如此的刻骨铭心。

内心的感受，并不会因为处境的改变而发生根本性的变化。心中的美好，倘若寄托在心外的世界，那么你的内心永远也无法得以安宁。既然外在的私欲，永远成就不了美好的世界，那么关注内心的修养，也许就是我们找到幸福的途径。

追寻内心世界的美好，需要我们时刻都要忠于本心，要致良知，以良知作为我们安身立命的基础。可是本心却常常藏在私欲背后，而私欲又往往伪装成良知的模样，出现在我们面前，稍不留神，我们就会迷失自我而不自知。

比如良知会告诉我们，真、善、美就是良知表现出来的样子，所以我们不论是与人相处，还是做事待物，都要真诚，要保持善良的心，要去利他，为别人多考虑，去做一些美好的事情。

从表面的描述来看，没有任何问题。真善美应当成为正能量的代表，我们也应当去推崇这样的道德标准。包括我们不管谈到什么宗教信仰，都会有一种感受，似乎没有什么宗教是让人作恶的，所有的教义都是要与人为善，都是要让这个世界变得更加和谐，更加美满。

然而善恶在很多时候，就在一念之间。美好的东西总是容易被人利用，恶念正因为披着善行的外衣，才让人防不胜防。真善美固然是美好的愿望，可是如果夹杂了私欲，就很容易变成恶念。

譬如你传播真善美的初衷究竟是什么？是良知告诉你本应如此，没有为什么，浑然天成就应该这么做。这是不偏不倚的致良知。可是实际生活中，很多人一边做着慈善，一边心中却暗暗在计较：捐了多少钱，是否就积累了多少福报、消除了多少恶果。有的人会极力劝你信仰这个理念，或者一定要持戒吃斋，表面上是为了你好，当然有的人心中也是觉得如此。然而深藏在利他之心的背后，却仍然是利己的心作祟。有些是内心的执着，总是怂恿自己一定要说服对方认同自己；有些则好像是无私之心，纯粹想要把自己认为的真善美分享给别人，可是却没有意识到，自己是否真的理解了它的含义，而自己认为的好，是否本质上不过是一场比较划算的交易而已。

善念与邪念之间，在大多数的情况下并没有什么区别，但在最关键的地方却有着天壤之别。善念是以无我无他的本心为基础，而邪念背后却有着强烈的我执，看似利他，实则利己。

为什么邪教如此的蛊惑人心，就是因为它们鼓吹着真善美，然而却极力地撩拨着信徒们的欲望，杜撰出一个可以解脱痛苦的捷径，诱惑着人们陷入深渊。

有时候真善美会换一个场景出现，用同样的套路去骗取人心。比如以善之名的道德绑架。尊老爱幼自然是真善美的公序良德，然而以此作为道德的评判标准，罔顾具体的事实依据，那么就会颠倒是非，混淆善恶。

包括像以爱之名，去支配别人的人生。看似一切都是为了对方好，然而本质上却是要去实现自己的私心。也许是希望对方能够替自己实现没有完成的愿望，也许只是为了互相攀比的时候显得更有颜面。然而对方究竟是什么感受，似乎并不在他的考虑范畴之中。

所有的真善美，之所以美好，就是因为它的背后是无私的体现，是利他的结果。如果在善行之中掺杂了个人的私欲，那么善行看着再美好，也不过是披着伪善的外衣罢了。但是对于修心炼心，却是一件危险的事情。

我们倘若没有察觉这背后的私欲，那么就很容易认为自己是在行善，是在维护正义。对于一切质疑和批评就会置若罔闻，甚至会生出嗔怒之心。而这样的心态，也很容易被别有用心的人加以利用。

大部分人们之所以会被蛊惑，甚至即便事实真相摆在眼前，也执迷不悟，很大程度上就在于高明的骗局百分之九十九可能都是真话，唯有最核心的百分之一被偷换概念。而这百分之一的假象，还隐藏在我们自己的私心背后，自然是让人难以察觉。

但是心学告诉我们，破除善恶之分的误区，不必管它表现出来的样子，我们只需要致良知，格物致知就能够去伪存真。凡事都要去想一想，这件事背后是否藏着我们的私心。评判善恶好坏的标准，是否是知善、知恶的良知。

不是说我们做事情不能得利，而是说不能为了获利去做事情，更不能以此为好坏的标准。公益事业是对大众有利的，不能因为它是亏损的状态就不去做。人情世故是伦理纲常的基础，不能说怕麻烦没有利益，就去忽略基本的礼仪。提升修养，不能因为它不是赚钱的技巧，就漠不关心。

世间之事，很多时候不要去问它有什么用，而要去判断它是不是正确的事。内心强大，不是让我们处处获利，而是要让我们无论在顺境还是逆境，都可以泰然处之。如此，烦恼和痛苦才会远离我们，此处心安是吾乡。

结束语

不知不觉中，心学已经讲了一百篇。一路走来，感谢大家一起学习到现在。古时圣人讲究述而不著，有什么问题，都是随着机缘加以评述。毕竟每一个人生活背景不同，对于人生的理解不同，所以自然也会面临着不同的困惑。而我们今天授业解惑，有了喜马拉雅这样的有声平台，可以让我们的声音得以延续，也是当今时代的幸运之事。

传播传统文化，不仅仅要做一个传声筒，更重要的，能将这门学问学以致用。答疑解惑，可能是让心学重新焕发生命力的最好的手段。如果学习了半天，我们只看到王阳明有多么伟大，流传的故事、事迹是如何地激励后人，但在实际生活中，却无法运用，那么就辜负了阳明先生的一番心意。

阳明先生告诉我们，知行合一是本心开悟的基础。而"红尘无处不炼心"，则提醒我们时时刻刻都是格物致知的最佳时机。牢记这两句话，也许就是修心炼心的真正捷径。

最后，我想和大家说的是，知行合一，认知到什么程度，我们的境界也会随之在什么层次。红尘无处不炼心，希望大家可以不断提升认知，实现真正的知行合一。

谢谢！